本书获得国家自然科学基金项目（71901113，72061025，71962019）、江西省社会科学研究项目（21GL05）、江西省自然科学基金项目（20212ACB214014）、南昌大学"双一流"博士点建设专项经费资助

重大工程复杂性与治理研究

COMPLEXITY AND GOVERNANCE OF MEGAPROJECTS

罗　岚　薄秋实 ◎ 著

经济管理出版社
ECONOMY & MANAGEMENT PUBLISHING HOUSE

图书在版编目（CIP）数据

重大工程复杂性与治理研究/罗岚，薄秋实著 . —北京：经济管理出版社，2022. 10
ISBN 978-7-5096-8761-1

Ⅰ.①重… Ⅱ.①罗… ②薄… Ⅲ.①重大建设项目—研究—中国 Ⅳ.①F282

中国版本图书馆 CIP 数据核字（2022）第 187148 号

组稿编辑：杜　菲
责任编辑：杜　菲
责任印制：许　艳
责任校对：张晓燕

出版发行：经济管理出版社
　　　　　（北京市海淀区北蜂窝 8 号中雅大厦 A 座 11 层　100038）
网　　　址：www. E-mp. com. cn
电　　　话：（010）51915602
印　　　刷：唐山玺诚印务有限公司
经　　　销：新华书店
开　　　本：720mm×1000mm/16
印　　　张：19.25
字　　　数：310 千字
版　　　次：2023 年 1 月第 1 版　　2023 年 1 月第 1 次印刷
书　　　号：ISBN 978-7-5096-8761-1
定　　　价：98.00 元

总　序

南昌大学是国家"双一流"计划世界一流学科建设高校，是江西省唯一的国家"211工程"重点建设高校，是教育部与江西省部省合建高校，是江西省高水平大学整体建设高校。2014年5月，南昌大学管理学院成立，学院由管理科学与工程、图书情报与档案管理、信息管理与信息系统三个老牌学科组成。管理科学与工程学科，具有从本科专业、一级学科硕士学位授权点到一级学科博士学位授权点、博士后流动站的完整体系，是江西省"十二五"重点学科。因此，在学科建设方面，管理学院在设立之初就奠定了雄厚基础。

南昌大学管理学院第一任领导班子中，彭维霞书记雷厉风行，涂国平院长沉着稳重。在他们的带领下，管理学院迈入了发展新征程，在教学、科研、社会服务、人才培养等方面均取得了显著成效。2019年，感谢组织信任、领导推荐和同事支持，本人有幸成为了管理学院的第二任院长。感恩于前辈打下的基础，我辈少了筚路蓝缕的艰辛，却多了任重道远的压力；得益于前辈创设的体制，我辈继承了艰苦奋斗与稳健发展的精神，却也感受到了更多对于创新发展的期盼。

当前，管理学院存在规模小、底子薄、知名度不高的问题，南昌大学管理科学与工程学科在学科排名中落后于诸多"985"高校的相关学科。为此，本人时常思考如何推动学院奋起直追、实现跨越式发展，颇有心得。

学科建设是学院发展之本。2017年，我国开始统筹推进世界一流大学和一流学科建设，南昌大学仅有1个学科入列。管理科学与工程学科，离"世界一流"这一目标还有遥远距离。但是，"双一流"建设为管理学院管理科学与工程学科的发展，指明了方向，也带来了机遇。管理学院的追赶式发展，需要以学科建设为抓手，在学科带头人与学科团队建设、科研平台与教学基地建设、高质量和有特色的学科品牌建设等方面做文章、争成效。

学术研究是学院发展之基。学术研究能力是学科发展的硬实力。在学校排名、学科评估、学术资源配置等方面，学术研究成果一直都是关键业绩指标。全面提升学院教师的学术研究能力、专心打造具有国际和国内影响力的高水平科研成果，是管理学院突破话语权壁垒、实现跨越式发展的战略要点。在学院内培养学术意识、推广研究型文化、引导和激励卓越研究成果的诞生，应该始终作为学院科研管理工作的重心。

人才培养是学院发展之魂。高校，是高级人才培养的重要基地。人才培养，包括学生的培养，也包括学者的培养。大学之魂，不在"大"，而在"学"——学生、学者与学术，共同构成了大学。因此，管理学院的未来发展，既寄托在优秀在校生的培养以及优秀毕业生的回馈之上，也寄托在培育大师、培养国家级与省级拔尖人才、引进具有学术追求和研究能力的青年学者之上。学院是全体师生的学院，需要全体师生的共同努力，也希望能够成为全体师生共同成长的沃土。

思想宣传是学院发展之路。南昌大学管理学院，一直都在"默默无闻"地发展。然而，作为哲学社会科学的一员，管理学科也理应承担反映民族思维、发扬精神品格、宣传思想文化、服务国家智库、繁荣社会发展的使命。很多高校的经济与管理学院之所以能在学校发展中举足轻重，也正是因为占领了思想宣传和服务社会的高地。南昌大学管理学院，需要领会习近平主席在哲学社会科学工作座谈会上的讲话精神，加强和改进宣传思想文化工作，全心培养"文化名家"、"四个一批"人才和"宣传思想文化青年英才"，在思想宣传和社会服务方面勇创佳绩。

品牌塑造是学院发展之志。高校之间的竞争，不亚于企业竞争，品牌塑造同样是高校之间竞争制胜的重要法宝。南昌大学管理学院，急需在人才培养、学术研究、社会服务等各方面提升能力、培育优势、凝练特色、塑造品牌，走差异化发展道路，才有可能"变道超车"，实现跨越。加强品牌塑造，既需要高水平学术研究成果和大师级学者等硬实力作为支撑，也需要特色、文化、制度改革等方面的软实力提供支持。

正是基于上述考虑，本人在担任管理学院院长之后，开始着手规划和布局，而这套"南昌大学管理科学与工程博士点学术研究丛书"的组织出版，正是学院围绕学科建设、学术研究、人才培养、思想宣传和品牌塑造等目标而实施的一项集体行动。希望能通过丛书出版，加强南昌大学管理学院的学术传播与品牌推广，激励管理学院全体教师的学术研究与成果发表，为南昌大学管理科学与工程学科的建设做出贡献。

在此，感谢南昌大学对管理学院发展的重视，并将管理科学与工程博士点列入学校学科建设的支持项目，学校的经费支持资助了本套丛书的出版；感谢管理科学与工程系师生的辛勤工作与创造性努力，本套丛书所发表的研究成果都是他们学术探索的劳动结晶，是他们的工作促成了本套丛书的顺利出版。

本套丛书包括 15 本学术专著。它们可以归纳为科技创新与知识管理、农业经济与生态管理、系统动力学、物流与供应链管理、政府政策与社会管理 5 个方向。

科技创新与知识管理方向，包括喻登科教授的《科技成果转化知识管理绩效评价研究》、《知性管理：逻辑与理论》，陈华教授的《科技型中小企业协同创新策略研究》，罗岚副教授的《重大工程复杂性与治理研究》以及林永钦副教授的《可持续食物消费模式：基于综合足迹的研究》。

农业经济与生态管理方向，包括徐兵教授的《城乡协调发展下中部地区农村经济系统重构》，傅春教授的《绿色发展蓝皮书》，毛燕玲教授的《非营利性农村基础设施融资机制》以及邓群钊教授的《基于承载力的排污权组合分配研究》。

系统动力学方向，包括刘静华教授的《农业系统动力学》和祝琴副教授的《系统动力学建模与反馈环分析理论与应用研究》。

物流与供应链管理方向，包括徐兵教授的《农产品供应链运作与决策——基于 PYO 模式的研究》以及谢江林副教授的《资金约束供应链系统分析与决策》。

政府政策与社会管理方向，包括石俊博士的《政府财政支出与经济高质量发展》和林智平副教授的《税收政策与企业融资策略研究》。

这5个方向基本囊括了南昌大学管理学院管理科学与工程学科的主要研究领域。我们在硕士与博士的招生与培养、学术团队与学科建设等方面，都主要是从这几个研究方向加以推进。其中，系统工程与系统动力学是南昌大学管理科学与工程学科的特色方向。

欢迎对这些研究方向感兴趣的学者与同行来南昌大学管理学院交流，欢迎对相关领域有需求的企业提供合作机会，欢迎在这些研究方向有发展潜力的青年博士能加入我们的研究队伍，欢迎有志于从事这些方向研究的同学能够报考南昌大学管理科学与工程专业的硕士与博士。南昌大学管理学院将始终秉承开放创新的理念，欢迎你们的交流与指导，也接受你们的批评与指正。

正因为有你们的支持，我相信，南昌大学管理学院会越办越好。

南昌大学管理学院院长

2020 年 4 月 20 日

荐　序

　　重大工程因其规模巨大、目标多元化、实施周期长、不确定性因素多、新技术集成复杂和创新性高、产业关联性强等特殊属性对经济、社会具有举足轻重的影响，现已成为人类生态文明发展的强大推动力。全球各国都在为改善民生积极地开展重大工程的建设，其投资规模不断递增。根据全球基础设施中心发布的预测报告，全球基础设施类投资在2040年将达到94万亿美元。我国是世界上最大的发展中国家，重大工程建设数量以及单体规模在全世界均位列前茅，其投资金额占全球基础设施总投资的30%。2022年国家发展和改革委提出相关单位要努力推动"十四五"规划中102项重大工程项目的实施，积极推动重大工程项目落地生效。伴随国家发展战略的推行，重大工程建设和投资将掀起新一轮的高潮。

　　借助于我国独特的体制和制度优势，我国重大工程建设在过去数十年取得了一系列举世瞩目的成就，有力推动了经济发展、社会进步、产业革命和技术创新，"中国建造"持续改变着我国的面貌。不过也应该看到，我国重大工程理论发展水平和实践成就还不匹配，尤其在重大工程复杂性与治理方面，如何从中国智慧中提炼出自己的理论体系，成为当前重大工程管理理论发展中的一项紧迫性课题。

　　罗岚副教授作为我指导毕业的博士，一直从事项目复杂性的研究工作，已经在该领域深耕十余年，形成了对重大工程复杂性与治理策略的独特见解。她引领的研究团队通过对我国重大工程项目的广泛调研和系统梳理，选择港珠澳大桥、京沪高铁、青藏铁路等多个典型案例作为重大工程项目复杂性与治理的验证案例，形成了诸多创新性的重大工程复杂性与治理理论成果，最终完成了这本《重大工程复杂性与治理研究》专著。

本书客观上把握了重大工程从复杂性到治理机制的演化规律，从工程实践中提取出了任务、组织、技术、社会、制度与环境六个重大工程复杂性维度，并分析了重大工程复杂性的形成机理和动态演化。在重大工程项目治理方面，本书不局限于传统市场治理手段，而是深刻剖析了我国由于受到制度环境和特殊情境的深刻影响所具有的"政府—市场"二元作用突出特征，提出了行政治理、契约治理和关系治理共同构成的重大工程项目多元治理机制体系，并进一步探寻不同项目情境下的治理策略适应性匹配规律，极大地拓展了重大工程项目治理理论研究的视角。本书所提出的重大工程项目多元治理机制，已经开始应用于指导重大工程管理实践。我深信，以上研究结论在新时代的中国重大工程管理实践中一定会具有很好的借鉴和应用价值。

学术界普遍认为，重大工程是实践的智慧。在实现"两个一百年"的民族复兴和中国梦的过程中，相比欧美等国家，我国具有重大工程的样本优势，为我国带来了更加丰富和鲜活的重大工程治理实践土壤和提供问题导向的研究机遇。面对这个快速变化的时代，必须深刻认识新的情境、新的趋势和新的挑战，在中国引领世界重大工程实践的巨大舞台上，面向中国重大工程治理实践需求，更加开放地借鉴国际经验，开创中国特色的重大工程治理理论和方法，从历史经验中汲取智慧，大胆突破和创新，以形成我国重大工程治理理论和治理实践能力的升级版。

本书是重大工程管理领域的又一力作，有机结合了我国重大工程实践智慧与项目复杂性、项目治理的前沿理论，相信实践界和学术界的读者都会有很深的感悟和很大的收获。

同济大学经济与管理学院建设管理与房地产系 教授
同济大学复杂工程管理研究院 副院长
2022 年 12 月 6 日

前　言

　　世界已经进入重大工程的"万亿级时代"。据全球知名咨询公司麦肯锡预计，到2030年，基础设施投资总额约为57万亿美元，全球每年重大工程投资额达到了6万~9万亿美元。我国是世界上最大的发展中国家，重大工程建设数量以及单体规模在全世界均名列前茅，其投资金额占全球基础设施总投资的30%。2020年的《政府工作报告》再次提出要扩大有效投资，加强新型基础设施建设，加强交通、水利等重大工程建设。2022年1月18日，国家发展改革委在新闻发布会中提出，相关单位要加快推动"十四五"规划中102项重大工程项目的实施，并根据项目特点结合实际情况分配具体任务，积极推动重大工程项目落地生效。随着新型城市化进程的迅速推进和国家"一带一路"倡议的实施，重大项目建设和投资将继续掀起新一轮的高潮。

　　重大工程是典型的"复杂巨系统"，具有环境动态变化、参建主体异质多元化和系统集成化等特性，给工程决策和项目管理带来了巨大挑战。例如，跨海大桥建设史上的超级工程——港珠澳大桥工程既涉及"一国两制"制度框架下的管理制度和工作方式问题，也涉及社会环境和文化差异问题；世界海拔最高的铁路工程——青藏铁路工程面临多年冻土、高寒缺氧、生态脆弱三大世界性工程难题。作为项目世界中的"野兽"，"投资超支、工期拖延、收益未达预期"成为重大工程的国际普遍"铁律"。牛津大学赛德商学院重大工程研究团队通过对中国95个铁路和公路项目统计分析发现，铁路项目的进度平均滞后25%，75%的交通类基础设施项目成本超支30.6%。实践界和理论界一致认为，项目复杂性增大以及对复杂性的低估是导致项目管理失败的主要原因之一。因此，深刻认识复杂性已经成为破解重大工程"绩效悖论"亟待研究和解决的问题。

随着复杂性科学的逐渐成熟，相关理论和方法逐渐被应用到建设工程管理研究中，已有学者从项目复杂性的影响因素、测度方法和复杂性管理等方面进行了探索。然而，重大工程项目不同于一般项目，它与我国特有的体制、机制、制度及文化情境紧密关联，具有独特的"情境"基因，需要开展针对性研究。重大工程日益表现出开放的复杂巨系统特征，跨学科、跨领域、多层次的特点使得重大工程具有高度复杂性，必然要求从复杂性理论的视角去认识和凝练重大工程复杂性管理的科学问题。如何揭示和深入分析重大工程复杂性的动态演化关键问题及形成机理，破解重大工程复杂性这一难题和困境，具有理论和现实的紧迫性。

在此背景下，近年来国内外学者对项目治理（Project Governance）理论进行了广泛研究，形成了"理论丛林"。项目治理被称为项目管理的管理，通过协调项目整个生命周期利益相关者之间的责权利安排，可解决经典项目管理理论所不能及的制度层面问题，并通过提高治理水平来改善项目管理绩效。但在面向重大工程项目时，传统项目治理理论逐渐显示出不适应性。当前关于我国工程项目治理的研究以静态研究为主，且研究内容主要聚焦于对市场治理手段的研究，包括契约治理和关系治理两个维度。一方面，这些研究尚未聚焦于重大工程项目领域；另一方面，这些研究尚未考虑重大工程组织根植于我国独特的体制及制度情境之中的特殊性，这有意或者无意地对组织内或组织间行政指令治理机制的忽视，导致相应研究结果在重大工程项目情境的解释力不足。

因此，有必要突破传统项目管理和工程管理视角，借鉴复杂系统科学思想，整合重大工程管理最新理论和标杆实践，综合运用基于扎根理论的多案例分析、科学引文可视化分析、模糊认知图、贝叶斯网络、系统动力学与实证等交叉学科方法，从重大工程项目复杂性、重大工程项目治理机制、重大工程项目治理策略三个方面展开对重大工程项目复杂性与治理绩效策略的研究。

关于重大工程项目复杂性。采用科学计量软件 CiteSpace 对重大工程复杂性的研究热点与前沿进行可视化分析；基于港珠澳大桥工程、南水北调工程、京沪高铁工程、上海世博会工程、青藏铁路工程等我国重大工程案例，采用基于典型案例的扎根理论全景式质性研究法构建包括组织复杂性、任务复杂性、技术复杂性、环境复杂性、制度复杂性和社会复杂性的重大工程复杂性维度模型；进一步由这些节点构建贝叶斯网络模型进行仿真分析，得出影响重大工程项目复杂性的关键因素；基于马尔科夫链与熵理论分析重大工程复杂性的动态演化特征，将复杂性水平量化，从子项目的角度探讨重大工程复杂性的特点，构建重大工程复杂性马尔科夫链—熵度量模型。

关于重大工程项目治理机制。采用科学计量软件 CiteSpace 探究项目治理的研究演化历程，厘清项目治理的研究基础和前沿热点以及研究趋势；以产权理论和交换理论为理论依据，将我国重大工程项目影响因素具化为可供观测的指标，凝练影响重大工程项目治理策略形成的影响因素，采用模糊认知图（FCM）构建重大工程项目影响因素与治理水平匹配模型；基于重大工程项目情境特征，构建包括契约治理、关系治理和行政治理的重大工程项目治理机制框架体系（CG，RG，AG），进一步采用动态贝叶斯网络对重大工程项目治理机制进行动态仿真分析。

关于重大工程项目治理策略。在文献梳理的基础上，提出了关于项目治理和项目绩效关系的假设模型。采用元分析、定性比较分析、系统动力学（SD）等研究方法，基于独立样本研究了项目治理对项目绩效的影响，并进一步探讨了项目治理各维度对项目绩效的影响；还创新性地引入了重大工程项目情境与治理策略匹配研究，基于"情境与策略识别—匹配机理—案例验证"研究框架体系，聚焦于分析重大工程项目所具有的情境特征、治理策略以及如何将二者匹配以达到绩效提升的目的。

本书研究成果得到了国家自然科学基金项目（71901113、72061025 和 71962019）、江西省社会科学研究项目（21GL05）、江西省自然科学基金项目（20212ACB214014）和南昌大学"双一流"博士点建设专项经费的支持。本书共包括三部分内容，分为13章，结合我国重大工程项目特有的制度情境特征，系统分析重大工程复杂性、多元治理机制、治理策略之间的关系，研究成果对于发展适合我国重大工程项目情境的复杂性理论和项目治理理论具有重要的理论意义，并有助于重大工程项目各参与主体深刻认识复杂性，从而为重大工程治理策略提供参考依据。

在本书出版之际，要感谢对本书做出过贡献的人们。感谢同济大学复杂工程管理研究院的何清华教授和港珠澳大桥管理局局长助理高星林教授级高级工程师为本研究成果提出了许多有价值的意见和建议；感谢南昌大学硕士研究生冯智勇、付承乾、周威、顾峰豪、萨日娜等为本书部分内容撰写提供的支持和帮助。

书中错误和不足之处在所难免，恳请各位同仁和广大读者批评指正。

罗　岚

2022 年 6 月

目　录

第一部分　重大工程项目复杂性

第三部分　重大工程项目治理策略

第一部分 ∨∨

重大工程项目复杂性

第一章

重大工程复杂性研究热点与前沿分析

重大工程具有规模大、投资大、技术复杂、影响广泛且深远等特点，是典型的复杂巨系统。重大工程的复杂性反映在系统关联性强、技术难度大、不确定因素多等多个方面，给工程决策和管理带来了巨大挑战。CiteSpace 是美国德雷塞尔大学信息科学与技术学院陈超美博士研发的科学计量分析软件，以其突出的文献分析功能，在世界范围内受到很多学者的青睐。本章采用 CiteSpace 系统分析 Web of Science 数据库文献，通过分析重大工程项目复杂性研究的合作网络及知识聚类，探究重大工程复杂性的研究演化历程，深刻认识和剖析重大工程复杂性的内涵，厘清重大工程复杂性的理论基础和探析其研究趋势，为重大工程复杂性的进一步研究提供参考和借鉴。

一、数据来源与研究方法

（一）数据来源

Web of Science 是全球最大、覆盖学科最多的综合性学术信息资源，收录了自然科学、工程技术、生物医学等研究领域最具影响力的多种核心学术期刊，其中包括项目管理领域多个权威期刊，该数据库能依靠 CiteSpace 进行完整的题录分析（包括标题、关键词、参考文献等）。准确的数据收集是保证知识图谱分析科学有效的基本前提，因此本章以 Web of Science 数据库作为数据来源，来确定数据的可靠性和有效性，检索策略为：以核心合集引文索引为数据来源，检索式为"Ts = 'Megaprojects Project management' or 'Complexity of major engineering projects'"，年份为 2001 ~ 2020 年，语种为英语，文献类型为 Article，检索共得到 213 篇有效文献作为 CiteSpace 可视化分析的数据基础。

（二）研究方法

在有关重大工程复杂性的传统文献分析法中，科研人员主要通过不断寻找与主题相关的文献来建立对该主题领域的系统抽象的认识，通过不断分析、归纳和推演，以此来研究该领域的发展趋势与研究前沿。因此，仅靠传统分析方法很难从整体上对某一研究领域文献进行准确梳理与判断，也很难通过这种片面的分析来得出有关重大工程复杂性的研究热点。而本章运用 CiteSpace 可视化软件，对具有代表性的有关重大工程复杂性的文献进行可视化分析，并且通过关键词聚类、关键词词频统计与中心度分析反映研究热点。其中，中心度分析揭示某个关键词与中心关键词之间的相关程度，形成关键词聚类来揭示出关键词之间的亲疏关系。运用文献共被引聚类、研究作者聚类分析关键文献，以反映重大工程复杂性领域研究的主要内容及其相互关系。运用分布时序图谱分析重大工程复杂性领域不同时期的研究热点以及未来的发展趋势。

二、研究文献态势分析

通过统计分析，筛选出的有效文献的发表时间以及数量分布如图 1-1 所示。从中可以看出，在 20 年的时间跨度中，有关重大工程复杂性研究领域的发文量由 2000 年的 1 篇增长到 2020 年的 47 篇，其中 2000~2010 年，很少有相关文章发表，关于重大工程复杂性的研究基本处于空白阶段；2011~2016 年，这一新兴研究领域开始受到学术界关注，关于重大工程复杂性的研究成果不断涌现，文章发表数量逐步递增；2016 年以后，文献数量增长迅速，说明有关重大工程复杂性研究进入了快速发展阶段，这与世界各地都在加强基础设施建设，加快推进川藏铁路、深中通道等一批标志性的重大工程的建设，加大新项目开工力度，积极推进在建项目紧密相关。

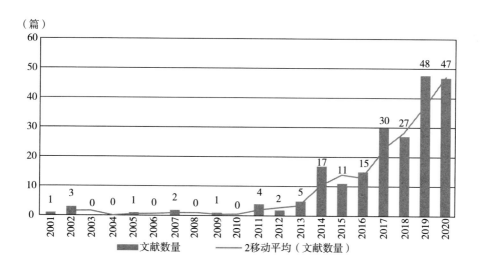

图 1-1　2001~2020 年重大工程复杂性研究文献数量分布

此外，研究者及其合作关系可以反映学者之间的合作程度，能有效地梳理相关领域的发展途径和探索学术研究的凝聚效应。具体操作如下：节点类型选择作者，其余参数不变，得出重大工程复杂性研究的作者合作网络图谱如图1-2所示。该图谱可以呈现发文量最多的作者及其合作关系。图谱中节点表示作者，节点的大小与作者的发文量呈正相关，节点间的连线表示作者间的合作关系，节点间的连线粗细表示作者间的交流程度。

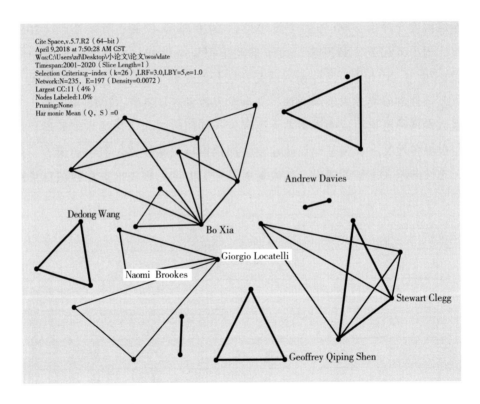

图1-2　重大工程复杂性研究的作者合作网络图谱

从图1-2中可以看出，重大工程复杂性的研究出现了较大的作者共现图谱，在所得到的合作网络图谱中，包括235个作者和197条连线，该数据表明有较多的学者在从事重大工程复杂性的研究，并且以团队合作为主。其中，Giorgio Locatelli、Naomi Brookes、Bo Xia 等发文量最多，此外，许多研究小组和单个作者都在重大工程复杂性领域中有所突破，分散在各处。通过对重大工程复杂性研究的作者合作网络图谱的进一步分析可以发现，每一个团队中都有一位带头人，带领着各自的团队对重大工程复杂性不断进行着深入研究，其中部分团队在该领域取得了实质性的重大突破，并形成了诸多研究成果，本章选取两个典型的团队进行详细分析。

（1）以 Giorgio Locatelli 为核心的研究团队，在重大工程复杂性领域主要研究重大工程的交付、成本等热点问题。该团队提出重大工程项目容易出现交付延期、成本超出预算、提供的效益低于预期等问题，并分析了产生这些问题的原因，如内在的复杂性、有偏见的预测、有意识的错误信息、糟糕的利益相关者管理。该团队研究发现，对于项目相关利益者来说，关键因素包括：①机会主义行为；②缺乏技术和技能；③沟通协调能力差。

（2）以 Naomi Brookes 为核心的研究团队，在重大工程复杂性领域主要研究重大工程的组织问题。该团队通过阐明项目生命周期不同阶段的利益相关方组织，将长周期的重大基础设施工程项目视为一种临时组织来进行管理，从时间内涵上来研究重大工程项目的组织复杂性。

总体来看，重大工程复杂性深层次研究已初具规模，且发展良好。发文较多的研究者之间联系紧密，形成了各自的聚类群体，说明零散的学者应多与其他学者进行合作、交流，已形成聚类规模的学者之间应进一步加强合作，精益求精，共同致力于重大工程复杂性的深度剖析及长远发展。

三、研究热点及其演化

关键词是作者对其文章主要内容的高度凝练与概括，利用 CiteSpace 进行关键词共现分析能够直观、清晰地表现重大工程复杂性的研究热点与发展脉络。具体操作如下：节点类型选择关键词，TOPN 选择 30，其他参数选择默认值。运行 CiteSpace 可得到重大工程复杂性关键词聚类网络图谱、重大工程复杂性关键词时区图，以及重大工程复杂性聚类网络关键词频率降序表，得到关键节点数为 320，连线 1326 条。高频次的关键词可以代表重大工程复杂性领域的研究热点，而关键词节点的中介中心性可以衡量该节点的重要性，得到的重大工程复杂性关键词共现网络图谱如图 1-3 所示。

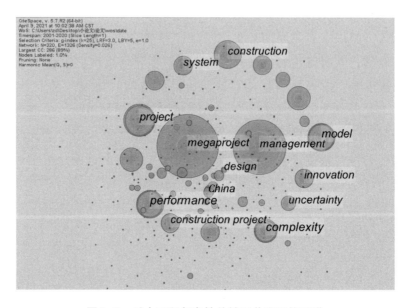

图 1-3　重大工程复杂性关键词共现网络图谱

在 CiteSpace 关键词共现图谱中，节点大小与频次呈正相关。从图 1-3 分析结果中可以发现，重大工程（megaproject）出现频次最高，为 104 次，其次是管理（management），频次为 82 次，剩余关键词频次从高到低依次为项目（project）、模型（model）、绩效（performance）、建造（construction）、中国（China）、复杂性（complexity）、建设项目（construction project）、创新（innovation）等。根据关键词频次统计结果，结合文献对图谱进行解读可以得出，重大工程复杂性研究热点主要体现在四个方面。

（一）组织复杂性

组织复杂性（包括技术、系统的创新性，过程或需求的不确定性），它是驱动重大工程复杂性的重要维度，包括参与组织数量及组织结构层级数，组织间关系复杂度、密切程度及动态性，组织间差异，组织间的合作意识，组织间信任五个指标。当前对组织复杂性的研究主要从组织复杂性的构成、关系、功能、环境四个维度进行。但是重大工程通常由具有不同复杂性特征的子工程组成，对不同类型的子工程需要选择构建不同的组织模式，采取与组织模式相匹配的组织策略。

（二）技术复杂性

技术复杂性（包括目标、范围、任务、经验、风险），它是项目复杂性的核心部分（Baccarini，1996），技术复杂性包括技术多样性，新技术、新设备数量，技术难度及高难技术的风险，新难技术所需知识、经验，技术水平要求高五个指标。施工技术难度高、知识密度高等特性给重大工程建设带来了较大的复杂性挑战。重大工程特殊的规模和要求等导致其需要引进新技术，而新技术的引用增加了重大工程的风险。例如，青藏铁路为解决冻土问题采用了热棒、片石通风路基、铺设保温板和以桥代路等新技术，这些缺乏经验的技术及其带来的风险是技术复杂性的主要来源。

（三）环境复杂性

环境复杂性（包括利益相关者、市场、风险），它是项目运行环境的复杂性，如自然环境、经济环境等（He et al.，2015）。环境复杂性包括气候环境多样、条件恶劣，水文地质条件复杂，施工环境不确定性，经济环境复杂、不确定性，人文环境多样及其他建筑设施风险源五个指标。与一般工程相比，重大工程面临的自然环境往往更加恶劣，建造过程会受到自然环境的影响，这是对重大工程组织和技术的极端挑战（Rolstadås & Schiefloe，2017）。此外，由于重大工程投资巨大、涉及范围广，经济环境的变动和人文环境的风险也成为影响环境复杂性的重要指标。而目前主要是针对技术与组织的复杂性进行研究，对于外部环境的复杂性研究甚少，有学者提出，应重视重大工程复杂性的外生特征，不仅要研究重大工程的内在复杂性，而且要重视重大工程的外部复杂性。

（四）社会复杂性

社会复杂性包括利益相关者数量，利益关系复杂性，社会性互动的复杂性，对政治、经济、社会、环境的影响力，承载思想、文化的复杂程度五个指标。重大工程一般被认为是社会互动的对象和结果，并且投资巨大，对民生影响深入广泛，涉及的利益相关者众多（Bosch - Rekveldt et al.，2011）。重大工程的社会复杂性主要源于不同利益群体及其社会期望冲突（Lee et al.，2015）。与组织、任务、技术、环境等复杂性相比，重大工程的利益冲突和如何处理利益冲突是复杂性问题的核心，特别是在涉及体制冲突的决策过程中，公众和其他社会群体的期望和态度对重大工程产生了巨大影响。

四、研究趋势与前沿分析

（一）研究趋势

CiteSpace 最常用的功能就是文献共被引分析，通过文献共被引图谱可以帮助研究者了解某个领域的主题演变历程，挖掘相似文献的共同主题。为研究重大工程复杂性的发展演变过程，参数设置如下：节点类型选择被引文献，其余参数选择默认值。运行软件及调整图谱，得到图 1-4。图中每一个节点代表一篇文章，节点越大，表示该文献的被引次数越高，节点间的连线表示文献的共引现象，连线的粗细与文献的共引次数呈正相关。被引频次较高的文献通常是某领域影响力较强和具有代表性的文献。从图中可以看出，图谱只显示了作者的姓名和文章的发表年份，却没有显示共被引文献的全称，根据后台相关信息可以检索获得完整的被引文献。运行后台得到相关高被引频次的文献，是与重大工程复杂性有关的经典文章，展示了重大工程复杂性研究的基础，这些文章在一定程度上构成了重大工程复杂性研究的知识基础。通过整理得出被引次数最多的 8 篇文献，其相关信息如表 1-1 所示，本章将对这 8 篇高被引文章进行归纳总结，从而对重大工程复杂性领域的研究趋势进行分析。

由图 1-4 可以看出，图中的最大节点是 Flyvbjerg 在 2014 年发表的 1 篇文献，共被引频次高达 59 次。其中，频次大于或等于 12 的共有 8 篇，其相关信息如表 1-1 所示。通过对这 8 篇高被引文章进行归纳总结，可以发现其研究主题主要聚焦在 3 个方面。

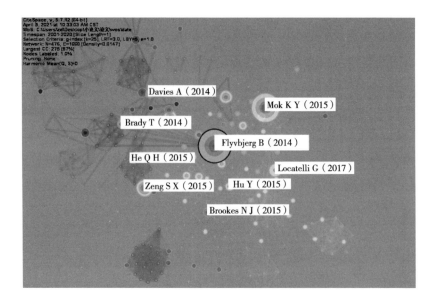

图1-4 重大工程复杂性文献共被引图谱

表1-1 重大工程复杂性共被引分析高被引文献表（排名前8）

编号	被引频次（次）	中心性	年份	（首）作者	文章标题
01	59	0.17	2014	Flyvbjerg B	What you should know about megaprojects and why：An overview
02	28	0.05	2014	Mok K Y	Stakeholder management studies in mega construction projects：A review and future directions
03	16	0.08	2016	Locatelli G	Corruption in public projects and megaprojects：There is an elephant in the room！
04	16	0.09	2014	Zeng S X	Social responsibility of major infrastructure projects in China
05	14	0.09	2014	Brady T	Managing structural and dynamic complexity：A tale of two projects
06	14	0.04	2015	Brookes N J	Power plants as megaprojects：Using empirics to shape policy，planning，and construction management

续表

编号	被引频次（次）	中心性	年份	（首）作者	文章标题
07	13	0.02	2013	Hu Y	From construction megaproject management to complex project management: Bibliographic analysis
08	12	0.03	2014	Davies A	Project complexity and systems integration: Constructing the London 2012 olympics and paralympics games

第一个方面的主题为重大工程的定义及复杂性相关理论基础，基础文献包括01、07，分别是在2014年和2013年发表的。其中文献01将重大工程定义为一类投资规模大、复杂性高，对政治、经济、社会、科技发展、环境保护、公众健康与国家安全具有重要影响的大型公共项目，主要从组织、交付、利益相关者和团队等维度来阐述重大工程项目的内涵；文献07提出重大项目的管理是发达国家和发展中国家共同面临的全球性挑战，需要将复杂性理论、制度理论等新理论应用到重大工程管理中去。

第二个方面的主题为重大工程的社会复杂性及项目治理，基础文献包括02、03、04，其中文献03发表年份为2016年，文献02、文献04发表年份为2014年。文献02提出使用社交网络方法可以清楚地识别利益相关者和相关问题的相互关系，从而促进评估利益相关者的影响，并改进重大工程的项目决策；文献03提出建筑行业的道德行为是由私人组织和专业机构的领导部门以及公共部门的采购机构的道德指导方针和政策来促进的，行业道德治理应该采用制度理论，引入"腐败项目背景"的思想，从社会和制度层面重新思考腐败对重大工程的影响；文献04通过构建三维框架来进行重大工程项目的社会责任绩效评估，以促进或管制各种利益相关方，使社会责任政策得以在重大工程项目中落实。

第三个方面的主题为重大工程的组织和技术复杂性，基础文献包括05、06、08，其中文献05、文献08发表于2014年，文献06发表于2015年。文献05提出重大工程项目是一项复杂系统集成活动，如何在项目中成功地管理结构复杂性和动态复杂性尤为重要；文献06通过构建PPM特征和绩效之间的关系，表明模块化技术、项目治理和外部涉众参与对重大工程项目完成的重要性；文献08提出，动态响应不可预见的和不断变化的条件包括可用于处理不确定性和变化的预算与应急事件，系统集成是重大工程项目成功交付的主要挑战之一。

（二）研究前沿

被引文献能够反映知识基础，即在图谱中直接显示的节点信息，而施引文献反映的是研究前沿。重大工程不是一般工程的简单放大或集合，重大工程在期望水平、利益相关者参与、交付时间、项目影响等方面与一般工程有明显不同，尤其是我国重大工程除具有技术组织环境的复杂性外，还具有制度复杂、体制多样、文化差异显著等特殊的情境特征。因此，从施引文献的关键词中可以看出，重大工程复杂性领域的研究前沿。

重大工程复杂性的文献共被引网络被划分为13个聚类，其中最大的聚类如表1-2所示。通过共被引文献聚类分析可以看出，组织复杂性、任务复杂性、技术复杂性仍然是重大工程复杂性领域研究者最感兴趣的研究方向，如技术创新、组织平台、系统集成、机构的复杂性、交易成本、预算等名词出现在多个聚类中。另外，与重大工程项目的环境复杂性、制度复杂性和社会复杂性有关的名词也在聚类中频繁出现，如复杂网络理论、外部环境、关系管理、利益相关者合作、政府治理等名词多次出现在聚类中。

表1-2　重大工程复杂性文献共被引图谱五大聚类

聚类编号	数量（篇）	平均轮廓值	年份	标签
0	55	0.867	2015	大型基础设施；治理结构；重大工程项目治理；制度因素；项目价值；关系管理；影响策略；风险评估；激励与监督；项目生命周期
1	51	0.863	2015	复杂网络理论；主动风险管理；项目利益；系统集成；外部环境；贝叶斯信念网络；机构的复杂性；组织间关系；重大工程项目治理；治理机制

聚类编号	数量（篇）	平均轮廓值	年份	标签
2	39	0.847	2016	关系行为；协作工作；结构方程模型；战略管理；政府治理；非正式关系
3	31	0.924	2012	案例研究；适应性方案管理；项目成功；计划行为理论；组织平台；利益相关者合作；技术创新
4	27	0.941	2013	施工管理；界面管理；决策；预算；交易成本

结合共被引文献聚类结果可以分析出重大工程复杂性的研究趋势主要体现在：一是技术复杂性是关键的复杂性维度之一，技术的提高直接影响重大工程项目的工期和成本，当前重大工程复杂性的研究主要集中在风险管理、施工管理、界面管理等技术层面。二是重大工程的社会复杂性主要源于不同群体的利益冲突，这已经逐渐成为影响重大工程项目成功的关键因素，环境的不确定性会直接影响重大工程任务的复杂性。

五、本章小结

本章基于文献综述对重大工程复杂性的研究前沿进行可视化分析，从中可以看出该领域已经引起学者的关注，并且相关文献数量呈明显上升趋势。但大部分研究对重大工程外部因素的复杂性研究仍有所欠缺。通过梳理重大工程复杂性的合作网络和知识聚类，预测未来该领域的研究热点为重大工程的外部复杂性，如环境复杂性、制度复杂性、社会复杂性，研究侧重点由重大工程复杂性的内生性特征向外生性特征转变，由此可以为接下来重大工程复杂性维度模型建立提供研究基础。

第二章
重大工程复杂性维度类型分析与识别

　　和一般工程相比,重大工程具有规模大、投资大、技术复杂、影响广泛且深远等特点,是典型的复杂巨系统。重大工程的复杂性反映在系统关联性强、技术难度大、不确定因素多等方面,给工程决策和管理带来了巨大挑战。本章选取港珠澳大桥工程、南水北调工程、京沪高铁工程、上海世博会工程、青藏铁路工程等我国重大工程案例,采用基于典型案例的扎根理论全景式质性研究法构建我国情境下重大工程复杂性维度模型,并进一步采用模糊认知图识别出复杂性关键维度,为深入研究重大项目复杂性奠定理论基础。

一、项目复杂性研究现状

　　项目复杂性概念最早由 Baccarini (1996) 提出,他认为项目复杂性是由许多相互作用的部分组成的,可用差异性 (Differentiation) 和相互依赖性 (Interdependency) 来定义。在其基础上,Williams (1999) 提出结构复杂性包括元素个数和相关性,并扩展了不确定性要素维度。也有学者将项目复杂性理解为在项目环境中,组织过程的模糊性、悖论以及时间、空间、权力的多重关系，其特点是对项目各方面的规范性定义（如项目参与者的数量和多样性、活动的层次性和相互依赖性以及反馈回路的多样性）（Cicmil & Marshall，2005）。Burke 和 Morley（2016）认为项目复杂性可以理解为相互关联的不同元素的数量和异质性。通过研究项目复杂性的内涵和属性，Luo 等（2017）认为项目复杂性是项目的一种属性，是由若干具有差异性的部分相互作用的结果。

因项目复杂性的含义较广，许多学者对项目复杂性的构成维度进行了分类研究（见表2-1）。Maylor（2003）将项目复杂性分为组织复杂性（包括成员、部门、组织、区域、国家、语言、时区等的数量，组织的层级以及权力结构）、技术复杂性（包括技术、系统的创新性，过程或需求的不确定性）和资源复杂性（包括项目规模、预算大小）。Bosch-Rekveldt 等（2011）在总结前人研究的基础上，结合实地调查构建了TOE 框架，将项目复杂性分成技术复杂性（包括目标、范围、任务、经验、风险）、组织复杂性（包括规模、资源、项目团队、信任、风险）和环境复杂性（包括利益相关者、市场、风险）三大类。Owens 等（2012）基于文献综述和案例研究构建了项目复杂性的五维框架，在传统项目管理金三角（成本、进度和技术）的基础上增加了环境复杂性和融资复杂性。He 等（2015）在文献研究的基础上提出了一个由组织复杂性、技术复杂性、目标复杂性、环境复杂性、文化复杂性和信息复杂性组成的大型项目复杂性框架。Nguyen 等（2015）针对交通工程项目，结合因子分析确定了项目复杂性的六个维度，分别为组织复杂性、技术复杂性、社会政治复杂性、环境复杂性、基础设施复杂性和范围复杂性。也有学者从另一个角度将重大工程复杂性分为细节复杂性和动态复杂性（Zhu & Mostafavi，2017），或者是结构复杂性和动态复杂性（Daniel & Daniel，2017）。

表 2-1 项目复杂性维度相关文献

文献来源	研究对象	研究方法	项目复杂性维度
Maylor（2003）	一般项目	基于文献的质性研究	组织复杂性（包括成员、部门、组织等的数量，组织的层级以及权力结构），技术复杂性（包括技术、系统的创新性，过程或需求的不确定性）和资源复杂性（包括项目规模、预算大小）
Bosch-Rekveldt 等（2011）	重大工程项目	基于文献和访谈的质性研究	技术复杂性（包括目标、范围、任务、经验、风险）、组织复杂性（包括规模、资源、项目团队、信任、风险）和环境复杂性（包括利益相关者、市场、风险）
Owens 等（2012）	重大工程项目	基于文献的质性研究	在传统项目管理金三角（成本、进度和技术）的基础上增加了环境复杂性和融资复杂性
He 等（2015）	重大工程项目	基于文献的质性研究	组织复杂性、技术复杂性、目标复杂性、环境复杂性、文化复杂性和信息复杂性
Nguyen 等（2015）	重大工程项目	基于文献和问卷的质性研究	组织复杂性、技术复杂性、社会政治复杂性、环境复杂性、基础设施复杂性和范围复杂性
Zhu 和 Mostafavi（2017）	建设项目	基于访谈的质性研究	细节复杂性和动态复杂性
Daniel 和 Daniel（2017）	一般项目	基于文献的质性研究	结构复杂性和动态复杂性

综上所述，当前对项目复杂性内涵和维度的探讨大都是基于已有文献和访谈开展的质性研究，缺少针对重大工程情境的全面、系统的复杂性维度框架。重大工程不是一般工程的简单放大或集合，重大工程在期望水平、利益相关者参与、交付时间、项目影响等方面与一般工程有明显不同，尤其是我国重大工程具有制度复杂、体制多样、文化差异显著等特殊的情境特征。因此，有必要采用扎根理论质性研究法全面、系统梳理重大工程典型案例，界定重大工程复杂性内涵并构建重大工程复杂性维度模型。

二、重大工程复杂性数据收集与处理

（一）研究方法

扎根理论是可以针对具体现象逐步引导并归纳理论的定性研究方法，最早由社会学家 Galsser 和 Strauss（1976）提出。其具体步骤是首先收集充足的相关资料，对所收集的资料进行开放性编码以获得充足的标签化数据，再依据相关理论和逻辑对标签化数据进行主轴编码和选择性编码，在编码过程中不断分析并补充数据至理论饱和，从而建构基于经验事实的理论。

扎根理论的资料收集方式具有动态性，强调在数据收集前不做理论假设，而是从数据中提升理论，其重点在于对所获得的数据进行持续不断的分析和编码直至理论饱和。此方法保证了数据的丰富性、严密性和饱和性，因此在许多领域得到了广泛应用（祝军等，2017）。本章借助扎根理论对重大工程复杂性的特征和维度进行分析，以构建出重大工程情境的理论和模型。

（二）数据收集

扎根理论的数据收集过程会依据形成理论不断调整，因此在研究设计时不能准确确定具体的抽样对象和数据来源。在研究过程中本章以项目复杂性的相关文献作为案例观测与收集的理论依据，基于覆盖各种重大工程类型的原则，初步选取重大工程项目案例作为重大工程复杂性指标和维度的数据来源，如表 2-2 所示。由于重大工程建设的关注度高，其复杂性和不确定性受到高度关注，因此现有文献为本章提供了丰富的研究素材。同时，重大工程的报告文学、专题网页、新闻报道等也是本章重要的数据来源，如有关港珠澳大桥的报告文学《港珠澳大桥》、《中国桥：港珠澳大桥圆梦之路》，南水北调项目官方网站——中国南水北调网，新浪网的《青藏铁路全线贯通》新闻专题。

本章的数据收集分为两组，第一组选取五个重大工程案例进行文本分析，进行开放性编码后用于构建重大工程复杂性维度模型；第二组选取三个重大工程案例进行文本分析，用于理论饱和度检验。文本数据的采集过程较长、工作量大，研究者通过大量文献阅读对项目复杂性的特征和维度形成较为深刻的理解，对数据收集起指导作用。

表2-2　重大工程复杂性数据来源

工程名称	工程类型	投资规模（亿元）	地区跨度	时间跨度
港珠澳大桥工程	桥梁工程	1269	连接香港大屿山、澳门半岛和广东珠海	2009~2018年
南水北调工程	水利工程	约5000	自长江流域分东、中、西三线至华北与淮海平原和西北地区	2002年至今
京沪高铁工程	铁路工程	2200	北京至上海	2008~2011年
上海世博会工程	综合工程	286	位于上海，规划用地5.28平方千米	2006~2010年
青藏铁路工程	铁路工程	330	西宁至拉萨	1958~2006年
三峡工程	水利工程	2485	宜昌至重庆	1994~2009年
西气东输工程	能源工程	3000	轮南至上海	2000~2007年
海文大桥工程	桥梁工程	26.7	海口至文昌	2015~2019年

选择从港珠澳大桥工程、南水北调工程、京沪高铁工程、上海世博会工程、青藏铁路工程的相关资料中提取构建模型所需数据。由于资料缺乏

统一、完备的来源，且不同项目的复杂性特征不同，因此每个项目中提取的数据量存在一定差异。本章共收集到221条满足要求的数据，具体数据收集结果如表2-3所示。

表2-3 重大工程复杂性案例数据收集结果

重大工程案例	数据编码范围	数据量（条）
港珠澳大桥工程	HZ1～HZ93	93
南水北调工程	SN1～SN67	67
京沪高铁工程	JH1～JH26	26
上海世博会工程	SW1～SW30	30
青藏铁路工程	QZ1～QZ5	5
合计		221

（三）数据处理

遵循扎根理论的编码要求，本章的数据处理包括开放性编码、主轴编码和选择性编码。需要指出的是，本章的数据处理并不是一个完全线性的过程，需根据已有数据不断重复先前的数据处理过程。

1. 开放性编码

开放性编码是将案例收集的数据进行标签化和概念化，客观地将数据重新整理并提取概念，作为构建复杂性维度模型的基础。首先，在标签化过程中要对复杂性理论保持高度敏感，全面剖析重大工程项目的文本材料，筛选出与重大工程复杂性相关且信息完整的数据进行标签化。本章通过全面分析重大工程案例共得到221条标签化数据，将其设定为最小的分析单元以用于构建复杂性维度模型。然后，赋予标签化数据表征的复杂性特征具体的概念，将多个相关的标签化数据概括为一个概念化编码。经过开放性编码，共提炼出68个开放性范畴。重大工程复杂性数据的开放性编码过程如表2-4所示。

表 2-4　重大工程复杂性数据开放性编码示例

重大工程复杂性数据	开放性编码（标签化）	开放性编码（概念化）
港、澳两地沿袭了英国和葡萄牙两国的基本政治与法律制度，这使得与基础设施工程建设相关的法律体制（HZ22）、行政管理（HZ23）、基建程序（HZ24）、技术标准体系（HZ25）、关税体制（HZ26）、货币体制（HZ27）等方面与内地有较大差异。……本项目"四新"技术即新技术、新工艺、新材料、新设备运用多（HZ44）。……大桥属于桥岛隧集群工程，很多材料、设备、工艺在行业内尚属首次应用（HZ53）。……香港和澳门汽车是靠左行驶，内地的交通规则是靠右行驶，这使得决策主体在口岸与大桥衔接处不得不考虑换道设计（HZ67）。……路面铺装工程需在国际先进技术方案基础上创新（HZ74）。……整孔箱梁预制和架设与传统铁路干线梁相比，采用了全新的施工技术和设备（JH12）	HZ22 粤港澳三地法律体制差异大 HZ23 粤港澳三地行政管理区别大 HZ24 粤港澳三地基建程序差异大 HZ25 粤港澳三地技术标准体系差异大 HZ26 粤港澳三地关税体制差异大 HZ27 粤港澳三地货币体制差异大 HZ67 粤港澳三地交通规则不同 HZ44 "四新"技术运用多 HZ53 许多材料、设备、工艺属首次应用 HZ74 路面铺装工程技术创新 JH12 整孔箱梁施工采用全新的技术和设备	aa11 涉及多种政策、法规、体制 aa27 新技术、新设备使用多

2. 主轴编码和选择性编码

主轴编码通过分析各范畴之间的逻辑关系，将开放性编码获得的独立分散的范畴进一步凝练和深化，形成与研究目标最相关的次要范畴。例如将"组织职能差异显著"、"组织间不均衡性"和"组织空间分布差异"凝练为"组织间差异及不均衡性"这一次要范畴。选择性编码是在主轴编码的基础上进一步发现各次要范畴之间的逻辑关联从而形成核心范畴，最终构建得到重大工程复杂性维度模型。如表 2-5 所示，本章通过主轴编码将 68 个开放性范畴归纳为 29 个次要范畴，并将这些次要范畴选择性编码为 6 个核心范畴，分别命名为组织复杂性、任务复杂性、技术复杂性、环境复杂性、制度复杂性和社会复杂性。

表 2-5 重大工程项目复杂性数据编码体系

开放性编码（概念化）	主轴编码（次要范畴）	选择性编码（核心范畴）
aa6 参与组织繁多	a1 组织规模及层级数	A1 组织复杂性
aa18 组织结构层级数多		
aa3 众多省市行政区间责权划分情况复杂	a2 组织间关系及动态性	
aa10 跨组织关联密切		
aa23 决策治理结构复杂		
aa19 组织间关系具有动态性		
aa24 组织间权利机制边界模糊		
aa48 管理内容与管理方式交叉重叠		
aa64 多种合同关系共存		
aa61 组织职能差异显著	a3 组织间差异及不均衡性	
aa34 组织间不均衡性		
aa57 组织空间分布差异		
aa21 组织间合作程度低	a4 组织间合作意识	
aa66 组织间信任问题	a5 组织间信任程度	
aa14 工程规模大	a6 工程规模及范围	A2 任务复杂性
aa16 工程运营的阶段性强		
aa22 工程的生命周期长		
aa26 工程范围广		
aa30 建筑结构新颖、多样		
aa15 工程质量要求高	a7 目标多样性及动态性	
aa29 涉及资源、环境保护和已建工程协调的问题		
aa35 参与主体目标不统一		
aa49 目标多样		
aa55 资源、环境保护要求高，措施复杂		
aa58 目标有动态性		

续表

开放性编码（概念化）	主轴编码（次要范畴）	选择性编码（核心范畴）
aa9 工程界面多	a8 任务关联程度及动态性	A2 任务复杂性
aa63 施工交叉工作面多		
aa38 子工程关联密切		
aa40 子工程的动态性强		
aa42 工程发展有不确定性		
aa54 项目工期紧张、不确定因素多	a9 工期紧迫性及不确定性	
aa1 投资不确定因素多	a10 资源需求程度及可获得性	
aa5 资源需求大，可获得性低		
aa56 资源调动过程复杂		
aa50 投资方式多元化、多层次、多渠道		
aa8 高难技术多	a11 技术多样性	A3 技术复杂性
aa60 技术多样		
aa27 新技术、新设备使用多	a12 新技术、新设备数量	
aa12 技术难度大	a13 技术难度及高难技术风险	
aa32 高难技术风险大		
aa33 工程经验缺乏	a14 新难技术所需知识和经验	
aa41 知识水平有限		
aa4 技术水平要求高	a15 技术水平要求	
aa7 气候条件恶劣	a16 气候多样性及恶劣条件	A4 环境复杂性
aa37 气候环境多样		
aa47 地质及水文条件复杂	a17 水文地质条件复杂性	
aa31 施工环境不确定因素多	a18 施工环境不确定性	
aa13 气候条件不确定因素多		
aa46 经济环境复杂	a19 经济环境复杂性及不确定性	
aa25 经济形势不确定性		
aa67 人文环境区域多样化	a20 人文环境多样性及其他建筑设施风险	
aa68 其他建筑设施引发风险		

续表

开放性编码（概念化）	主轴编码（次要范畴）	选择性编码（核心范畴）
aa2 涉及不同的制度背景	a21 涉及制度背景的差异性	A5 制度复杂性
aa11 涉及多种政策、法规、体制	a22 涉及政策、法规、管理体系的差异性	
aa28 缺乏现有标准、体系		
aa65 涉及不同的宗教、文化	a23 涉及宗教、文化的差异性	
aa43 参与方来自多个国家	a24 参与方工作习惯、文化、理念的差异	
aa44 参与方的习惯、文化、理念有差异		
aa17 利益相关者数量多	a25 利益相关者数量	A6 社会复杂性
aa20 利益相关者需求复杂	a26 利益关系复杂程度	
aa51 利益相关者关系复杂		
aa36 社会关注程度高	a27 社会性互动的复杂程度	
aa62 社会性互动工作量大		
aa39 对生态环境影响深远	a28 对政治、经济、社会、环境的影响	
aa45 社会影响深远		
aa52 对区域经济有深刻影响		
aa53 政治影响深远		
aa59 项目是思想、感情、文化的载体	a29 承载思想、文化的复杂程度	

3. 理论饱和度检验

为保证研究的信度，需进行理论饱和度检验。研究收集了三峡工程、西气东输工程、海文大桥工程三个重大工程案例的文本资料，包括相关文献、专题新闻和工程总结文档等。抽取三个案例中的数据与已有数据进行对比和分析，未发现新的范畴和影响关系，次要范畴内部也没有发现和补充新的理论。由此可以认为本研究获得的重大工程复杂性维度模型在理论上是饱和的。

三、重大工程复杂性维度构成分析

结合项目复杂性的理论成果和重大工程实践特征，本章通过扎根理论的开放性编码、主轴编码、选择性编码不断对案例数据进行理论化，识别并构建了重大工程复杂性维度模型。重大工程复杂性包括三个内部复杂性维度，即组织复杂性、任务复杂性和技术复杂性，以及三个外部复杂性维度，即环境复杂性、制度复杂性和社会复杂性（见图2-1）。

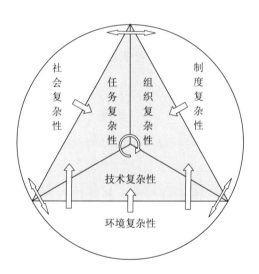

图 2-1　重大工程复杂性维度模型

（一）组织复杂性

组织复杂性是驱动重大工程复杂性的重要维度（Luo et al.，2017），包括参与组织数量及组织结构层级数，组织间关系复杂度、密切程度及动态性，组织间差异，组织间的合作意识，组织间信任五个指标。当前对组织复杂性的研究主要从组织复杂性的构成、关系、功能、环境四个维度进行（李永奎等，2018）。重大工程通常由具有不同复杂性特征的子工程组成，对不同类型的子工程需要选择构建不同的组织模式、采取与组织模式相匹配的组织策略（麦强等，2018）。与一般项目相比，重大工程的组织安排与管理更加重要。另外，"政府—市场"二元作用下的我国重大工程组织模式极具特色，组织复杂性问题更加突出（李永奎等，2018）。

（二）任务复杂性

任务复杂性包括工程规模、范围，目标多样性、统一性及动态性，任务动态性及各任务间关联密切程度，工期紧张程度、不确定因素，资源需求程度、获得途径多样及不确定因素五个指标。重大工程中任务活动多样，各种活动要素或子系统间存在着依赖关系，局部的改变会引起其他相关任务的改变。与一般工程相比，重大工程中大量工程任务活动之间存在着更为错综复杂的相互关系。因此，重大工程的大量任务都高度相关且具有不确定性。另外，重大工程通常具有更高要求的质量、进度目标，同时工程目标要考虑民生、环保、社会保障等多重问题（胡毅等，2019），这些都增加了任务复杂性。

（三）技术复杂性

技术复杂性是项目复杂性的核心部分（Baccarini，1996），技术复杂性包括技术多样性，新技术、新设备数量，技术难度及高难技术的风险，新难技术所需知识、经验，技术水平要求高五个指标。施工技术难度高、知识密度高等特性给重大工程建设带来了较大的复杂性挑战（时茜茜等，2017）。重大工程特殊的规模和要求等导致其需要引进新技术，而新技术的引用增加了重大工程的风险（丁敏和徐峰，2018）。例如，青藏铁路为解决冻土问题采用了热棒、片石通风路基、铺设保温板和以桥代路等新技术。这些缺乏经验的技术及其带来的风险是技术复杂性的主要来源。

（四）环境复杂性

环境复杂性是项目运行环境的复杂性，如自然环境、经济环境等（He et al.，2015）。环境复杂性包括气候环境多样、条件恶劣，水文地质条件复杂，施工环境不确定性，经济环境复杂、不确定性，人文环境多样及其他建筑设施风险源五个指标。与一般工程相比，重大工程面临的自然环境往往更加恶劣，建造过程会受到自然环境的影响，这是对重大工程组织和技术的极端挑战（Rolstadås & Schiefloe，2017）。此外，由于重大工程投资巨大、涉及范围广，经济环境的变动和人文环境的风险也成为影响环境复杂性的重要指标。

（五）制度复杂性

制度复杂性包括项目涉及制度背景的差异性，涉及政策、法规、管理体系的差异性，涉及宗教、文化的差异性，参与方存在工作习惯、文化、理念的差异四个指标。在重大工程情境下，制度复杂性来源于不同参与方、利益相关者、政治制度之间的制度差异，以及可能带来制度性冲突和不确定性的宏观环境（Qiu et al.，2019）。重大工程建设涉及多种正式或非正式的制度逻辑，如政策法规、相关地区宗教文化、参与方的工作理念、关系和权威等。另外，由于我国特有的"政府—市场"二元特征和重大工程公共产品属性，中央政府逻辑、地方政府逻辑、市场逻辑、社会逻辑共同存在于重大工程组织场域中，呈现出多重制度逻辑间的复杂关系（Qiu et al.，2019）。

（六）社会复杂性

社会复杂性包括利益相关者数量，利益关系复杂性，社会性互动的复杂性，对政治、经济、社会、环境的影响力，承载思想、文化的复杂程度五个指标。重大工程一般被认为是社会互动的对象和结果，并且投资巨大，对民生影响深入广泛，涉的利益相关者众多（Bosch‑Rekveldt et al.，2011）。重大工程的社会复杂性主要源于不同利益群体及其社会期望冲突（Lee et al.，2015）。与组织、任务、技术、环境等复杂性相比，重大工程的利益冲突和如何处理利益冲突是复杂性问题的核心，特别是在涉及体制冲突的决策过程中，公众和其他社会群体的期望和态度对重大工程产生了巨大影响。

四、重大工程复杂性关键维度识别分析

（一）模糊认知图基本理论

模糊认知图（Fuzzy Cognitive Map，FCM）是模糊逻辑与神经网络结合而成的一种软计算方法，该方法较好地融合了模糊逻辑学、神经网络分析等模糊拓扑学的方法，可以通过各个概念节点的相互作用来模拟系统的动态行为，并且其构建的模型具有动态反馈机制。该系统可以通过问卷咨询相关领域专家得到各概念节点的初始值，然后通过设定符合实际项目的阈值函数和变化函数对已经建立的模型进行迭代运算，最终使系统中各个概念节点的状态值会趋于稳定。除设置阈值函数进行迭代观察外，还可以通过更改模型的初始值，对输入和输出量进行推理和预测分析。

FCM 模型主要由概念节点和弧线组成，弧表示节点之间的因果关系，节点可以是实体或者概念，弧的箭头由因指向果，用权值 W_{ij} 来反映影响因果程度的大小。图 2‑2 是一个简单的 FCM 模型示例，概念节点分别是 D_1、D_2、D_3 和 D_4，用有向弧来表示这 4 个概念节点的因果关系。在模型中，如果概念节点 D_j 的状态会随着概念节点 D_i 的状态的改变而改变，表明 D_i 和 D_j 之间存在因果关系，则有向弧箭头由 D_i 指向 D_j，并用 [−1，

1] 区间的一个数值 W_{ij} 来描述概念节点 D_i 对概念节点 D_j 的影响，W_{ij} 即为权值。若 $W_{ij}>0$，表示 D_i 与 D_j 之间呈正反馈关系，即 D_i 的增加将导致 D_j 的增加，或者 D_i 的减少将导致 D_j 的减少；若 $W_{ij}=0$，则表示 D_i 和 D_j 之间没有直接的因果关系；若 $W_{ij}<0$，则表示 D_i 的增大将导致 D_j 的减小，或 D_i 的减小将导致 D_j 的增大，呈现负反馈关系。权值 W_{ij} 越靠近 [−1，1] 的临界值说明两个节点的影响程度越深。

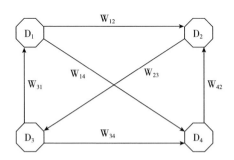

图 2-2　FCM 模型示例

FCM 模型的概念节点值可以进行迭代，经过一定的迭代次数后即达到稳定状态，可以依据这种功能对各概念节点的下一步状态进行预测分析。在 FCM 模型中，其因果关系可以用一个 n×n 的关联矩阵 W 表示。因此，D_i 在 t+1 时刻的状态值 x_i^{t+1} 可以根据概念节点 D_i 在 t 时刻的状态值 x_i^t 推导得出。推导公式具体见式（2-1），同时阈值函数 f（x）将（$x_i^t + \sum_{j=1, j \neq i}^{N} W_{ji} \times x_j^t$）的结果和系统的各个概念节点的初始值转化到 [0，1] 或 [−1，1] 区间。模型通过多次的迭代运算，可以达到平衡状态。

$$x_i^{t+1} = f\left(x_i^t + \sum_{j=1,\ j \neq i}^{N} W_{ji} \times x_j^t \right) \tag{2-1}$$

式中，x_i^{t+1} 表示概念节点 D_i 在 t+1 时刻的状态值；t 表示迭代的次数；x_i^t 和 x_j^t 分别表示在 t 时刻概念节点 D_i 和 D_j 的状态值；W_{ji} 表示概念节点 D_j 到概念节点 D_i 有向弧的权重值；f（·）表示阈值函数。

FCM 模型中有两种常见的阈值函数，一种是 S 形曲线函数，如式（2-

2）；另一种是双曲正切函数，如式（2-3）。采用 S 形曲线函数或双曲正切函数的 FCM 不但能够表示节点活动状态增强或减弱的趋势，而且能显示出增强或减弱的程度。但是 S 形曲线函数将 x 值映射到［0，1］区间，而双曲正切函数将 x 值映射到［-1，1］区间。本章通过消极影响和积极影响两个方面来评估各复杂性对重大工程复杂性这一目标事件的影响，即要求阈值函数将数值转换到［-1，1］区间上，因此选定式（2-3）作为本书的 FCM 阈值函数。

$$\text{S 形曲线函数} \quad f\left(x\right) = \frac{1}{1+e^{-cx}} \tag{2-2}$$

式中，c 是一个参数，它决定曲线的斜率。

$$\text{双曲正切函数} \quad f\left(x\right) = \tanh\left(x\right) = \frac{e^{x}-e^{-x}}{e^{x}+e^{-x}} \tag{2-3}$$

式中，tanh（x）指的是一个双曲正切函数。

FCM 模型可对模糊和随机不确定性的动态数据和信息进行分析和处理，其在表示复杂系统行为方面具有有效性和易用性，一旦构建，就可以用来模拟重大工程复杂性系统的行为和执行假设分析。这可以帮助重大工程项目管理者预测当某个复杂性因素发生改变时，会对其他复杂性产生何种影响，或是将会对整个进程造成什么后果。因此，本节利用模糊认知图方法对整个重大工程复杂性系统进行预测分析、诊断分析和敏感性分析，并根据分析结果来提出相关重大工程复杂性降解策略。

（二）节点和权重的确定

1. 概念节点的确定

前文构建出六个重大工程复杂性维度，这些复杂性维度体现了重大工程项目参与方在全寿命周期中对项目复杂性重点关注的方面。以表 2-6 中的六个复杂性维度作为原因概念节点，将重大工程复杂性作为目标概念节点来构建 FCM 模型。原因概念节点用 D_i 表示，其中 D_1，D_2，…，D_6 表示六个重大工程复杂性影响因素，用 D_T 表示模型中的目标概念节点——重大工程复杂性。

表2-6　重大工程复杂性因素

符号	概念节点	符号	概念节点
D_1	环境复杂性	D_4	社会复杂性
D_2	制度复杂性	D_5	任务复杂性
D_3	技术复杂性	D_6	组织复杂性
D_T	重大工程复杂性		

2. 权重确定原理

FCM模型中概念节点之间因果关系的权重值一般是采用学习法和专家法来确定的。学习法主要以客观数据为依据，以防人为因素导致数据的主观性太强，使得研究结果存在偏差。考虑本书的实际操作流程，由于有关重大工程复杂性的数据不多且数据涉及项目隐私，收集难度特别大，所以本节采用专家法来进行权重确定。各概念节点之间的因果关系强度采用模糊语义来表达，并进行定量与定性分析，使模型中的权重数值更为准确。本节使用9级模糊语义供专家评价，各级模糊语义变量如表2-7所示。由于各模糊语义变量对应的隶属度函数不同，其代表的权重也不同，本章的隶属度函数UA（x）如图2-3所示，隶属度函数的x轴上的各变量权重值与函数值相对应。收集专家对各因果关系的模糊语义评价，并通过重心法（COG）求出各个概念节点间的权重值。

表2-7　9级模糊语义

序号	模糊语义	隶属度
1	Negative Very Strong（负很强）	μ_{NVS}
2	Negative Strong（负强）	μ_{NS}
3	Negative Medium（负中等）	μ_{NM}
4	Negative Weak（负弱）	μ_{NW}

序号	模糊语义	隶属度
5	Zero（无）	μ_Z
6	Positive Weak（正弱）	μ_{PW}
7	Positive Medium（正中等）	μ_{PM}
8	Positive Strong（正强）	μ_{PS}
9	Positive Very Strong（正很强）	μ_{PVS}

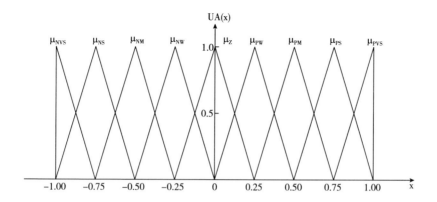

图 2-3 隶属度函数 UA（x）

3. 权重的计算确定

本节采用专家评分法来描述七个复杂性因素概念节点之间的关系和权重值。先是邀请重大工程领域理论知识丰富并且有实践经验的专家凭借自己的知识和经验依据问卷所提供的评价标准对各复杂性因素进行评分，再对评分结果进行归纳整理和定性分析，因此这是一种定量和定性相结合的科学研究方法。为使评分结果更具权威性，选择 10 位理论知识丰富并且有重大工程项目研究或实践经验的专家来进行评分。根据他们自身的经验知识来确定各概念节点的因果关系及其权重大小。以 D_1 到 D_2 影响权重（W_{12}）确定为例，请 10 位专家依据 9 级模糊语义对于 D_1 和 D_2 的关系进行描述。结果显示，1 位专家描述为 Zero，2 位专家描述为 Positive Weak，3 位专家描述为 Positive Medium，3 位专家描述为 Positive Strong，1 位专家

描述为 Positive Very Strong。利用重心法（COG）计算，最终得出权重为
0.525。专家意见整合的过程如图 2-4 所示。我们借助 FCM Analyst 1.0 软件对专家意见的权重进行判定，从而方便对专家意见进行计算整合，其对应的软件整合过程如图 2-5 所示。

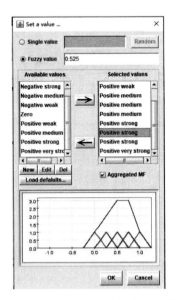

图 2-4　FCM Analyst 1.0 软件中 W_{12} 整合过程

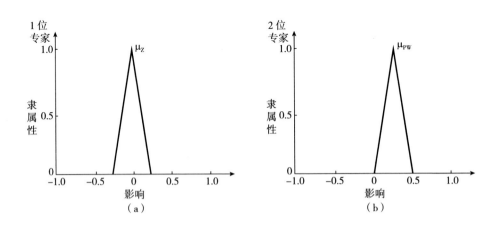

图 2-5　10 位专家对权重 W_{12} 的集合

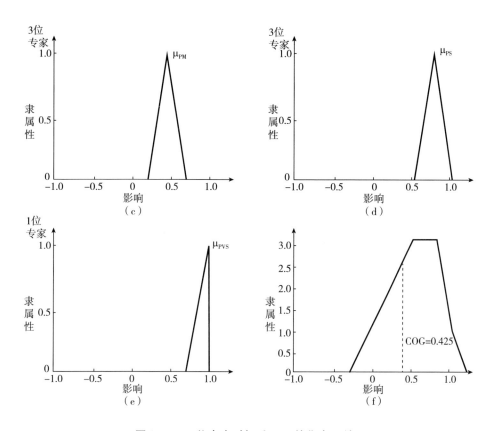

图 2-5 10 位专家对权重 W_{12} 的集合（续）

注：（a）1 位专家描述为 Zero；（b）2 位专家描述为 Positive Weak；（c）3 位专家描述为 Positive Medium；（d）3 位专家描述为 Positive Strong；（e）1 位专家描述为 Positive Very Strong；（f）W_{12}＝（a）＋（b）＋（c）＋（d）＋（e）。

（三）FCM 模型的构建

本章借助 FCM 因果模型来研究各复杂性因素对重大工程复杂性系统的影响。通过 FCM Analyst 1.0 软件来构建重大工程复杂性 FCM 模型，该软件就是根据模糊认知图的计算原理而设计的，通过输入状态节点的初始值经过迭代计算后可以输出概念节点的稳定值和状态曲线。在 FCM Analyst 1.0 软件输入相应的阈值函数前确定好概念节点、因果关系弧和权值，构建出重大工程复杂性系统的模糊认知图模型（FCM 模型）。该模型包含 7 个节点（6 个原因概念节点，1 个目标事件节点），并且可以清楚地展现各变量的相互作用关系，如图 2-6 所示。

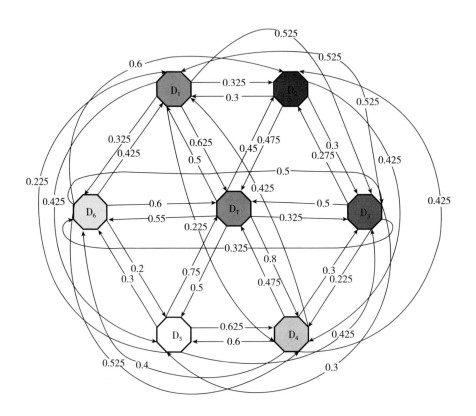

图 2-6　重大工程复杂性 FCM 模型

（四）FCM 模型推理分析

1. 预测分析

预测分析可以用来研究随着 FCM 模型迭代次数的增加各原因概念节点在不同初始值下对重大工程复杂性的影响情况。研究使用五点语言量表来描述概念的状态值 x_i，将所有概念的初始值规定在区间 $[-1, +1]$

的范围内。

首先对上述六个重大工程复杂性因素概念节点的变量进行模拟取值，通过改变各个复杂性概念节点的初始值来研究各复杂性因素对重大工程复杂性的影响情况。以环境复杂性 D_1 模拟为例，将 FCM 模型中的环境复杂性概念节点 D_1 的初始值分别设置为 -1.0（极差）、-0.5（较差）、0.5（较好）和 1.0（极好），同时将其他五个复杂性因素原因概念节点和重大工程复杂性目标概念节点的初始值均设为 0。FCM 模型经过 30 次迭代后，重大工程复杂性的模拟值最终趋于一个稳定状态。在环境复杂性的初始值处于不同状态时，重大工程复杂性的稳定值分别为 $P（D_T/D_1=1）=0.807$，$P（D_T/D_1=0.5）=0.742$，$P（D_T/D_1=-0.5）=-0.742$，$P（D_T/D_1=-1）=-0.807$，从中可以看出，D_1 和 D_T 之间呈正相关关系，表明随着任务复杂性的提高，重大工程复杂性显著上升。同理，对其他五个复杂性因素节点分别按以上四种状态值取值模拟，来观察重大工程复杂性的变化。各变量模拟结果如图 2-7 所示，从中得出在经过多次交互作用后，可以得出概念 D_T 的稳定值。

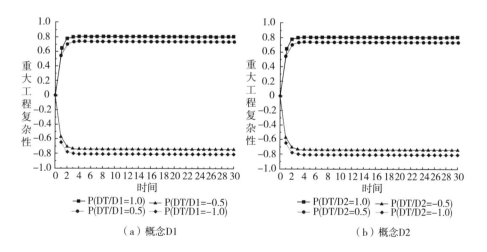

（a）概念D1　　　　　　　　（b）概念D2

图 2-7　各复杂性因素变化对重大工程复杂性的影响

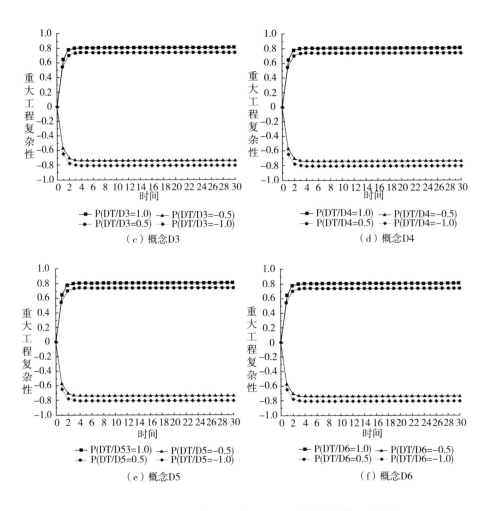

图 2-7　各复杂性因素变化对重大工程复杂性的影响（续）

在预测分析中，六个变量 D_i 分别取值并迭代 30 次后重大工程复杂性 D_T 的固定值如表 2-8 所示。从模拟结果来看，D_1、D_2、D_3、D_4、D_5 和 D_6 这几个概念都与 D_T 这个概念有显著的正相关关系，即当环境复杂性 D_1、制度复杂性 D_2、技术复杂性 D_3、社会复杂性 D_4、任务复杂性 D_5、组织复杂性 D_6 增大时，会导致重大工程复杂性增大。

表 2-8 预测分析中不同情景下 D_T 的固定值

	$P(D_T/D_i = 1.0)$	$P(D_T/D_i = 0.5)$	$P(D_T/D_i = -0.5)$	$P(D_T/D_i = -1.0)$
D_1	0.807	0.742	−0.742	−0.807
D_2	0.778	0.723	−0.723	−0.778
D_3	0.783	0.726	−0.726	−0.783
D_4	0.837	0.762	−0.762	−0.837
D_5	0.829	0.756	−0.756	−0.829
D_6	0.803	0.739	−0.739	−0.803

由图 2-7 可以看出，当六个重大工程复杂性因素进行单一变化时，重大工程的复杂性均随复杂性因素的变化而呈正相关变化，这完全符合实际情况。而重大工程复杂性变化曲线斜率越大，则说明该复杂性因素导致的重大工程复杂性发展进程越快。由图 2-7 还可以看出，当变量为 D_3、D_4、D_5 时，其变化曲线斜率绝对值大于其他变量下的曲线斜率绝对值，说明这三个概念与 D_T 概念的正相关性最强；即技术复杂性、社会复杂性和任务复杂性与重大工程复杂程度相关性最强，为 $D_3 > D_4 > D_5$。从实践角度分析，几乎所有的工程项目均需要技术管理作为扶持，若在工程管理中缺少了技术管理的内容，则该工程管理体系便会不完整。技术管理对整个工程项目的作用极为重要，其管理内容覆盖范围较广，既包含了劳动力、原材料，又包含了施工技术、技术风险等，规模越大的项目其复杂性越明显，越复杂的项目对技术管理的需求越高，因此在重大工程项目的施工准备阶段、施工阶段、运营维护阶段，技术因素给重大工程带来了巨大的复杂性。由于重大工程规模和投资金额巨大，涉及的利益相关者众多，对人民生活影响重大，具有很强的社会敏感性，被视作社会互动的产物。所以，由于不同利益群体的社会期望产生的冲突带来的社会复杂性已经逐渐成为重大工程复杂性的焦点问题。此外，由于重大工程的规模巨大、目标动态多样性、各任务间关联密切、应用新技

术多以及工期紧张，这些都增加了任务的复杂性，所以模型的模拟结果
与实际情况相一致。预测分析的结果可以帮助我们进一步了解在复杂性
因素发生变化时，重大工程整体复杂性的变化规律，并且有助于厘清这
些复杂性因素间的耦合机理，为降解重大工程的整体复杂性提供思路，
为重大工程项目提质增效。

2. 诊断分析

诊断分析是通过输入不同目标节点的初始值，然后迭代一定次数，观
测各个原因节点的稳定值变化情况。主要是通过对 FCM 模型的反向演化推
理来判断出对目标影响最大的原因节点。首先将结果节点 D_T 依次设置为
1.0、0.5、−0.5、−1.0，然后将其余各个原因概念节点的初始值设置为
0，监测取不同目标节点初始值时其他原因节点的状态值变化情况。模拟
结果如图 2-8 所示。

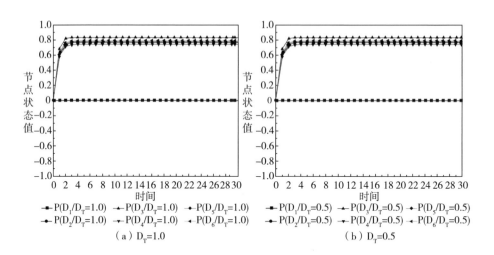

图 2-8　重大工程复杂性的变化对各复杂性因素的影响

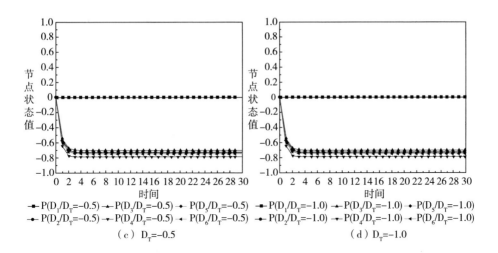

图 2-8　重大工程复杂性的变化对各复杂性因素的影响（续）

通过对重大工程复杂性 D_T 进行变化并迭代 30 次后进行诊断分析，各复杂性因素 D_i 迭代稳定后的固定值如表 2-9 所示。

表 2-9　诊断分析中不同情景下 D_i 的固定值

	D_2	D_3	D_4	D_5	D_6
P（D_1/D_T = 1.0）	0.773	0.837	0.745	0.783	0.793
P（D_1/D_T = 0.5）	0.720	0.762	0.704	0.726	0.733
P（D_1/D_T = -0.5）	-0.72	-0.762	-0.704	-0.726	-0.733
P（D_1/D_T = -1.0）	-0.773	-0.837	-0.745	-0.783	-0.793

从图 2-8、表 2-9 可知，当目标节点变化时，只有 D_2、D_3、D_4、D_5、D_6 随之相应地变化，并且稳定在固定点，而环境复杂性的概念值不随时间发生改变，上述结果说明当重大工程复杂性改变时，主要会给制度复杂性、技术复杂性、社会复杂性、任务复杂性和组织复杂性带来改变。当重大工程复杂性初始值处于很高的状态（取值为 1）时，概念 D_3 趋向于最大

的正固定值（即 0.837）；当重大工程复杂性 D_T 变化时，D_3 变化曲线的斜率最大。这表明社会复杂性 D_3 对于重大工程复杂性 D_T 的变化反应最强烈，因此判定社会复杂性 D_3 是重大工程最核心的复杂性因素。重大工程项目对区域经济以及项目周围的生态环境影响重大，其不仅是工程项目，更是群众对思想、感情和文化的载体，所以导致重大工程项目的社会关注度高，具有很强的社会敏感属性。此外，重大工程项目的利益相关者数量众多，并且这些利益相关者的关系错综复杂，各自的诉求具有很大的差异性。所以重大工程作为一种社会互动的对象和结果，公众和其他社会群体的期望和态度对重大工程造成的社会复杂性已经成为亟待解决的复杂性问题。

3. 敏感性分析

敏感性分析旨在确定影响目标结果的敏感因素，找出重大工程实施进程中关注的重点，从而找出针对具体重大工程项目降低复杂性的有效措施。

前文中的预测分析和诊断分析是从整个社会的宏观角度来研究的，因而对六个复杂性维度都做了分析，但对于具体的重大工程项目而言，有些复杂性因素不是承建单位能够把控和改变的，如由于气候条件的不确定性以及周边项目的影响等因素带来的环境复杂性 D_1 取决于人类生态发展进程和项目周边的不可靠环境因素，而项目相关单位几乎没有能力通过提前避免来降低重大工程复杂性。基于此，本节选定重大工程实施过程中相关单位能控制的复杂性维度 D_2、D_3、D_4、D_5、D_6 来加以探究。

通过上面分析，对 D_1 不做考虑，因而将 D_1 节点的初始值一直设置为 0，而 D_2、D_3、D_4、D_5、D_6 初始值均设置为 0.5，从而探究重大工程复杂性对这五个复杂性维度变化的敏感性。假设 $D_2 = -0.5$、$D_3 = -0.5$、$D_4 = -0.5$、$D_5 = -0.5$、$D_6 = -0.5$，输入这些状态值并迭代 15 次后得到平衡状态时重大工程复杂性目标概念节点 D_T 的固定值为 0.923，将其记录于表中变动百分比为 0 的一列，然后分别按一定比例依次变动五个复杂性因素变量概念节点的初始值，观测变动后重大工程复杂性的状态值 D_T 的变化情况，将稳定后的 D_T 记录下来，并算出 D_i 平均变动 10% 时 D_T 的变化值，如表 2-10 所示。

表 2-10　D_i 变化时 D_T 的平均变化值

节点	D_T 的状态值					D_i 变化 10% 时 D_T 平均变化值（±%）
	−20%	−10%	0%	10%	20%	
D_2	0.908	0.913	0.923	0.937	0.941	0.887
D_3	0.909	0.912	0.923	0.935	0.949	1.123
D_4	0.902	0.911	0.923	0.936	0.948	1.311
D_5	0.912	0.917	0.923	0.938	0.943	0.763
D_6	0.918	0.921	0.923	0.929	0.932	0.334

从表 2-10 可以得出，D_2、D_3、D_4、D_5、D_6 平均变动 10% 引起重大工程复杂性变化的绝对值分别是 0.887%、1.123%、1.311%、0.763%、0.334%。由此可知，重大工程复杂性对这五个复杂性维度的敏感性排序为：$D_4 > D_3 > D_2 > D_5 > D_6$。所以，影响重大工程复杂性最敏感的两个复杂性维度是社会复杂性 D_4 和技术复杂性 D_3，此项研究结果的前提是不考虑重大工程项目具体实施过程中相关单位无法控制的复杂性维度。这对指导重大工程项目的相关单位在自身的能力范围内对较为敏感的复杂性维度 D_4 和 D_3 采取措施，以此对重大工程项目的复杂性进行有效降解，为重大工程项目提质增效，增加社会效益与经济效益。

五、本章小结

本章基于文献综述和我国重大工程案例的收集与分析，采用扎根理论的质性研究法构建了重大工程情境的复杂性维度模型。研究结果表明，重大工程项目复杂性包括环境复杂性、制度复杂性、技术复杂性、社会复杂性、任务复杂性和组织复杂性六个维度，并将其分为内部复杂性和外部复杂性。进一步对重大工程复杂性 FCM 模型进行仿真分析，包括预测分析、诊断分析和敏感性分析。通过 FCM 模型的预测分析可以得出技术复杂性 D_3、社会复杂性 D_4、任务复杂性 D_5 与重大工程复杂性相关性最强；诊断分析得出影响重大工程复杂性的根本原因是社会复杂性；敏感性分析得出在不考虑重大工程项目具体实施过程中相关单位无法控制的复杂性维度时，重大工程复杂性对社会复杂性 D_4 和技术复杂性 D_3 这两个复杂性维度的变化最为敏感。本章研究弥补了以往研究的不足，为后续实证研究提供了理论基础，亦对重大工程复杂性的理论发展有一定的促进作用。

第三章
重大工程项目复杂性动态仿真分析

本章基于第二章构建的重大工程复杂性维度模型,具体包括组织复杂性、任务复杂性、技术复杂性、环境复杂性、制度复杂性和社会复杂性,并结合五位重大工程项目领域专家的意见构建重大工程复杂性贝叶斯信念网络(BBN)模型,运用学习推理功能进行预测分析、诊断分析、敏感性分析和最大致因链分析,识别影响重大工程项目复杂性的关键敏感因素和最大影响链,从而为重大工程的复杂性治理策略提供决策建议及相关分析。

一、贝叶斯网络模型

(一) 贝叶斯网络的应用

贝叶斯方法最早起源于英国数学家托马斯·贝叶斯在 1763 年所证明的关于贝叶斯定理的一个特例。之后经过多位统计学家的共同努力,贝叶斯统计在 20 世纪 50 年代之后逐步建立起来,成为统计学中的重要组成部分。贝叶斯定理因为其对于概率的主观置信程度的独特理解而闻名。此后由于贝叶斯统计在后验推理、参数估计、模型检测、隐变量概率模型等诸多统计机器学习领域有广泛而深远的应用。从 1763 年到现在已有 250 多年的历史，这期间贝叶斯统计方法有了长足的进步。在 21 世纪的今天，各种知识融会贯通，贝叶斯机器学习领域有更广阔的应用场景，将发挥更大的作用。相比之前基于规则的推理方法，贝叶斯网络通过结合图论以及概率论的图模型能够更好地处理较为复杂的、模糊的和不确定性的场景问题，逐步代替了传统的基于规则的方法。至今，贝叶斯网络仍是处理不确定性问题的重要手段之一。同时，贝叶斯网络的提出，为研究者提供了一种新的思路，通过结合图形以及概率论知识，能够有效且直观地解决因果关系问题，也被称为概率论模型，如马尔科夫模型和动态贝叶斯网络等。

简言之，贝叶斯网络是用来刻画一组变量之间的概率分布关系的图模型。在贝叶斯网络中，每个节点代表一个随机变量，其状态可以是可观测的，也可以是不可观测的；变量间的因果关系通过有向弧来连接，表示由因（父节点）导出果（子节点）；相连节点之间的相关程度则通过节点的条件概率分布表来描述。

贝叶斯网络进行建模主要分为四个部分，第一部分：根据实际场景，确定模型有几个节点、类型及状态的个数等；第二部分：采用访谈和专家的建议或知识，采取评分或者结构算法构建有向无环图；第三部分：使用网络推理的方法，观察节点的状态；第四部分：学习节点的条件概率分布，即节点之间的概率相关性。同时利用演算出的状态进行推理。贝叶斯网络的基本框架如图 3-1 所示。

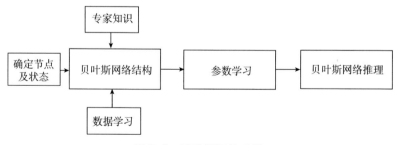

图 3-1　贝叶斯网络建模

贝叶斯网络拥有直观性和双向推理的能力，使得很多领域采用贝叶斯网络来建模，涉及的领域有预测、诊断以及风险评估等。利用相应算法推理分析系统中某些节点的状态变化等，都取得了很好的效果。典型的应用有故障诊断、可靠性分析及态势评估。

（二）贝叶斯网络概率推理

基于概率推理的贝叶斯网络，构建一个贝叶斯网络模型并不是全部。贝叶斯网络的作用价值在于观察未知事件的发生概率，并在模型搭建完毕后对不确定性事件进行推理分析、预测，因此除其强大的建模功能外，更重要的是其推理机制。贝叶斯网络还可以解决不确定和不完整性的问题，对于解决项目不确定和相关性引起的问题有很大的优点。贝叶斯网络已在很多领域有很多成功的案例，如人工智能（Artificial Intelligence）、医疗诊断、数据统计、数据决策等领域。

贝叶斯网络的概率推理就是贝叶斯网络解决实际问题的过程，概率推理也是进行概率计算的过程。在贝叶斯网络模型给定的情况下，根据已知证据节点变量的概率分布，利用条件概率的方法，计算出目标节点变量发生的概率。假设所有随机变量集合为 V，给定节点变量集合 E 为集合 V 的子集，其中 E 取值用 e 表达，即 E＝e，这些给定的变量通常由传感器获得，称为证据。查询节点变量集合为 Q，其值为 q_i。概率推理就是在给定证据 E＝e 时，计算条件概率如下：

$$P（Q_i=q_i \mid E=e）= \frac{P（Q_i=q_i，E=e）}{P（E=e）} \tag{3-1}$$

（三）贝叶斯网络学习

贝叶斯网络解决实际问题的基础是贝叶斯网络学习。贝叶斯网络学习就是要寻找和样本数据匹配度最好的贝叶斯网络结构，即寻找一个有向无环图的结构和一个与有向无环图中每个节点相关的条件概率。在贝叶斯网络中涉及结构学习和参数学习两个学习问题。

1. 贝叶斯网络的结构学习

在贝叶斯网络中，节点之间构成了有向无环图（Direct Acyclic Graph）

网络结构与数据集可以确定参数，因此结构学习是贝叶斯网络的基础和核心，有效的结构学习方法是构建最优网络结构的关键。结构学习方法大致分为两大类：一是结合相关领域的专家经验和访谈，确定节点之间是否存在着因果关系。初步构建出项目因素的贝叶斯网络模型，再通过专家讨论，对模型进行修正，确定最终的贝叶斯网络结构。二是通过软件中对大数据的训练获取大贝叶斯网络。在贝叶斯网络应用中，每个节点的信息都会保存在数据库里，而通过训练数据学习有向无环图结构，就被称为结构学习。

2. 贝叶斯网络的参数学习

贝叶斯网络参数学习实质上是在已知网络结构的条件下，从数据中得到节点的条件概率分布表的过程。早期，条件概率表是由专家知识指定的，往往与观测数据产生偏差较大。参数学习常采用最大似然估计（Maximum Likelihood Estimation），是将参数视为一个固定的量，不去考虑先验知识的影响。还有一个参数学习的方法是贝叶斯统计的估计（Bayesian Estimation），它将参数视为一个随机变量，可以利用先验知识。当前常用方法是从数据样本中学习节点的概率分布，这种数据驱动的学习方法具有很强的适应性。根据观测状况，数据样本可分为完备数据集和不完备数据集。完备数据集中的每个实例都具有完整的观测数据，不完备数据集是指对某个实例的观测有部分缺值或隐藏的情况。

二、重大工程项目复杂性BBN模型

（一）重大工程项目复杂性因素

基于前文重大工程项目复杂性数据分析，可将重大工程复杂性影响因素筛选并划分为组织复杂性、任务复杂性、技术复杂性、环境复杂性、制度复杂性、社会复杂性六个维度。同时，基于扎根理论的开放性编码过程提取了案例重大工程项目中的 221 个标签化数据，经过提炼归纳得到 29 个次要范畴；进行三峡工程、西气东输工程、海文大桥工程三个案例数据的对比分析，通过了理论饱和度检验，能够保证作为重大工程项目复杂性影响因素的信度，由此取其作为主要影响因素，如表 3-1 所示。

表 3-1　重大工程项目复杂性影响因素

复杂性维度	基于文献综述的专家诠释	重大工程项目复杂性因素
a1 组织复杂性	重大工程需对各类子工程采取与组织模式相匹配的组织策略（麦强等，2018）。从构成、关系、功能、环境四个方面进行复杂性研究（李永奎等，2018）	组织规模及层级数（a1）、组织间关系及动态性（a2）、组织间差异及不均衡性（a3）、组织间合作意识（a4）、组织间信任程度（a5）
a2 任务复杂性	重大工程任务繁多，各任务之间存在显隐性逻辑关系，个别的改变会对其他任务产生影响，对重大工程产生的风险性及不可控性构成了其任务复杂性（姚敏等，2020）	工程规模及范围（a6）、目标多样性及动态性（a7）、任务关联程度及动态性（a8）、工期紧迫性及不确定性（a9）、资源需求程度及可获得性（a10）
a3 技术复杂性	重大工程有着施工技术难度高、知识密度高等特点（时茜茜等，2017），同时其高规模和高要求等对引用新技术增加风险（丁敔和徐峰，2018）。项目复杂性的核心就是技术复杂性（Baccarini，1996）	技术多样性（a11），新技术、新设备数量（a12），技术难度及高难技术风险（a13），新难技术所需知识和经验（a14），技术水平要求（a15）
a4 环境复杂性	重大项目施工时有关自然、经济环境等的复杂性（He et al.，2015），自然环境的影响是对重大工程施工时的重大挑战（Rolstadås & Schiefloe，2017），涉及的社会和人文环境也是环境复杂性的来源	气候多样性及恶劣条件（a16）、水文地质条件复杂性（a17）、施工环境不确定性（a18）、经济环境复杂性及不确定性（a19）、人文环境多样性及其他建筑设施风险（a20）
a5 制度复杂性	指组织在多种制度逻辑规制行为中对项目进行产生压力的环境（胥思齐和席酉民，2020），且多方利益与政治制度不同及可能存在的制度性冲突是制度复杂性的来源（Qiu et al.，2019）	涉及制度背景的差异性（a21），涉及政策、法规、管理体系的差异性（a22），涉及宗教、文化的差异性（a23），参与方工作习惯、文化、理念的差异（a24）

续表

复杂性维度	基于文献综述的专家诠释	重大工程项目复杂性因素
a6 社会复杂性	重大工程涉及利益的多方主体、多种诉求和多元冲突（黄德春和冯同祖，2021），包括组织内部的决策和治理、分析和设计、利益相关者的权责划分在内的项目利益相关方的协调是社会复杂性的来源（何寿奎等，2020）	利益相关者数量（a25），利益关系的复杂程度（a26），社会性互动的复杂程度（a27），对政治、经济、社会、环境的影响（a28），承载思想、文化的复杂程度（a29）

（二）BBN 模型的构建

目前学术界运用多种软件对贝叶斯网络模型进行处理，包括 BayesiaLab、Hugin Expert、MSBNX、GeNIe 3.0 等，本章使用由匹兹堡大学开发的软件 GeNIe 3.0 进行贝叶斯网络模型的处理。选择此软件的原因是该软件比较成熟且功能比较全面，操作简单、直观，能提供多种推理方法。

基于重大工程项目复杂性的 29 个影响因素，邀请了重大工程行业 5 位资深专家（其中 3 位来自政府部门、1 位来自咨询单位、1 位来自施工单位）就影响因素对重大工程项目复杂性的影响程度展开了讨论。经过专家组对影响因素进行分类评级，5 位专家根据各自专业领域的理论知识及其实际工作过程中遇到的相关问题与工程推进难点，将理论与实践相结合，对影响重大工程项目复杂性的 29 种因素进行了分析与讨论，分别给出了基于各自行业的意见。根据专家给出的相关意见，整理归纳出 29 个影响因素对重大工程项目复杂性的影响概率。经过以上分析得出各影响因素的影响概率，可用于构建重大工程复杂性贝叶斯信念网络（Bayesian Blief Network，BBN）模型。

根据专家分析整理得出的数据，将模型中项目复杂性影响因素对重大工程项目复杂性的影响程度可能性大小进行等级划分，将其划分为三个等级。①较小影响（Low）：表示相对应的影响因素对重大工程项目复杂性产生较小的影响，可以仅做参考；②中等影响（Medium）：表示相对应的影响因素对重大工程项目复杂性产生的影响适中，应与其相关联因素一同分析关注；③严重影响（High）：表示相对应的影响因素对重大工程项目复杂性有着显著的影响，一旦变化，将会改变复杂性的影响程度，需要特别关注该影响因素。

基于前文分析，并结合专家分析意见，确定贝叶斯网络模型的相关节点，完善各节点之间的因果关系及逻辑链。贝叶斯网络模型的因果逻辑关系主要为六个层级，29 个影响因素分别属于组织复杂性、任务复杂性、技术复杂性、环境复杂性、制度复杂性、社会复杂性六大维度。各因素之间相互影响，不断完善各节点之间的因果逻辑关系后，初步得到了重大工程项目复杂性贝叶斯网络结构模型。根据专家分析整理得出的相关因素的概率，对贝叶斯网络结构模型中的每个节点的变量进行初始化赋值，然后将各个节点的相关概率输入 GeNIe3.0 版本中预先构建好的模型之中，即完成了参数学习。

三、仿真推理分析

（一）预测分析

根据贝叶斯网络模型进行预测分析（结果如图 3-2 所示），就 29 个影响因素的不同概率得出初步预测：利益相关者数量（a25）的严重影响为54%，在实际工程项目中，利益相关者数量越多，项目复杂性越大。其次，社会性互动的复杂程度（a27）的严重程度为48%，据推测，社会性互动的复杂程度在一定程度上会影响工程组织间的相互配合，对工程项目复杂性产生一定的影响。技术水平要求（a15）与参与方工作习惯、文化、理念的差异（a24）的严重影响程度均为47%，根据相关分析，在技术方面与制度方面均会对施工进程产生影响，进而提高项目复杂性。结合现实生活的实际案例与专家分析报告，做出合理推测：技术水平要求（a15），参与方工作习惯、文化、理念的差异（a24），利益相关者数量（a25），社会性互动的复杂程度（a27）对重大工程项目复杂性产生较大的影响。

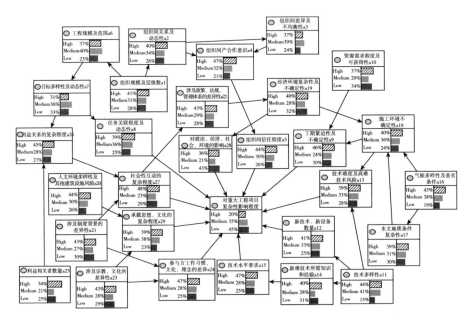

图 3-2　重大工程复杂性 BBN 模型预测分析

（二）诊断分析

诊断分析是指假设目标节点"对重大工程项目复杂性影响程度"处于严重影响的概率为100%，说明项目一定会受到严重影响，即重大工程项目极其复杂，从而可以看出贝叶斯网络模型中的哪些因素对目标节点项目复杂性影响最为显著。重大工程复杂性 BBN 模型诊断分析推理结果如图 3-3 所示。

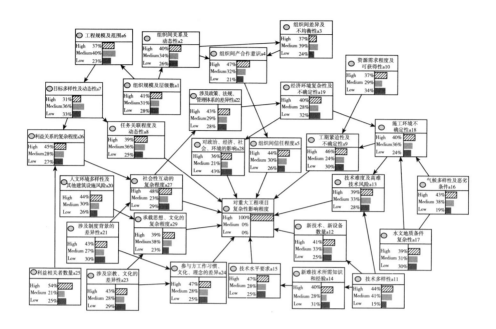

图 3-3 重大工程复杂性 BBN 模型诊断分析

按照上述步骤，得到六种状态下重大工程项目复杂性影响因子的概率分布，当"重大工程项目复杂性影响程度"处于 High 的概率为 100% 被作为目标进行逆向推理时，可以看出，组织间合作意识（a4），组织间信任程度（a5），技术多样性（a11），技术水平要求（a15），气候多样性及恶劣条件（a16），参与方工作习惯、文化、理念的差异（a24），利益相关者数量（a25），社会性互动的复杂程度（a27）这八个影响因素处于严重影响的概率较大，因此可以说明项目完成情况的影响程度很有可能与这几个因素有关。也就是说，当这八个事件中的一个或者多个发生时，项目完成情况的可能性将受到极大的影响。

（三）敏感性分析

敏感性分析的目的是确定当哪些重大工程项目复杂性因素发生变化时对工程复杂性的影响最大，这些因素本身只发生轻微变化，但却有可能导致工程复杂性发生重大变化。本章通过设置某个节点的概率变化为相同程度，计算对目标节点的后验概率的影响。网络节点用颜色指示敏感参数的位置，着色程度表示敏感源的强弱，即表明影响因素对项目完成情况的影响程度，着色越深，程度越大。重大工程复杂性 BBN 模型敏感性分析结果如图 3-4 所示。

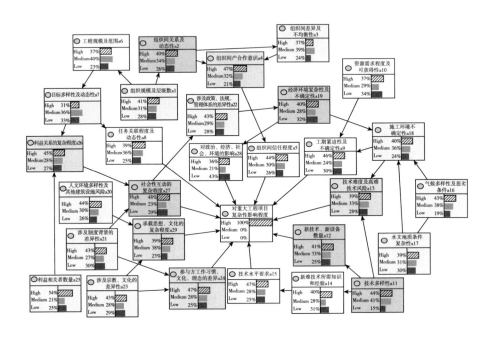

图 3-4　重大工程复杂性 BBN 模型敏感性分析

　　从图 3-4 可以看出，影响工程复杂性的敏感因素包括：组织间关系及动态性（a2），组织间合作意识（a4），工期紧迫性及不确定性（a9），技术多样性（a11），新技术、新设备数量（a12），经济环境复杂性及不确定性（a19），参与方工作习惯、文化、理念的差异（a24），利益关系的复杂程度（a26），社会性互动的复杂程度（a27），承载思想、文化的复杂程度（a29）。敏感因素可以根据变量的确切敏感值进行排序。排名如下：社会性互动的复杂程度（a27）>经济环境复杂性及不确定性（a19）>新技术、新设备数量（a12）>组织间关系及动态性（a2）>技术多样性（a11）>利益关系的复杂程度（a26）>组织间合作意识（a4）>参与方工作习惯、文化、理念的差异（a24）>工期紧迫性及不确定性（a9）。上述因素的微小变化可能会对项目完成情况产生重大影响。因此，应特别注意这些敏感因素，并采取相应措施来应对这些因素对重大项目工程复杂性的影响。

（四）最大致因链分析

影响链分析描述的是条件概率之间的依赖程度，目的是寻找导致结果的最可能路径。连接线的宽度代表连接节点变量之间的影响强度，即父节点对子节点的影响。如果多个具有较强影响关系的节点形成一个链接，且目标节点存在于该链接中，则该链接是一个具有最大影响力的因果链。在这项研究中，将目标节点"对重大工程项目复杂性影响程度"处于严重影响的概率设置为100%，然后进行影响链分析，结果如图3-5所示。

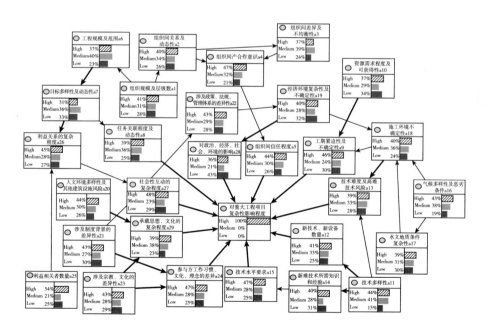

图3-5　重大工程复杂性BBN模型最大致因链分析

从图 3-5 可以看出，有三条影响性成因链条出现，以增粗链所示。第一条是"涉及制度背景的差异性（a21）→参与方工作习惯、文化、理念的差异（a24）→对重大工程项目复杂性影响程度"。根据结果，不同地区制度背景的差异性会影响参与方的工作习惯、文化、理念，进而对重大工程项目复杂性产生重大影响。由此可以得出结论：涉及制度背景的差异性与参与方工作习惯、文化、理念的差异对重大工程项目复杂性产生了重大影响，且这一结论与敏感性分析的结论一致。第二条是"利益相关者数量（a25）→利益关系的复杂程度（a26）→社会性互动的复杂程度（a27）→对重大工程项目复杂性影响程度"。根据结果，利益相关者数量影响着利益关系的复杂程度，增加了社会性互动的复杂程度，最终对重大工程项目复杂性产生了重大影响。由此可以得出结论：利益关系的复杂程度会增加社会性互动的复杂程度从而对重大工程项目复杂性产生显著影响，且这一结论得到诊断分析、敏感性分析的辅证。第三条是"技术多样性（a11）→新难技术所需知识和经验（a14）→技术水平要求（a15）→对重大工程项目复杂性影响程度"。根据第三条影响链可知，技术多样性影响新难技术所需知识和经验，进一步提高了工程所需技术水平要求，最终对重大工程项目复杂性产生影响。这一影响链均为技术复杂性对重大工程项目复杂性的影响，其中技术多样性极大程度地影响着重大工程项目复杂性。综上所述，三条影响链体现了涉及制度背景的差异性，社会性互动的复杂程度，技术多样性对重大工程项目复杂性有着显著的影响，均与相关结论基本一致。

四、本章小结

本章基于扎根理论研究结果，由其开放型编码提炼所得次要范畴作为重大工程项目复杂性影响因素，结合行业专家意见构建重大工程复杂性BBN模型进行仿真推理分析得出相应结论：第一，涉及制度背景的差异性与参与方工作习惯、文化、理念的差异会对重大工程项目复杂性有重大影响，建设单位应在重大工程开始实施前对参与方的制度、文化背景、习惯、文化理念等进行调查，合理分配，正确管理，减轻其对重大工程复杂性的影响。第二，利益关系复杂程度会增加社会性互动的复杂程度从而对重大工程项目复杂性产生显著影响，就此而言，建设单位应在项目建设前把工程项目成功的标准制定在取得大多数利益相关者的认可水平上，减轻后期不必要的利益方之间的冲突引起的社会性互动，通过事前调节好相关利益者的关系来减轻重大工程复杂性。第三，技术多样性极大程度地影响着重大工程项目复杂性，建设单位应促进企业内部学习和发展新技术，购入先进设备，这样可以在一定程度上避免因技术多样性引起的对新技术、新设备数量要求而产生的对重大工程项目复杂性影响。

第四章

重大工程复杂性马尔科夫链—熵度量模型

传统的项目复杂性度量模型在涉及重大工程项目时主要集中在静态研究上，而现实中重大工程复杂性处于不断的动态演化过程中，因此，传统度量模型表现出不适应性。本章基于马尔科夫链刻画重大工程复杂性的动态演化过程的特性，并结合熵理论建立重大工程复杂性马尔科夫链—熵度量模型，将重大工程复杂性水平数量化，从而实现动态度量重大工程项目复杂性的目的。

一、研究理论

（一）马尔科夫链理论

马尔科夫链（Markov Chain，MC）是指存在于离散空间内的随机过程，且这个随机过程具有马尔科夫性质（Gagniuc，2017）。俄国数学家安德雷·马尔科夫首次提出马尔科夫链，他构造了一个变量按照条件概率相互依赖的随机过程，这个随机过程就被称为马尔科夫链（Hayes，2013）。具体而言，概率论和数理统计学中，对马尔科夫链做出如下定义：在概率空间中存在一维可数集，任意一个随机变量以该可数集为指数集，即 X = $\{X_n, n>0\}$；且随机变量的取值都在可数集内，即 X = s_i，$s_i \in s$，则随机变量的条件概率满足以下关系：

$$p(X_{t+1} | X_t, \cdots, X_1) = p(X_{t+1} | X_t) \tag{4-1}$$

式中，X 代表马尔科夫链，可数集 s 代表状态空间，s_i 代表状态，即马尔科夫链在状态空间内的取值，每一个取值都有其对应的状态，马尔科夫链的指数级被称为"步"或"时间步"。式（4-1）在定义马尔科夫链的同时显示了马尔科夫链的特征，即"无记忆性"。也就是说，随机变量的 t+1 步的状态，在给定第 t 步的随机变量后与其余的随机变量条件相互独立，即对任意的停时（Stopping Time），马尔科夫链在停时前后的状态是相互独立的（Brémaud，1999）。也就是说，马尔科夫链是指满足一定条件的随机过程，即系统在 t+1 时刻的状态仅与当前 t 时刻的系统状态有关，而与 t 时刻之前的系统状态无关（梅雄，2019）。

除马尔科夫性质外，马尔科夫链还具有遍历性、常返性、周期性和不可约性四大性质，这些性质与马尔科夫性质不同，它们并不是马尔科夫链必有的性质，而是在转移过程中的状态所体现出的性质，但这些性质都具有排他性，如不具有周期性的马尔科夫链一定是非周期的。

（1）遍历性。如果一个马尔科夫链存在某个状态是正常返的并且无周期性，那么该状态具有遍历性（Brémaud，1999）。如果一个马尔科夫链是不可还原的且有某个状态是遍历的，则被称为遍历链。遍历链是非周期的马尔科夫链，具有长时间尺度下的稳态行为，其被广泛研究，如平稳分布和极限分布。

（2）常返性。当马尔科夫链达到一个状态后，在继续演变的过程中又再三回到这个状态，那么该状态就被称为常返状态，即马尔科夫链具有（局部）常返性，反之则具有瞬变性。

（3）周期性。如果马尔科夫链在演变过程中能按大于 1 的周期进行常返，则具有周期性（Brémaud，1999）。

（4）不可约性。如果在马尔科夫链的状态空间内只有一个连续集和，且状态空间内的所有变量都存在于该集和内，则这样的马尔科夫链具有不可约性，反之就具有可约性（Sigman，1988）。马尔科夫链的不可约性说明了随机变量在演变过程中可以在任意状态空间内转移。演变或转移是指马尔科夫链中随机变量的状态随时间步的变化，即转移理论。马尔科夫链的转移方式有转移矩阵和转移图两种。当一个马尔科夫链具有一个有限的状态空间时，在单步演变过程中，可以用矩阵来排列所有状态的转移概率，该矩阵称为转移矩阵：

$$P_{n,n+1} = (P_{in,in+1}) \begin{bmatrix} P_{0,0} & P_{0,1} & \cdots \\ P_{1,0} & P_{1,1} & \cdots \\ \cdots & \cdots & \cdots \end{bmatrix} \tag{4-2}$$

转移矩阵也是个随机矩阵，矩阵的第 i_n 行表示 $X_n = s_{i_n}$ 时 X_{n+1} 能达到的所有状态的可能值。因此，马尔科夫链与转移矩阵是相互决定的，即确定了马尔科夫链，那么转移矩阵也确定了，同样转移矩阵也能完全决定马尔科夫链。从概率论与数理统计和线性代数等相关数学知识上可以推理：转移矩阵的每行元素累加和为 1，并且该矩阵是正定矩阵。马尔科夫链也可以按照图的结构来进行演变，即转移图，转移图的每一条边都代表一个转移概率，同时在图中引入"可达"和"联通"两个状态。可达是指若马尔科夫链可以从一个状态达到另一个状态且在采样路径上的所有转移概率不为 0，就称后一个状态为前一个状态的可达状态，如果这两个状态是相互可达的，则称为联通，联通是一组等价关系，可达与联通可以间接完成，不一定非要在单个时间内完成（Brémaud，1999）。

马尔科夫链是描述系统状态转移过程的一般性方法，因此被广泛地应用于各个领域。例如，在以马尔科夫链为理论的基础上产生了一些机器算法，如隐马尔科夫模型、马尔科夫随机场和马尔科夫决策过程（Brown & Haugh，2017）。此外，马尔科夫链在物理、化学、市场行为学中也有广泛的应用。Meidani 和 Ghanem（2013）用多尺度马尔科夫链模型预测了因用户个人习惯导致的电力需求波动。Tjakra 等（2013）运用马尔科夫模型分析单分散颗粒系统在水平转鼓中以不同旋转速度旋转时的群体动力学特性。Yang 等（2011）利用一种一阶多变量马尔科夫链模型来产生全年的气象数据。虽然马尔科夫链被用于很多研究领域，但在项目复杂性研究中应用较少，特别是从子项目的角度来分析项目复杂性。但由于重大工程项目十分复杂，且处在不断演变过程中，因此运用马尔科夫链理论能较好地分析重大工程复杂性的不确定性和动态性。

（二）熵理论

熵，表示物质状态的量。在热力学中，熵用来描述系统中的热量分布；在信息论中，熵用来度量对系统中的有效信息（王可达和张之翔，1997）。实际上，熵就是用来度量系统状态的量，不同的系统具有不同的状态，每个状态都有相对应的熵，当一个系统需要考虑某种状态时，则一定存在着相应的熵可以来度量这种状态。因此，熵适用于各种系统，熵理论被广泛地应用。

由于熵理论具有良好适应性，可以被运用到各个领域中。例如，运用熵理论建立数学模型来分析评价陆地交通系统的秩序，并比较不同地区的交通秩序的好坏（麦绿波，2012）。在对大型复杂项目进行方案决策时，可以利用熵决策模型评估关键风险，通过对多个方案进行比较、评价，最终可得出最佳选择方案（马丽仪等，2010）。为优化组织结构，运用熵理论研究组织，通过熵度量给出评价与管理复杂性的新方法，根据熵的内涵和尺度，可以建立度量复杂性的数学模型，从而提高管理组织的效率（姚路等，2010）。基于熵理论，研究数理金融的投资组合和期权定价，度量投资组合风险以及构建定价模型（秦建平，2017）。但在分析重大工程复杂性时，结合马尔科夫链运用熵理论来建立重大工程复杂性度量模型的研究较少，因此在掌握马尔科夫链的基础上进一步引入熵理论，对研究重大工程复杂性和构建度量模型具有重要意义。

复杂系统规模庞大、结构复杂、风险众多从而难以进行分析，将熵引入复杂系统度量其复杂性是一种新的复杂性度量与评价方法，可通过建立复杂性度量的数学模型得出系统的复杂状态。在信息时代背景下，系统变化多端，相比以前，信息复杂性增加了信息的不确定性。这种不确定性可以用信息达到某种状态的概率描述，即用信息熵来描述，这就是熵理论的研究意义，也是将熵用来度量系统复杂性的理论基础（姚路等，2010）。在信息论中，熵可以用来描述信息，并且与信息存在着互补关系，也就是说，熵越大，能得到的信息量就越少；反之，熵越小，能得到的信息量就越多。于是，可以将熵运用到建设工程中来，通过熵的大小得出所掌握的信息量，从而评估重大工程的不确定性程度。为了降低建设工程的风险，往往需要掌握更多的信息，即减小熵，因此，可以利用熵来评估建设工程的不确定性，从而度量建设风险（秦建平，2017）。

复杂性度量的尺度空间可以分为组织复杂性评价熵尺度空间和整体复杂性度量的统一尺度。对于单个组织的复杂性，定义熵函数对应每个域的不同尺度，以获得一个复杂性矢量空间集 E，E 含有 X、Y、Z 三维变量，即将 E 定义为矢量 $e_i = (X_i, Y_i, Z_i)$。为得到整个系统的复杂性水平，需要建立复杂性空间，这个复杂性空间是由 X、Y、Z 三个复杂性尺度空间结合而成的，即三维线性熵空间：$E_X \times E_Y \times E_Z$。重大工程复杂性具有不确定性和动态性，可用马尔科夫过程来描述。设有 E = {S，F，P}，S = {A_1，A_2，…，A_n} 是事件的基本集和，F 是布尔场，P（A_i）= P_i 是一个概率函数（$0 \leqslant P_i \leqslant L$，i = 1，2，…，n）。对于事件 A_i，其状态 E 的熵可以用一个容量有限、包括 n 个任意事件的样本来计算，熵与相对频率或概率的非偏估计值有关，其熵值或试验 E 的信息含量值为：

$$E = -\sum_{k=1}^{n} p_k \log p_k \tag{4-3}$$

（三）系统的系统理论

"系统" 一词源于古希腊语，是一个复杂的整体，意思是由部分构成整体。我国学者通过研究，定义系统为：若干个要素相互联结，形成了一定结构的整体，并具有相应的功能。系统理论是钱学森院士提倡的一种系统科学，是研究系统的一般范式。随着复杂性科学的兴起，从系统理论中衍生出许多的理论，如系统的系统（System of Systems，SoS）理论。系统的系统是将一群不同的系统相互连接起来，从而产生个别无法达到的整体效果。SoS 具有自主性（Autonomy）、从属性（Belonging）、相关性（Connectivity）、多样性（Diversity）和集涌性（Emergence）（Boardman & Sauser，2006）。

（1）自主性，指个别系统脱离整体后，仍然具有独立运行、独立管理的能力。

（2）从属性，指在个人利益与整体利益达成一致的基础上，系统的各个成员既独立又统一从属于系统整体。

（3）相关性，指 SoS 成员之间的相互作用关系，SoS 的成员自适应地产生相互关联，并且这种关联性是在动态演化过程中表现出来的。

（4）多样性，指 SoS 的功能多样，既能组织又能分解，通过多元化的能力可以较好地应对复杂问题的不确定性。

（5）集涌性，指系统中的不同元素集中在一起可以涌现出新的元素，随之生成新功能。

SoS 理论是从整体视角对系统进行认知，运用系统思维分析问题。面对传统系统工程无法处理系统的复杂性和不确定性等特点，从传统的系统理论发展出了一种新理论，即系统的系统理论。SoS 作为目前解决复杂系统问题的重要手段，具有广泛的应用（Jamshidi et al.，2008）。例如，利用 SoS 理论从社会系统的角度对影响城市群体性事件的因素进行分析并建立城市群体性事件预警体系（郭鹏等，2012）。运用系统科学知识构建系统模型，进行系统仿生研究（董淑英和周玉生，2009）。在系统工程中开发系统模型，对模型系统进行系统设计（赵献民，2019）。但在度量重大工程复杂性时，结合 SoS 理论建构重大工程复杂性度量模型运用较少，因此理解 SoS 理论为研究重大工程复杂性和构建复杂性度量模型奠定了基础。

二、理论适用性分析

（一）SoS 理论适用性分析

在复杂性视角下研究重大工程的复杂性可以将重大工程看作一个巨型系统，并且这个大系统里包含着子系统，子系统之间的变化以及系统与外界环境的交流对整个系统的复杂性演变都有影响。复杂系统的研究不仅关注子系统之间的相互作用，还强调了功能实现过程，这在很大程度上保证了系统的运行环境和结果，并且系统的演化方向还涉及未来演变可能存在的进化方向。静态研究适用于研究系统的组成要素和要素之间的构成关系，但对于运行过程的研究仅靠静态研究是无法实现的，需要结合动态研究对其与环境交互系统进行深入探讨（董淑英，2006）。

因此，需用动态视角研究系统在运行过程中的变化，即研究重大工程在动态演变过程中的复杂性变化。SoS 理论应运而生，适合用来研究重大工程的复杂性变化。SoS 理论是一种包含多个子系统，并通过协调各子系统之间的关系来达到特定目标，研究复杂系统的理论，在运行和管理上具有独立性、渐近性、自组织性和良好的适应性等特点（Farroha et al.，2009）。因此，SoS 理论并没有限定适用范围，采用一种系统思维对系统的复杂性进行分析和解决问题，并通过建立系统结构，按系统特点将复杂系统分解为相互联系的可被管理的子系统，这些子系统在上个层级之间相互影响，但又相互独立，并且在大型复杂系统中对应不同的功能模块。系统架构连接了所有的子系统，体现出它们之间的交互作用，从而保证了处理过程中系统的整体性（Chandana & Leung，2010）。

综上所述，可将重大工程视为一个复杂系统，运用 SoS 理论在系统框架下对这个复杂系统按其特点划分为相互联系的子系统，然后对各子系统的复杂性进行研究，并从系统动态变化的视角探讨子系统之间的复杂变化，从而进一步研究重大工程整体的复杂性。

（二）重大工程子项目的识别

传统的重大工程复杂性度量模型已表现出其不适性，因此需要构建出新的重大工程复杂性度量模型，而马尔科夫链恰好能描述重大工程复杂性的不确定性和动态变化过程，熵函数能量化表达其复杂性水平。为了构建重大工程复杂性马尔科夫链—熵度量模型，在前文研究理论基础上，从子项目的角度入手，有必要对重大工程的子项目进行识别，并分析系统的系统理论的适用性。将马尔科夫链理论和熵理论运用到模型中，需要实现马尔科夫链算法以及引用熵的信息模型。为使概念模型更贴合实际还需考虑项目权重的影响，计算系统的马尔科夫链熵的相对权重。同理，在考察独立子项目复杂性水平时也可用此方法，找出复杂性水平最高的子项目。

重大工程按一定的规则可划分为若干子项目，重大工程的复杂性水平与子项目的数量和子项目之间的关系有关。研究子项目之间的关系可以揭示重大工程复杂性的不确定性和动态性，进而衡量重大工程复杂性水平，因此识别重大工程子项目是构建马尔科夫链—熵度量模型的第一步。如何识别子项目关乎复杂性水平，如果子项目的水平不同，将会影响结果的有效性。一般而言，重大工程按其等级可以划分为分部工程、分项工程、单位工程和单项工程，也可以按照其他规则划分。对于研究来说，划分到单位工程或分项工程就能满足需要。

因为子项目在项目整体周期中的相对重要性是不断变化的，所以子项目的相对重要性并不容易把握，可以参照项目管理理论中的一些原则或者请专家进行评估。对于重大工程复杂性的评估，使用单一参数可能会有失偏颇，使得评估子项目的重要性变得不准确。为了解决这一问题，学者们采用各种不同的方法，如层次分析方法、结构问卷法和李克特量表法。这样一来，考虑了更多的复杂性维度，如范围、环境、规模等，从而增加了评估方法的可信度。

有些子项目只存在于重大工程建设的某个阶段，所以子项目的数量在项目的过程中是会发生改变的，这就会使排名变得不连续。为了克服数量变化问题，可以将子项目分为活跃子项目和非活跃子项目，当非活跃子项目包含在排名中时，可将其排名为最低。这样一来，即使非活跃子项目的复杂性水平会有所变化，也不会影响整个重大工程的复杂性水平。

综上所述，重大工程项目可以分解为一系列的子项目，通过在不同的时间点对子项目的相关重要性进行排名，反映出子项目之间的关系，揭示了重大工程复杂性的不确定性和动态性。当将所有子项目统一考虑时，它们可以表示项目的复杂性水平。子项目排名的变化是一个有限状态空间内的随机过程，遵循马尔科夫链特性，同时考虑排名变化概率分布问题，可引用熵的方法来将复杂性水平量化。另外，最大熵原则表明每一个系统都具有它熵的上限，利用这一原则可以比较不同规模项目的相对复杂性。

三、马尔科夫链—熵度量模型的构建

（一）马尔科夫链模型算法

根据子项目的排名变化，可以揭示重大工程复杂性的不确定性和动态性，子项目的相对重要性在整个项目周期中的动态演化可以视为马尔科夫过程，具有马尔科夫性质，即当前 t 时刻的状态仅与当前 t 时刻有关，而与 t 之前的时刻无关，如式（4-1）所示，条件概率满足 $p(X_{t+1} \mid X_t, \cdots, X_1) = p(X_{t+1} \mid X_t)$ 的关系，由此来构建马尔科夫链。将重大工程 X 划分为 n 个子项目（$x_1, x_i, \cdots, x_n$），重大工程的项目周期为 T，具有 m 个离散时间点，在整个周期内对每个时间点上的子项目重要性进行排名，在每个时间点 t_j 上子项目的相对重要性可以表示为：

Rank（x_{i-j}）= k（$1 \leq i \leq n$, $1 \leq k \leq n$, $1 \leq j \leq m$）　　　　（4-4）

式中，k 为子项目 x_1 在时间点 j 上的排名。

根据式（4-4），可以将子项目的重要性进行排名，所有子项目在整个时间 T 中的排名可以用表 4-1 来表示，其中 $1 \leq k$，a，b，c，$d \leq n$。在两个相邻的时间点上，同一子项目的排名可能会发生变化，进而影响系统的动态变化。一些子项目会变得更重要，而另外一些子项目的重要性也许会降低，这都由系统的动态变化来决定。进而可以说，排名的变化满足了马尔科夫链的特性。系统在时间点 j 的状态只取决于其在时间点 j-1 的状态，而且条件概率能够很好地描述这一过程。根据初始项目排名，将项目周期内的各子项目排名变化进行整理，并计算其条件概率。表 4-2 为排名变化的马尔科夫链特性。

表 4-1　子项目排名

时间点		1	2	⋯	j	⋯	m
子项目	x_1	ath	cth	⋯	⋯	⋯	⋯
	x_2	⋮	⋮	⋯	⋯	⋯	⋯
	⋮	⋮	⋮	⋯	⋯	⋮	⋮
	x_i	bth	dth	⋯	kth	⋯	⋯
	⋮	⋯	⋯	⋯	⋯	⋯	⋮
	x_n	⋯	⋯	⋯	⋯	⋯	nth

表 4-2　排名变化的马尔科夫链特性

	1	2	⋯	a	⋯	n
1	$P_{1,1}$	$P_{1,2}$	⋯	$P_{1,a}$	⋯	$P_{1,n}$
2	$P_{2,1}$	$P_{2,2}$	⋯	$P_{2,a}$	⋯	$P_{2,n}$
⋮	⋮	⋮	⋮	⋮		⋮
c	$P_{c,1}$	$P_{c,2}$	⋯	$P_{c,a}$	⋯	$P_{c,n}$
⋮	⋮	⋮	⋮	⋮		⋮
n	$P_{n,1}$	$P_{n,2}$	⋯	$P_{n,a}$	⋯	$P_{n,n}$

表4-2表示系统中子项目排名的概率变化，列表示子项目在时间点j上的排名，行表示子项目在时间点j+1上的排名。概率 $P_{c,a}$ 表示子项目排名变化的条件概率。例如，排名 $P_{1,2}$ 表示在时间点j上子项目的排名为1，当其排名在j+1时，变化为2。表4-2常用于马尔科夫系统，并包含了马尔科夫链属性。此外，表4-2所表示的系统包含双随机过程。对于列变量来说，其表示现阶段的排名是如何从之前的排名演化而来的；对于行变量来说，其表示现阶段的排名未来将如何演变。例如，第a列变量表示排名为a所包含的n个不同情况的条件概率分布。c行变量表示如果子项目的排名为c，其下一排名变化为不同名次的条件概率。因此，行变量或列变量之和应满足 $\sum P_i k = 1$ 和 $\sum P_i j = 1$，其中 $1 \leqslant i$，$k \leqslant n$。而且，行变量和列变量能够刻画马尔科夫系统的不确定性。但是，条件概率不能满足特定的轨迹，很难参数化或估计，也就不可能用概率分布来衡量，因此需要用非参数的方法来衡量。

（二）熵的数学度量模型

子项目排名变化的不确定性和动态性是不可精细化的，也就不可能用概率分布来衡量，而熵是可以用来衡量的，熵可以将偏差最小化，能够更好地描述不确定性，使用离散熵是一个近似衡量的方法。因此，引用马尔科夫链熵的方法来衡量重大工程复杂性。表4-2中的熵可以用如下公式表示：

$$H_{ij} = \sum_{i=1}^{n} \sum_{j=1}^{n} P_{ij} \log \frac{1}{P_{ij}} \tag{4-5}$$

式中，$0 < P_{ij} \leqslant 1$，$\sum_{i=1}^{n} P_{ij} = \sum_{j=1}^{n} P_{ij} = 1$。

式（4-5）表现了在给定时间段内的系统变化，并且有效地集成了这种变化的动态性和不确定性，也就相当于反映了复杂性水平。因此，该公式可以衡量项目复杂性。根据最大熵原理，对于这种有限状态的封闭系统，存在最大熵值。对于给定的项目存在最大复杂性水平，即最大熵，表示如下：

$$H_{ijmax} = \max \sum_{i=1}^{n} \sum_{j=1}^{n} P_{ij} \log \frac{1}{P_{ij}}$$

$$= -\sum_{i=1}^{n} \sum_{j=1}^{n} \frac{1}{n} \log\left(\frac{1}{n}\right) = n \log n \tag{4-6}$$

因此，可以看出子项目的最大复杂性水平是一种系统特性，只有重大工程系统的基本发生改变时，它才会改变。而且，公式亦表明重大工程系统的复杂性水平不是线性增加的。也就是说，如果一个新的子项目被引入到现存的项目中，其最大复杂性水平的增加比从子项目数量上的平均百分比变化多。另外，对于给定项目要想达到最大复杂性水平，其子项目相关重要性排名需要在每个时间点都变化，并且在达到某一个特别排名的概率应该是均等的。达到某一特定状态的概率随着时间的推移而增加，正如热力学第二定律所描述的：当一个气态系统的分子分布从低概率变化到高概率时，其熵会增加。按照这一熵增定律，比较重大工程的熵值和其理论最大熵值可以揭示其相对复杂性水平，并且，这一过程可以进行标准化。因此，标准熵可以表示为标准化的重大工程复杂性水平与其最大复杂性水平的比值，具体公式如下：

$$H_{ijnormalized} = \frac{H_{ij}}{H_{ijmax}} = -\sum_{i=1}^{n} \sum_{j=1}^{n} \frac{P_{ij}}{n} \log\left(\frac{P_{ij}}{n}\right) \tag{4-7}$$

式（4-7）确定了重大工程复杂性水平的相对衡量方法，同时使不同项目之间的复杂性比较成为可能。对于具有不同子项目数量的两个项目，在没有参考基础的情况下无法单纯地从熵值上比较它们的复杂性水平，只有将保留系统的熵与假设系统的熵进行标准化，才使得比较不同规模的系统有意义。假设系统由最大熵公式表示，因此，标准熵的结果是可比较的。

（三）系统马尔科夫链熵的相对权重确定

重大工程复杂性概念模型的一个特征是：重大工程项目排名的绝对变化能够影响整个重大工程系统的动态性。例如，一个子项目重要性排名的显著下降可以表示子项目重要性的降低以及其他子项目变得相对更重要，这使得重大工程复杂性更加不确定和更复杂。为了表示重大工程排名绝对变化的影响水平，应该考虑排名变化的程度。从数学上看，权重的变化可以表示为：

$$WR_{ij} = \alpha \, |j-i| + \beta \tag{4-8}$$

式中，WR 是重大工程系统权重的排名变化，i 是在时间点 t 上的排名，j 是在时间点 t+1 上的排名。α 和 β 是两个非负有限实数，α 是排名变化的权重比例，β 是保持某一排名的边际权重。需要说明的是，因为排名的变化既可以是正向的也可以是负向的，所以（j-i）的值应该取绝对值，以保证权重排名变化为非负。否则，正值和负值相互混合会彼此抵消，而不能真实反映排名变化。另外，一旦值被确定，α 和 β 的选择不会影响结果，它们将会连续地被应用到所有排名。因此，熵的权重可以分配如下：

$$WH_{ij} = WR_{ij}H_{ij} = -\sum_{i=1}^{n}\sum_{j=1}^{n} WR_{ij}p_{ij}\log p_{ij} \tag{4-9}$$

式中，$0 < p_{ij} \leqslant 1$，$\sum_{i=1}^{n}p_{ij} = \sum_{j=1}^{n}p_{ij} = 1$。

式（4-9）表示重大工程项目系统的复杂性水平是一个绝对水平，不同于之前的假设公式表示的相对熵值。

（四）独立子项目的马尔科夫链熵的确定

在重大工程项目的实行过程中，独立子项目的排名发生相对权重变化，也具有相似的马尔科夫链特性。因此，前面所介绍的熵的衡量方法也可以应用于衡量单独子项目的复杂性。单独子项目的排名变化概率分布可以由如下矩阵表示：

$$\begin{bmatrix} p_{1,1}^{l} & p_{1,2}^{l} & \cdots & p_{1,j}^{l} & p_{1,n}^{l} \\ p_{2,1}^{l} & p_{2,2}^{l} & \cdots & p_{2,j}^{l} & p_{2,n}^{l} \\ \vdots & \vdots & \ddots & \vdots & \vdots \\ p_{i,1}^{l} & p_{i,2}^{l} & \cdots & p_{i,j}^{l} & p_{i,n}^{l} \\ \vdots & \vdots & \ddots & \vdots & \vdots \\ p_{n,1}^{l} & p_{n,2}^{l} & \cdots & p_{n,j}^{l} & p_{n,n}^{l} \end{bmatrix} \tag{4-10}$$

式中，l 表示子项目，$p_{i,j}^{l}$ 是子项目 l 从排名 i 变化至排名 j 的条件概率。对于每一个概率 $p_{i,j}^l$，其计算公式为：

$$p_{i,j}^l = p_{i.}^l \mid p_{.j}^l \qquad (4-11)$$

独立子项目的复杂性水平可以衡量为：

$$H_{ij}^l = - \sum_{i=1}^n \sum_{j=1}^n p_{i,j}^l \log p_{i,j}^l (0 \leqslant p_{i,j}^l \leqslant 1) \qquad (4-12)$$

同时，独立子项目排名的绝对变化所产生的影响可以表示为：

$$-WR_{ij} H_{ij}^l \qquad (4-13)$$

这种计算熵的对数函数是基于系统矩阵的转移概率，这种方法保证不同子项目的连续性。全部权重熵对于第 l 个子项目的影响可以表示为：

$$WH_{ij}^l = - \sum_{i=1}^n \sum_{j=1}^n - WR_{ij} p_{i,j}^l \log p_{i,j}^l \qquad (4-14)$$

四、案例实证分析

（一）港珠澳大桥项目概况

港珠澳大桥项目是由广东、香港、澳门三地首次合作共建的超大型跨海基础设施项目。大桥连接了香港、澳门和珠海，全长55公里，集桥梁、隧道和岛屿工程于一体，其中桥梁的主体结构为钢结构，长22.9公里；隧道工程是全世界最长的海底沉管隧道，全长6.7公里；此外还包含了4个人工岛。港珠澳大桥开工时间为2009年12月15日，竣工时间为2016年9月27日。项目总投资726亿元，项目周期为6年。港珠澳大桥工程主要包括以下三项内容：一是海中桥隧工程；二是香港、珠海和澳门三地口岸；三是香港、珠海、澳门三地连接线。根据达成的共识，海中桥隧主体工程由粤、港、澳三地共同建设；海中桥隧工程香港段、三地口岸和连接线由三地各自建设。该工程桥长跨度较大，面临着很多新的建设难题，技术要求较高，在"一国两制"的背景下，相关区域的工程法律、管理制度和文化习俗都有所不同，这些因素使得该工程呈现出较高的复杂度，因此研究案例具有代表性。

（二）港珠澳大桥子项目识别

由于工程重大、子项目众多且项目周期较长，为了使案例更加明晰，可以筛选子项目个数对项目进行简化。对项目的划分可按其主体工程构成和特殊地理位置划分的方式进行。港珠澳大桥的主体工程由桥梁、隧道和人工岛构成，而主体桥梁工程设计呈 Y 型，由青州航道桥、九洲航道桥和江海直达船航道桥三条桥梁构成。隧道工程中最具代表性的是海底沉管隧道工程，这是世界上最长的海底沉管隧道工程；人工岛中有三个，分别分布在港、珠、澳三地，所以选取了由三条重要桥梁工程、三地人工岛工程和海底沉管隧道工程形成的 7 个子项目，分别用 A、B、C、D、E、F、G 代表。由于项目周期较长，在包含这 7 个子项目的时间点内，以半年为 1 个观察时间点，一共设置 10 个时间点。通过专家对子项目的打分来确定每个子项目在每一个时间点的相对重要性。整理结果如表 4-3 所示。

表 4-3　港珠澳大桥子项目的初始排名变化

时间点		1	2	3	4	5	6	7	8	9	10
子项目	A	2	5	7	7	6	2	7	6	4	3
	B	4	7	5	1	4	4	2	2	1	1
	C	7	4	2	3	1	7	3	4	5	5
	D	5	3	3	6	3	6	5	1	3	2
	E	3	6	1	2	2	3	1	7	6	6
	F	6	2	4	5	7	1	6	3	2	7
	G	1	1	6	4	5	5	4	5	7	4

表 4-3 反映了子项目的相对重要性随着时间的推移而产生的浮动变化。为更明显地看出其变化趋势，将表 4-3 视图化得到图 4-1。

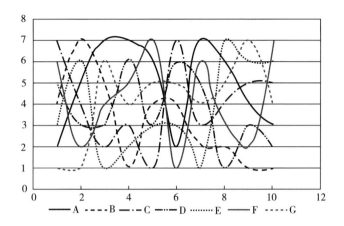

图 4-1　港珠澳大桥子项目初始排名变化视图

（三）系统马尔科夫链熵的相对权重确定

由子项目识别的过程可以看出，当前时刻的系统状态仅与当前 t 时刻有关，而与 t 之前的时刻无关，满足 $p(X_{t+1} | X_t, \cdots, X_1) = p(X_{t+1} | X_t)$ 的关系，由此对系统马尔科夫链熵的相对权重进行确定。通过子项目的初始排名表 4-3 整理出在相邻两个时间点，全部子项目的变动情况。表 4-4 记录了两个相邻观测点时期内全部子项目的排名变化。

表 4-4　港珠澳大桥相邻时间点子项目排名变化

	t+1	1st	2nd	3rd	4th	5th	6th	7th
	1st	2	1	1	1	0	2	2
	2nd	0	2	1	1	1	0	3
	3rd	2	2	1	1	0	3	0
t	4th	0	2	1	1	3	0	1
	5th	2	0	1	1	2	0	3
	6th	1	2	2	2	1	1	0
	7th	1	0	1	2	1	3	1

排名变化的概率分布可以通过追溯来获得，其结果可以由下面的矩阵表示：

$$
\begin{bmatrix}
0.2222 & 0.1111 & 0.1111 & 0.1111 & 0 & 0.2222 & 0.2222 \\
0 & 0.25 & 0.125 & 0.125 & 0.125 & 0 & 0.375 \\
0.2222 & 0.2222 & 0.1111 & 0.1111 & 0 & 0.3333 & 0 \\
0 & 0.25 & 0.125 & 0.125 & 0.375 & 0 & 0.125 \\
0.2222 & 0 & 0.1111 & 0.1111 & 0.2222 & 0 & 0.3333 \\
0.1111 & 0.2222 & 0.2222 & 0.2222 & 0.1111 & 0.1111 & 0 \\
0.1111 & 0 & 0.1111 & 0.2222 & 0.1111 & 0.3333 & 0.1111
\end{bmatrix}
$$

$$(4-15)$$

在矩阵（4-15）中，每一个排名的可能变化概率都被标注。例如，在时间点 t 时排名第一，其至时间点 t+1 时排名变为第二的概率是 0.1111。因此，项目复杂性水平可以使用式（4-6）和式（4-7）来衡量。根据熵的最大化原理，只有系统中达到每种状态的概率都相等时，系统才会达到最大熵。因此，在本例中，对于一个给定 7 个子项目的系统，应该有从某一个状态排名变化至任意个状态排名的概率都是相等的，即 $p_{ij} = 0.142857$。为了便于计算且符合条件假设，可取自然对数进行计算，因此，其结果可以表示如下：

$$H_{ij} = - \sum_{i=1}^{n} \sum_{j=1}^{n} p_{ij} \ln p_{ij} = 11.1812 \tag{4-16}$$

$$H_{ijmax} = 13.6214 \tag{4-17}$$

系统的相对标准化熵可以计算如下：

$$H_{ijnormalized} = \frac{H_{ij}}{H_{ijmax}} = 0.8209 \tag{4-18}$$

式（4-16）至式（4-18）三个熵值从不同的角度表现了项目的复杂性水平。H_{ij} 表示作为项目整体的实际复杂性水平，H_{max} 表示具有 7 个子项目的港珠澳大桥所具有的最大复杂性，$H_{ijnormalized}$ 表示标准熵，反映了项目的相对复杂性水平。也就是说，在与其他系统进行对比时，此项目的复杂性为 0.8209。例如，假如另一个系统的相对熵值为 0.7，其相对复杂性水平就低于本例项目。并且标准熵可以部分地表现系统的动态本质，如果一个系统是静态的，排名的变化很小，就会使得熵值很低。相对地，如果系统内的排名变化剧烈，其相对熵值就会很高，这就表示项目具有很大的动态变化，其复杂性水平也较高。

　　系统的权重熵提供了一个项目系统复杂性的另外视角，正如式（4-9）所示，权重熵并不仅仅包括复杂性程度，也包含由于排名变化而产生的实际影响。例如，一个子项目的排名从第7变化至第1，结果值会比从第6变化到第7更大。这个现象可以用式（4-8）的权重WR来进行数量上的衡量。在本例中，参数α和β是等值的，均赋值为1，以表示不同排名之间的显著性为线性相关。对子项目的变化进行赋权如表4-5所示。

表 4-5　港珠澳大桥子项目的变化权重

权重		1st	2nd	3rd	4th	5th	6th	7th
排名	1st	1	2	3	4	5	6	7
	2nd	2	1	2	3	4	5	6
	3rd	3	2	1	2	3	4	5
	4th	4	3	2	1	2	3	4
	5th	5	4	3	2	1	2	3
	6th	6	5	4	3	2	1	2
	7th	7	6	5	4	3	2	1

　　基于这些假设，可以计算系统的权重熵为：

$$WH_{ij} = 35.7399 \tag{4-19}$$

　　这个值具有实践意义，系统的权重熵表示变化概率和真实变化相关的复杂程度。

（四）独立子项目的马尔科夫链熵的确定

　　系统层面的熵的衡量方法也可以应用到独立的子项目中。任何排名的变换都可以归类为三种，即上升、下降和不变。排名上升，意味着子项目的重要程度上升，即序列号变小，如排名从第二名变为第一名。相对地，排名下降表示子项目的重要程度下降，即序列号变大，如排名从第一名变为第二名。排名不变表示子项目的重要程度没有变化，即序列号不变，如排名从第一名变为第一名。根据前述公式，计算独立子项目的权重熵如表4-6所示。

表4-6 港珠澳大桥独立子项目的权重熵

	上升	下降	不变	总和
A	3.1098	3.1738	0.2441	6.5277
B	3.1738	1.9531	0.7324	5.8593
C	3.662	3.1738	0.2441	7.0799
D	3.4179	1.72	0.2441	5.382
E	2.6855	3.662	0.7324	7.0799
F	4.3944	4.8827	0	9.2771
G	2.1972	2.8657	0.4883	5.5512

其中，子项目 E 具有最小上升值，其排名变化如图4-2所示。

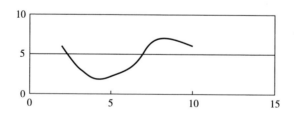

图4-2 港珠澳大桥子项目 E 排名变化

子项目 D 具有最小下降值，其排名变化如图 4-3 所示。

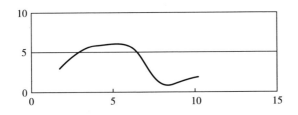

图 4-3 港珠澳大桥子项目 D 排名变化

子项目 F 具有最大上升值和最大下降值，其排名变化如图 4-4 所示。

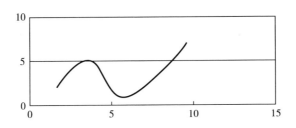

图 4-4 港珠澳大桥子项目 F 排名变化

根据表 4-6 可以发现，F 确实在排名上具有几次非常显著的下降。总和列总结了每个子项目的权重熵。子项目 F 具有最大的值，将熵与不确定性和动态性相联系，子项目 F 是系统中最不确定并最具有动态性的复杂性因素。因此，决策者可以在面对不同项目时，通过分析具体特征以采取不同的策略更好地处理项目复杂性。

综上，本案例复杂性水平的理论最大值是 13.6214，实际复杂值为 11.1812，相对复杂性水平为 82%。通过考虑排名变化的影响，项目的加权复杂值为 35.7399。这表明本项目的复杂性水平较高。在整个项目期限内，在两个相邻的时间点内，共发生了 61 次排名变化，其中有 14 次，排名的变化幅度大于或等于 4。因此，可以认定子项目的变化增加了整个重

大工程的复杂性。子项目在相邻两个时间点内的排名不变的概率为
18.03%，数值相对较低，这也说明项目和子项目中存在的不确定性很高。
将理论与实践结合，证明了理论的可适性。

五、本章小结

本章在传统度量项目复杂性理论上引入马尔科夫链来描述重大工程复
杂性的不确定性和动态性，分析重大工程复杂性的动态演化特征，并将马
尔科夫链理论结合熵度量模型，将复杂性水平量化，从而可以进行比较。
同时采用系统的系统理论方法，从子项目的角度探讨重大工程复杂性的特
点，构建重大工程复杂性马尔科夫链—熵度量模型，对港珠澳大桥项目进
行案例分析，验证了理论的实用性和实践的可操作性。

第二部分 ∨∨ 重大工程项目治理机制

第五章
项目治理研究热点与前沿分析

项目治理研究起源于国外，并在近年来受到学术界的广泛关注。相对于成熟的传统项目管理理论，项目治理理论百家争鸣，形成了多种流派，处于"丛林"状态。为了帮助研究者探寻穿越"丛林"之路，厘清项目治理概念体系，本章针对以下问题做出回答：当前项目治理的主流研究团队是谁？研究热点及前沿是什么？未来的研究趋势如何？本章将从文献梳理的角度出发，采用科学计量软件 CiteSpace 系统分析 Web of Science 数据库文献，探究项目治理的研究演化历程，厘清项目治理的研究基础和前沿热点，进一步探析研究趋势，为重大工程项目治理的进一步研究提供参考与借鉴。

一、研究文献态势分析

本章以权威数据库 Web of Science 作为数据来源以确保数据的可靠性和有效性，检索策略为：以核心合集引文索引为数据来源，具体检索式为 "Ts = 'project governance' or 'contract * governance' or 'relation * governance'"，年份为 2004 ~ 2018 年，语种为 English，文献类型为 Article，检

索共得到 558 条记录，去除不相关的文献后得到 534 条有效记录。将这 534 条记录的题录信息（主要包括标题、关键词、摘要和参考文献等）导入到 CiteSpaceⅢ中设定好参数进行分析。设置如下：检索到的文献时间范围是 2004~2018 年，共计 15 年，以每一年为一个时间分区（Time Slice），总共 15 个时间分区；节点类型（Node Types）依次选择作者（Author）、关键词（Keyword）和被引文献（Cited Reference）；剪枝选择（Pruning）采用寻径（Path Finder）；其他参数默认。

通过统计分析，筛选出的 534 篇项目治理文献发表数量及分布如图 5-1 所示。从中可以看出，2004~2018 年，项目治理研究文献发表的数量总体上呈折线式上升。21 世纪初，这一新兴领域开始受到学术界关注，项目治理研究成果不断涌现。由于处于起步阶段，2004 年和 2005 年仅发表 2 篇与项目治理有关的文章，但在 2006 年快速增长到了 13 篇。2007~2014 年项目治理研究成果迅速增加，单年发文量不断增多，年均达 23.75 篇，表明项目治理研究逐渐成为热门。2015~2016 年，在发表数量上相比前一

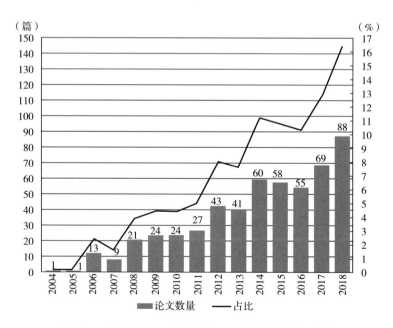

图 5-1　2004~2018 年项目治理研究文献数量及分布

年有所减少，但相差不大，可以看出项目治理研究处于稳步发展阶段。2017~2018 年，文献数量增长迅速，年均增长率达 26.49%，表明项目治理研究处于迅速增长阶段。

此外，分析研究者的研究方向和他们之间的合作程度，能有效地梳理该领域的发展途径和探索学术研究的凝聚效应。具体操作如下：节点类型选择作者，其余参数不变，得出项目治理作者合作网络图谱如图 5-2 所示。该图谱可以呈现发文量最多的作者及其合作关系。图谱中节点表示作者，节点的大小与作者的发文量呈正相关，节点间的连线表示作者间的合作关系，节点间的连线粗细表示作者间的交流程度。

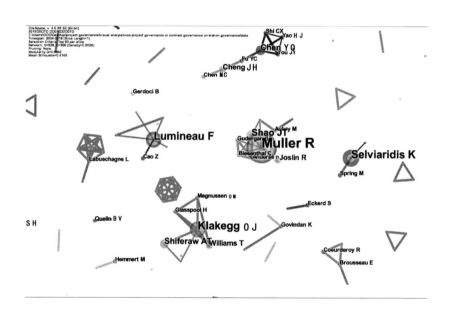

图 5-2 项目治理作者合作网络图谱

从图 5-2 中可以看出，包括 528 名作者和 366 条连线，说明从事项目治理研究的学者较多，而且以团队合作为主。其中，Muller、Klakegg、Lumineau 和 Selviaridis 发文量最多，是图谱中最为显著的 4 个点。此外，许多研究小组和单个作者在项目治理研究中也有所建树，分散在各处。通过对图谱的进一步分析可以发现，每一个团队中都存在一个领头人（即该团队中发文量最多的学者），其带领着这个团队在项目治理研究领域不断地向前推进。结合项目治理研究文献发文数量和作者合作网络图谱的分析发现，有部分典型的团队在该领域有着重大突破，取得了许多研究成果。本章选取三个最为典型的团队进一步详细分析。

（1）以 Muller 为核心的研究团队，主要研究方向为临时性组织治理、伦理和信任间的相互作用。Muller 等对临时性组织中的伦理、治理和信任进行了剖析，研究表明道德决策取决于信任，而信任建立在一定治理范围内的个人期望实现的基础上，并且利益相关者间较高程度的信任可以降低项目的交易成本。

（2）以 Klakegg 为核心的研究团队，专注于公共项目的治理研究。核心作者 Klakegg 对埃塞俄比亚的公共投资项目治理的研究表明，严密的项目管理方法、项目的前期准备阶段和决策阶段强制性的控制手段的缺乏以及利益相关者间的微弱联系都会影响项目绩效。其他作者如 Shiferaw 在调查英国、挪威和荷兰三个国家的公共项目后发现，项目前期规划能够改善项目绩效，但是这种效应却有一定的时效性，原因在于合同存在天然不完备性，因此管理者需要对项目全生命周期进行持续动态的追踪治理。

（3）以 Lumineau 为核心的研究团队，对契约治理和关系治理间的相互作用进行了大量的研究。Lumineau 等通过对来自 149 项实证研究的 33051 个组织间关系进行定性回顾和元分析，指出契约治理和关系治理间具有互补性，并且这种相互关系受到制度环境、组织间关系的类型和程度以及契约计量的调节。随后，又将这种关系细化成合作或竞争，通过对买方—供应商纠纷数据集进行研究，发现契约治理控制的增加削弱了合作关系对合作谈判策略的正向影响，而对于具有竞争关系的买方—供应商，契约治理协调增强了合作谈判策略，从而更好地理解契约和关系治理维度如何相互作用。

二、研究热点及其演化

　　关键词代表一篇文章的核心内容，是对文章内容的高度凝练和概括，CiteSpace 的关键词共现图谱通过分析关键词可以很好地帮助研究者找出该领域热点及其演变过程。具体操作如下：节点类型选择关键词，Top N 选择 30，其他参数不变。运行 CiteSpace Ⅲ 得到项目治理关键词共现网络图谱（见图 5-3）、项目治理关键词时区图（见图 5-4）以及项目治理共现网络关键词频次降序表（见表 5-1），得到关键词节点数为 218，连线 426 条。

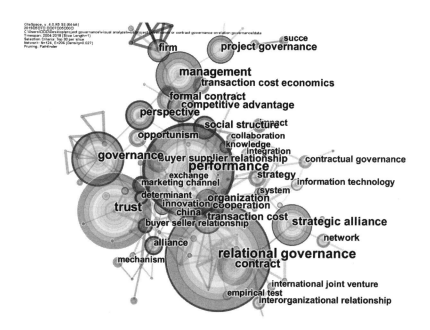

图 5-3　项目治理关键词共现网络图谱

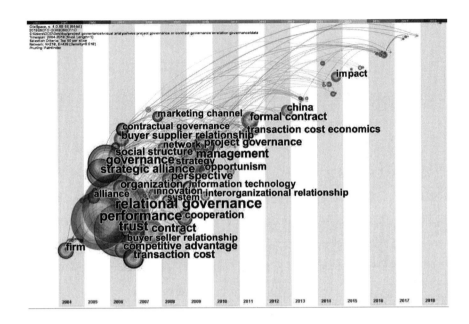

图 5-4　项目治理关键词时区图

表 5-1　项目治理共现网络关键词频次降序表（排名前 20）

频次	中心性	年份	关键词
198	0.02	2006	Relational Governance
169	0.06	2006	Performance
147	0.10	2006	Trust
107	0.14	2006	Governance
93	0.09	2009	Management
82	0.19	2006	Strategic Alliance
78	0.04	2006	Contract
61	0.00	2008	Perspective
55	0.03	2011	Formal Contract
54	0.23	2009	Project Governance
53	0.20	2006	Transaction Cost
53	0.10	2007	Organization
51	0.05	2006	Competitive Advantage

频次	中心性	年份	关键词
49	0.15	2004	Firm
49	0.02	2006	Buyer Supplier Relationship
46	0.07	2006	Social Structure
45	0.14	2006	Cooperation
44	0.04	2009	Opportunism
43	0.00	2008	Strategy
41	0.00	2010	Transaction Cost Economics

　　高频次的关键词可代表该领域的研究热点，而关键词节点的中介中心性（Betweenness Centrality）可以衡量该节点的重要程度。在 CiteSpace 关键词共现图谱中，节点大小与词频呈正相关，关键词字体的大小与该关键词节点的中心性呈正相关。从图 5-3 和表 5-1 可以发现，关系治理（Relational Governance）出现频次最高，为 198 次；剩余关键词频次从高到低依次为绩效（Performance）、信任（Trust）、治理（Governance）、管理（Management）、战略联盟（Strategic Alliance）、契约（Contract）、视角（Perspective）、正式契约（Formal Contract）、项目治理（Project Governance）、交易成本（Transaction Cost）、组织（Organization）、竞争优势（Competitive Advantage）、公司（Firm）、买卖关系（Buyer Supplier Relationship）、社会结构（Social Structure）、合作（Cooperation）、机会主义（Opportunism）、策略（Strategy）、交易成本经济学（Transaction Cost Economics）。从时间上来看，项目治理在 2004~2005 年起步，代表节点是公司；2006 年是研究项目治理的关键年，很多高频次节点都在这一年被首次提出，如关系治理、信任、契约等。2007~2011 年是起步阶段，大量学者关注该领域，论文发表数如雨后春笋般增加；2011~2018 年是繁荣阶段，节点数量众多但节点较小，研究趋向分散化和多样化。根据关键词频次统计结果结合文献对图谱进行解读，可以发现目前项目治理的研究热点主要体现在以下三个方面。

（1）项目治理理论辨析。热点词包括治理、管理、视角、项目治理、交易成本、组织、公司、交易成本经济学。2001 年 Tumer 和 Keegan 首次将公司治理理论应用在项目管理领域，项目治理的研究开始萌芽。项目管理在跨组织项目中的局限性引起项目治理研究在学术界的热烈反响。相继有学者开始从不同的视角基于各领域的理论基础分析项目治理，代表性研究包括：Winch 和 Flyvbierg（2017）基于交易成本理论提出将项目治理划分为垂直治理和水平治理两个维度，并将这种类型的治理主要应用在建设工程领域；Turner（2004，2006）认为项目是一种临时性组织，并提出了用来描述投资人和项目经理（业主方代理人）之间关系的委托代理理论；严玲等（2016）考虑到项目契约组织的委托—关系契约的不完全性，提出对代理人进行激励和合理的风险分担是项目治理的核心。

（2）项目治理机制探索。热点词包括关系治理、绩效、合同、正式合同、社会结构、合作。项目治理在发展的过程中，学术界逐渐形成了契约治理和关系治理两种主流观点。契约治理的核心就是通过合同约束和激励项目参与各方，因此有大量学者认为契约治理的表现就是正式合同。关系治理研究是基于学者对项目本质的认识从"临时性契约组织"过渡到"社会网络组织"而发展出来的，项目参与各方被定义为项目的利益相关者，为了协调各相关者的利益，其治理的核心要素包括信任、沟通、承诺与合作等机制。然而，有学者认识到项目的本质具有双重性，提出完整的项目治理机制应该是契约治理与关系治理的结合体。另外，有学者强调应采用现有的社会结构以改变现有治理中的行为，而不是强调改变合作与金融激励和正式的法律结构等措施。

（3）治理机制的相互作用。热点词包括战略联盟、竞争优势、买方—供应商关系、机会主义、策略。虽然很多文献对治理机制进行了探讨，但是对于在复杂项目中同时使用多种机制造成对项目绩效的影响却知之甚微。典型研究如复杂采购项目，其涉及多种买方—供应商关系，需要参与各方协调。但由于企业存在努力实现竞争优势和财务绩效的主观能动性，存在机会主义，而机会主义对战略联盟在满足和信任上破坏力巨大，因此管理者可以利用各种治理机制来抑制机会主义。Marjolein 等（2012）基于研究复杂采购项目提出，关系治理只有在契约治理的约束和激励下才对项目有利。

三、文献被引分析与研究前沿

（一）文献被引分析

CiteSpace 最常用的功能就是文献共被引分析，通过文献共被引图谱可以帮助研究者了解某个领域主题演变。为研究项目治理发展演进的过程，其参数设置如下：节点类型选择被引文献，其他参数不变，得到如图 5-5 所示的项目治理文献共被引时间线图谱。该图谱的节点数为 454，连线数量为 1261。图中每一个节点代表一篇文献，节点越大，表示该文献的被引次数越高。节点间的连线表示文献的共引现象，连线的粗细与文献间的共引次数呈正相关。

从图 5-5 中可以看出，图中最大的节点是 Cao Z 等在 2015 年发表的一篇文献，共被引频次高达 65 次。其中，频次大于等于 29 次的被引文献共有 10 篇，总结如表 5-2 所示。根据研究内容，可以发现这 10 篇文献的研究主题主要聚焦于两个部分。

第一部分的主题为治理机制的相互作用，基础文献包括 01、02、04、07、08、09、10。从图 5-5 中可以看出，这些文献首次发表时间在 2002 年，最近发表时间是 2015 年，跨越整个项目治理领域研究时期。其中文献 01、02、04、07、10 主要阐述了契约治理和关系治理是互补的，它们共同提高项目绩效并减少机会主义。文献 08 和 09 提出，详细的合同可能包含过多的处罚条件，会降低利益相关者间的信任，从而减少继续合作的可能性。

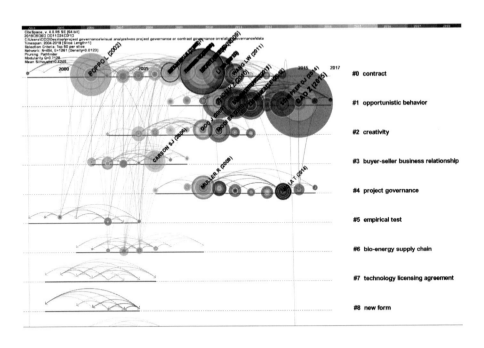

图5-5　项目治理文献共被引时间线图谱

　　第二部分的主题为治理机制的选择情景，基础文献包括03、05、06。从图5-5中可以看出，这三篇文献出现在2009年和2010年。文献03探讨了在联盟中不同的治理机制中哪种治理方式更优。文献05提出在法律完备的情况下，管理人员更倾向于用契约来规避交易中的风险；当管理人员认为法律不可靠时，他们则更青睐于依靠关系来保障有风险的交易。文献06则认为，在国内契约治理和关系治理在买方—供应商交易中是可替代的，而在国际上可能是互补的。

表5-2　项目治理文献共被引分析高被引文献表（排名前10）

编号	被引频次（次）	中心性	年份	（首）作者	文章标题
01	65	0.01	2015	Cao Z	Revisiting the interplay between contractual and relational governance：A qualitative and meta-analytic investigation

编号	被引频次（次）	中心性	年份	（首）作者	文章标题
02	45	0.05	2009	Liu Y	Governing buyer - supplier relationships through transactional and relational mechanisms: Evidence from China
03	43	0.16	2009	Hoetker G	Choice and performance of governance mechanisms: Matching alliance governance to asset type
04	41	0.01	2002	Poppo L	Do formal contracts and relational governance function as substitutes or complements?
05	34	0.04	2010	Zhou K	Exchange hazards, relational reliability, and contracts in China: The contingent role of legal enforceability
06	33	0.05	2010	Li J J	Formal control and social control in domestic and international buyer - supplier relationships
07	33	0.02	2010	Li J J	Relational mechanisms, formal contracts, and local knowledge acquisition by international subsidiaries
08	31	0.03	2011	Malhotra D	Trust and collaboration in the aftermath of conflict: the effects of contract structure
09	29	0.06	2009	Ryall M D	Formal contracts in the presence of relational enforcement mechanisms: Evidence from technology development projects
10	29	0.03	2012	Zhou K Z	How foreign firms curtail local supplier opportunism in China: Detailed contracts, centralized control, and relational governance

（二）研究前沿分析

被引文献能够反映知识基础，即在图谱中直接显示的节点信息，而施引文献反映的是研究前沿。为研究项目治理的前沿知识，其参数设置如下：节点类型仍然选择被引文献，Top N 修改为 30，其余参数不变。得到如图 5-6 所示的项目治理文献共被引聚类图谱，节点数量 258，连线数量 375，Q 值 = 0.8556，S 值 = 0.5555，因此聚类是合理的。图 5-6 中的聚类标签是从施引文献的关键词中采用 LLR 算法提取的，因此可以认为其代表了项目治理领域的前沿。

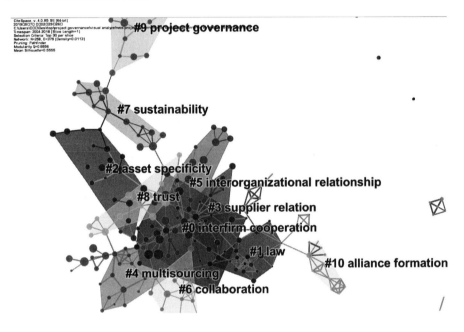

图 5-6　项目治理文献共被引聚类图谱

项目治理的文献共被引网络被划分为 17 个聚类，其中最大的六个聚类如表 5-3（表中标签只选取了前 10 位）所示。最大的聚类为企业间合作（Interfirm Cooperation），包含 27 个成员，silhouette = 0.727；第二大聚类为法律（Law），包含 20 个成员，silhouette = 0.816；第三大聚类为资产专用性（Asset Specificity），包含 19 个成员，silhouette = 0.917；第四大聚类为供应商关系（Suppier Relation），包含 18 个成员，silhouette = 0.816；第五大聚类为多重采购（Multisourcing），包含 16 个成员，silhouette = 0.925；第六大聚类为组织间关系（Interorganizational Relationship），包含 16 个成员，silhouette = 0.928。

分析这些聚类不难看出，关系治理仍然是项目治理研究者所感兴趣的，如关系治理的基础——信任（Trust）、关系（Relational）、合作（Cooperation）等词出现在多个聚类中；当然契约治理受到研究者的一直关注，如合同治理的代表理论——交易成本（Transaction Cost）出现在聚类#2和聚类#5中，聚类#5中甚至直接出现契约治理（Contractual Governance）等名词，以及聚类#4中出现合同治理代表理论委托代理理论核心内容——激励（Incentive）。另外，买方—供应商关系（Buyer Supplier Relationship）多次出现，买方—供应商项目最初运用交易成本经济学来进行分析，其观点是，机会主义成本容易滋生在治理机制不完善的企业间的贸易中，之后信任与合作理论弱化了交易成本理论在买方—供应商项目研究中的地位，提出信任是维护买方—供应商关系的重要纽带。

表 5-3　项目治理文献共被引图谱六大聚类表

聚类编号	数量（篇）	平均轮廓值	标签	年份
0	27	0.727	Interfirm Cooperation；Trust；Coercive Strategy；Construction Industry；Relational；Governance；Supplier Relation；Building Trust；Determinant；Joint Venture Relationship	2004
1	20	0.816	Law；Choice；Trust；Litigation；Decision；Business；Merchant；System；Order；Firm	2002
2	19	0.917	Asset Specificity；Opportunistic Behavior；Construction Project；Buyer Supplier Relationship；Trust；Post Transaction Cost；Relational；Governance；Construction Project；Contractual Complexity	2010
3	18	0.816	Supplier Relation；Strategic Alliance；Transaction Cost；Taiwan；Resource Based View；Manufacturer Supplier Relationship；Transaction Cost；Interfirm Cooperation；Social Structure；Interorganizational Relationship	2004
4	16	0.925	Multisourcing；Offshore Outsourcing；Cooperation；Coordination；Output Verifiability；Observability；Relational Governance；Contract；Incentive；Competition	2004
5	16	0.928	Interorganizational Relationship；Contractual Governance；Buyer Supplier Relationship Complementarity；Substitution；Meta-analysis；Transaction Cost Economics；Performance；Implication；Relational Governance	2010

结合项目治理研究前沿，项目治理领域的未来研究趋势主要体现在：一是多元项目治理机制对项目绩效的影响机理。虽然有许多学者在研究单个治理机制的框架或关系治理和契约治理的二维组合框架，但是对于多元治理机制的交互作用及影响机理尚未进行深入分析，特别是在需要多方广泛协调的大型项目中，治理机制的影响机理和相互作用至关重要。从管理的角度来看，管理者需要明确多元治理机制对项目绩效的影响机理，从而为实现最佳的项目绩效指定不同的治理机制策略组合。二是由静态治理视角向动态治理视角转变。当前项目治理研究，无论是契约治理还是关系治理或者两者组合的二维治理框架，都是基于静态视角，未考虑项目的特殊情境。但是，在不同情境下各种治理机制的效果发挥作用不同，因此，需要结合动态治理理论、情境理论和复杂性科学理论等，探索不同项目情境下的治理策略匹配规律，从而完善和发展适合不同项目情境的情境式动态治理理论。

四、本章小结

本章运用 CiteSpace Ⅲ 对 Web of Science 数据库中 2004～2018 年收录的有关项目治理领域文献进行可视化分析。研究发现学术界在项目治理领域的研究有以下结论：①在研究区间内，项目治理文献总体呈上升趋势，2017～2018 年，文献数量增长率最高，项目治理研究成为研究热点。②在研究范围内，Muller、Klakegg、Lumineau、Selviaridis 等发文量最多，总体来看大多数以团队合作为主的研究者在该领域都取得了突出的研究成果，说明在研究过程中团队效应具有举足轻重的作用。③项目治理领域的研究热点主要聚焦于三个方面：一是项目治理的理论辨析；二是项目治理的机制探索；三是治理机制的相互作用。④项目治理的知识基础主要为治理机制的相互作用和选择情景；而研究前沿依然聚焦在项目治理的两大治理机制：契约治理和关系治理，同时买方—供应商项目的研究是未来的研究趋势。

通过对项目治理文献的梳理可以看出，该领域已经引起学术界的广泛研究兴趣，相关文献数量呈上升趋势。研究者在小范围内形成了一定的学术交流圈，但是总体而言研究者之间的交流较少。对于项目治理领域而言，对其定义仍然没有一个清晰完整的结论，学者们仍在对项目治理的边界研究进行辨析。值得注意的是，高被引论文中大多数是中国作者所著，这在一定程度上反映出项目治理的研究在中国方兴未艾。本章虽然采用先进的软件对项目治理进行可视化分析，然而由于该软件具有一定的局限性，如有些明显代表相同含义的关键词却被划分为不同的关键词，在一定程度上有失偏颇。虽然存在一些瑕疵导致偏差，但是研究结论仍能反映主流的研究热点与前沿，为项目治理领域研究提供一定的参考和借鉴价值。

第六章
重大工程项目治理因素演化分析

本章基于国内外项目治理相关研究结果,以产权理论和交换理论为理论依据,将我国重大工程项目影响因素具化为可供观测的指标,凝练影响重大工程项目治理策略形成的影响因素,包括契约治理、关系治理、双方合作期、项目不确定性、资产专用性、项目复杂性、信任、风险等;并采用模糊认知图(FCM)分析影响建设项目治理的因素及因素之间的内在联系,从而构建重大工程项目影响因素与治理水平匹配模型。

一、项目治理的内涵界定与理论基础

(一)项目治理文献综述

治理最初指的是国家的"指导",20 世纪 80 年代以后,被引用到公司治理中,主要解决管理机制、权利结构设置、制度建设,以及其他管理问题。公司治理概念的应用以及在公司层面形成的公司治理理论发展相对成熟。然而对于项目这种临时性的组织形体,存在着信息不对称、目标冲突、债权不清等问题,这些问题能否运用治理的思想来解决引起了学术界的广泛关注（方炜等，2017）。Turner 和 Keegan（2001）通过结合治理的职能作用和项目管理过程中所遇到的问题，将治理理论引入到项目管理的领域，项目治理应运而生。

学者对项目治理的确切内涵有不同的定义。国外学者认为项目治理源于公司治理，他们对项目治理有自己的理解。例如，Turner 和 Keegan（2001）认为项目治理就是通过项目治理这个结构来实现项目目标的方法以及监控绩效的手段。美国项目管理学会（Project Management Institute，PMI）认为项目治理不仅支持和控制项目的成功交付，而且项目治理框架为项目团队和项目经理提供基础模式和工具。此外，有的学者从项目具有周期性以及项目具有临时性组织的特性的角度给出了项目治理的定义。例如，Winch（2006）以交易成本理论中的治理理论为指导分析了项目的全生命周期，建立了包括利益相关者在内的新交易治理理论框架，并提出了水平和垂直交易两个治理维度。垂直交易治理包含业主、承包商等在内并强调委托人利益，水平治理主要强调利益相关者的利益。

近年来，随着项目治理相关理论研究的完善与发展，相关学者逐渐关注项目治理机制的建设。项目治理机制是指一系列涉及公司治理和交易治理的制度安排（刘常乐，2016）。项目治理机制有利于约束项目参与者的行为，使项目朝着正确的方向发展，实现项目目标。同时项目治理机制拥有良好的制度框架，它可以解决项目中所发生的冲突，并且描述项目组织中的角色，提供了以交易成本为角度的治理机制（Turner & Keegan，2001）。严玲等（2016，2019）认为项目治理是一种制度框架，这种制度框架主要由项目的主要利益相关者通过责、权、利关系的安排来解决完整交易。王华和尹贻林（2004）认为利益相关者包括建设负责人、承包商、分包商、咨询单位等，并且项目治理优化了项目治理机制、理顺了项目组织关系，降低了成本，提高了项目管理的效率。颜红艳等（2007）认为项目治理机制是利益冲突的协调机制，它可以从多角度、运用多种方式和手段，整合相应的资源来协调并解决利益相关者之间的冲突。

项目治理理论包括委托代理理论（Principal-agent Theory）、交易成本理论（Transaction Cost Economics，TCE）、利益者相关理论三个方面。Biesenthal 和 Wilden（2014）基于委托代理的角度，认为项目管理组织在经过项目临时组织内部结构的分析后，具有不同的治理机制和结构。随着项目理论研究的不断发展，情境因素对项目治理机制的影响受到广泛关注（Cardenas et al.，2017）。源于社会系统理论的动态治理理论有效地解决了这一问题，动态治理理论是一种具有整合性、预期性、适应性的治理模式。基于交易成本理论角度来看，治理机制限制了关系专用性的投资、不确定性导致项目双方机会行为的可能性，在一定程度上节约了交易成本。

综上所述，项目治理理论源于公司治理理论，并且国内外学者对项目治理的定义与内涵有各自的理解，存在差异性。例如，国外学者认为，项目治理涉及项目管理者、投资方、业主和其他利益相关者之间的关系，并把项目治理理解为项目实施过程提供依据与决策的框架，用来实现战略目标。我国学者认为，项目治理被称为项目管理的管理，项目治理是利益相关者通过责任、权利和利益关系的制度安排来决定一项完整交易的一种制度框架。随着项目治理理论的不断深入和发展，情境因素对项目治理的影响得到了关注，基于此发现动态治理理论的理论框架能够很好地解决情境因素对项目治理影响的问题。

（二）项目治理的理论基础

1. 代理理论

代理理论（Agency Theory）是一个"传统"的财务和经济学理论视角，它是基于企业治理系统形成过程中发展出来的（Eisenhardt，1989）。代理理论存在一定的困难，该困难源于委托人在如何控制和激励代理人按照委托人最佳利益来行动方面。典型的例子就是在企业经营过程中所出现的所有权和控制权分离问题，也是组织的一个基本问题（Jensen & Meckling，1976）。由于委托人需要向代理人授予一定的权力，信息不对称容易引发利益冲突和道德风险。基于新古典经济学的观点，构成这个理论的基础性假设就是可能代理人是利己的，而不单纯地仅代表委托人的利益

（Eisenhardt，1989）。基于委托人产生的代理成本，可以减轻或者解决这个问题。这种成本又是基于激励系统这一需求而产生的，此系统可以将委托人和代理人的利益统一起来（如基于绩效的契约）。在项目管理情境中，代理理论常被用于项目经理与项目拥有者之间的关系（Turner et al.，2010）。

2. 利益相关者理论

利益相关者理论基于社会视角，认为项目管理应在考虑利益相关者利益的前提下进行，包括供应商、雇员、客户当地社区与环境等。利益相关者理论认为利益相关者的冲突关系和组织利益相关者的需求得到平衡。由于社会目标和项目绩效之间存在潜在的制约关系，所以满足利益相关者的所有利益需求具有挑战性。因此，需要寻求一条基本的途径来平衡这个矛盾。利益相关者认为组织的绩效依赖于关键的业务能力、战略思维能力、与利益相关者相关的沟通与领导技能等因素。项目治理可以帮助项目团队平衡社会目标与项目绩效间的制约关系，是应对各种利益相关者的基础性工具。

3. 交易成本理论

交易成本理论关注机会主义行为发生的可能性和降低成本的追求。为了最小化总成本，生产成本等需要在对供应商、企业并购和企业间合作与契约签订之前纳入考量。因此，交易成本理论可以帮助理解项目治理和组织决策。偶然性因素、情境因素、行为因素是交易成本的三个驱动器。通过契约协议，联盟的风险分担可以最小化交易成本并且确定合适的治理结构（Winch，2001）。在项目治理情境下，交易成本理论可以用于选择承包商和供应商的过程（Winch，2001）。

（三）重大工程项目治理情境分析

项目治理是一种基于项目各参与方之间的制度设计。Turner 和 Keegan（2001）将治理机制定义为解决项目交易中的冲突和获得良好秩序的系统框架，并强调项目组织中的经纪人（Broker）和管理员（Steward）的作用。刘常乐（2016）将项目治理机制定义为治理过程中的正式和非正式的制度安排，通过项目治理机制来约束和调整项目各方的行为，最终促进项目达到预期目标。颜红艳（2007）将项目治理机制定义为协调利益冲突的机制，项目利益相关者通过利用项目内外部的资源实现制度层面上不同利益需求之间的冲突协调，这种治理机制包括激励机制、冲突解决机制与产权分配机制等。国内的项目治理机制研究主要是结合政府公共项目的研究（王彦伟等，2009）。

在对项目治理机制与维度的研究中，Biesenthal 和 Wilden（2014）、Chen 和 Manley（2014）认为项目治理是一种组织控制机制，可采用正式或非正式的结构来治理不同级别的职责与责任。其中，正式机制包括正式合同或非人格化交换进行的市场交易以及通过绩效衡量和争议解决程序进行的等级交易；非正式机制通过人在社会的等级关系促进相互信任、开放式沟通、合作和知识共享，重点在于人际关系。许多学者还从合同类别和合同履约的角度研究了项目治理机制（梁永宽，2012），通常使用正式合同和隐含合同来体现组织间协调合作关系与保护合作关系的治理机制。也有研究将契约治理视为正式合同、显性契约等，并强调采用正式的书面契约阐明各方的义务与责任。结合建设项目的特点，也有学者从关系治理的角度研究了项目治理机制，如项目主体之间的信息共享、目标一致和共同解决问题等（王磊等，2016）。关系治理的概念来源于关系契约理论（Relational Contract Theory），一般的研究结果是，关系规则可以像正式契约一样降低交易风险和交易成本（Poppo & Zenger，2002；Qian & Zhang，2018）。这种关系规则也可称为关系治理，关系治理可以使得交易的执行更加强有力。在关系治理的构成维度方面，Poppo 等（2008）认为包括合作、信任、共享等；邓娇娇（2013）认为包括信任、沟通、承诺、合作和行业惯例；Wang 和 Chen（2006）认为包括承诺、信任、协调和联合解决问题。刘常乐（2016）认为项目的外部关系治理机制包括信任、共同愿景和共同解决问题三个维度。部分学者通过进一步的研究，构建出包含正式的契约与非正式的关系在内的二维框架的项目治理机制，并通过不同治理机制之间的作用来达到提高项目治理水平的目的，建立二维的契约—关系治理机制（Ning，2017）。

除契约治理与关系治理外，政府在建设中的角色是极其重要的，在基础设施领域，政府需要对项目治理起到引导作用。关于政府在工程项目中的治理作用，一些学者初步提出了相关概念，如权威治理（Olsen et al.，2005）和科层治理（Caniëls et al.，2012；Olsen et al.，2005；黄路路，2017；刘常乐，2016）。权威治理是指层级权力的治理，如正式结构、职权与授权等；科层治理是指依靠内部权力与权威形成自上而下的控制与被控制的关系进行治理的方式（Caniëls et al.，2012；刘常乐，2016；黄路路，2017）。政府对资源的控制、政府的直接干预都会对项目造成影响，组织结构创新与政府要素存在一定的相互关系。尹贻林等（2011）认为政府投资的项目组织模式需要考虑多方面的因素，如制度、政府、社会等环境因素。对于制度情境和工程组织模式的相关研究可从权变理论、制度理论和资源依赖理论三个方面展开。其中，制度理论认为对于大型工程项目，必须考虑行政功能、市场功能和综合功能（Ruuska et al.，2011）。当工程组织模式与制度环境不匹配时，容易导致冲突甚至意外事故。在面对不同的政治体制、产业结构或者历史文化时，即便相同的工程组织模式，也会产生差异。对于项目这种由政府投资的大型建设工程，与普通工程项目的不同特点，国内外学者进行了广泛的研究，并有了一定的理论成果（贾广社等，2010）。代理理论机制和交易成本理论是两种主要的理论基础。其中交易成本理论（Transaction Cost Economics，TCE）认为治理机制是一种制度安排，这种制度安排是基于交易过程中涉及的专用性投资、不确定性所带来交易双方机会主义行为的可能性而进行的约束。交易成本包含偶然性因素、情境因素、行为因素三个方面。委托代理理论通常用于分析项目组织的内部结构，针对不同的项目管理组织提出不同的项目治理机制和治理结构（Biesenthal & Wilden，2014）。

综上所述，当前的项目治理机制组成与类型的研究还不统一，治理机制主要包括关系治理和契约治理，对于项目的特点，政府在项目的建设过程中起重要作用，相关学者提出了权威治理与科层治理等方面的行政治理机制。关系治理主要是通过社会关系和共享规范来实施组织间治理的。契约治理包括从项目前期的招投标到项目实施交付等一系列过程中的风险分担、收益分配、问责机制等，是项目交易行为中的一系列正式制度安排。权威治理的核心是通过政治契约进行行政控制，行政权力是基本要素，具有强大的治理能量。政府的这些强制力量在一定程度上可以高效率地完成项目内的正常交易。从现有的项目治理理论现状研究可以看出，这些因素可以为项目影响机理治理机制的识别提供基础，同时为构建行政治理、契约治理、关系治理提供参考。

二、重大工程项目治理影响因素的识别

（一） 项目治理影响因素的选取

根据已有文献，多个学者从不同视角，在不同经济交易环境下解释契约治理与关系治理对项目治理的影响，以及影响契约治理与关系治理选择的因素。本节在此基础上，整合出现频率较高的影响因素，梳理因果关系，并对提出的影响关系进行逻辑论证。

工程项目影响因素种类众多、数量大、影响大，多种因素并存，存在复杂作用，这是由项目投资大、建设周期长等特点决定的。项目本质是业主向承包商购买服务，由承包商交付合格的、满足需求的产品；项目治理是发包方与承包商之间的一系列围绕项目结构、系统和过程所作的制度设计。业主与承包商之间的委托代理关系导致了信息不透明及利益冲突，这会使项目无法按预想的实施。完善的项目治理要将业主与承包商的权、责、利合理分配，使双方的利益达到平衡，保证进度顺利推进，实现项目效用和利益。在工程项目治理过程中仅依靠契约治理是不够的，还必须积极平衡各方关系，即关系治理。契约治理、关系治理在工程项目实施过程中不可或缺，相互作用，共同影响着项目绩效的水平。

影响项目治理的因素多种多样、层次丰富。Lu 等（2015）基于交易成本理论分析了契约治理和关系治理在改善项目绩效和抑制机会主义方面的效果，研究结果表明契约治理与关系治理都能改善项目绩效。Haq 等（2018）研究了项目领导力对项目治理与项目绩效关系的调解作用。可以看出，关于项目治理对项目绩效影响的研究主要采用实证研究方法，且研究结果均表明契约治理和关系治理水平的提升都对项目治理具有正向影响。项目治理不仅受到契约治理机制的影响，而且同样受到如信任、沟通/交流、信息共享等关系性规则的影响。因此，本节选取契约治理、关系治理、项目不确定性、双方合作期、风险、资产专用性、项目复杂性、信任作为项目治理的影响因素进行研究。

（二）因素间影响关系的确定

1. 契约治理

交易成本理论提出，正式契约可以消除交易中的不确定性。通常市场是由价格机制来协调供求关系的，但在复杂的交易中，交易各方需要更多的合作，合作需要的反复协调无法由市场提供，而正式契约可以预见性地提出面对分歧及争端时的应对程序。正式契约可以保护特别投资者，由于专用性投资会引发机会主义行为，正式契约则可以保证投资方的权益，抑制机会主义，降低交易成本，进而提高组织绩效。另外，如果项目契约中缺乏保护关系专用性投资的专门条款，可能导致双方在谈判过程中更加敏感从而减少自己的投资，如此的结果就是牺牲项目绩效。即契约治理不但作为对已有专用性投资的保障，而且代表了对未来责任的承诺，这种承诺促进了新的专用性投资，继而提高项目治理效果。

正式契约对履约范围有明确界定，有利于防备投机行为的滋生。交易成本理论认为正式契约带来的保障在不同的交易环境中非常重要。缔结一份正式的契约对业主与承包方来说是共同规定了一个明确范围，当事人可以在分歧发生时决定是否要施加个人惩处，如停止交易，为项目治理及时止损。综上所述，项目不确定性、资产专用性、复杂性等因素带来了风险，要应对这些风险，必须订立正式、清晰、完整、严谨、规范的契约条款，建立起契约治理机制。正式完备的契约治理需要付出成本，而这些成本的付出会带来更多的绩效收益，因此是可接受的。

2. 关系治理

关系治理是指以积极和持续的方式利用适当的保护手段，包括社会、经济和技术措施，管理组织间的活动实体，实现双方合作不断取得进展，并达成既定成果。

关系治理可以快速响应并低成本地解决冲突。在复杂项目中，以双方信任为基础的关系治理可以更快速、灵活、低成本地解决冲突。事实上，关系治理下不会出现冲突，冲突往往来自契约治理。在项目周期中，业主与承包商之间的利益冲突会带来众多分歧与争端，项目环境加剧利益冲突，形成恶劣的项目环境。这些冲突包括组织安排、施工流程、信息交换、人际关系、物资与人力调配等。关系治理通过建立合作伙伴之间的共同目标，完善沟通机制，为友好协商地解决冲突提供支撑。诚信合作是项目成功的关键因素，善于合作的项目绩效明显优于独立决断的项目。

3. 双方合作期

较长的合作期象征着双方对紧密而值得信任的心理依赖。长期的合作带来相互信任，合作期越长，双方信任程度越高。若业主与承包商是初次合作，则倾向于在正式契约中明确分配权责利；如此在合作中出现分歧或变更，可以优先依据契约中的约定解决，此阶段中契约治理的依赖程度和重要程度相对较高；若是双方有过合作或者合作时间长，存在一定程度的信任，可以采用更灵活的方法，决策更倾向于促进合作方面，此时关系治理的重要程度提高，契约治理则相对次要。

4. 项目不确定性

项目不确定性会带来风险，风险随着不确定性的提高而提高。而显然业主和承包方都不愿独自承担风险，此时契约治理是最佳选择——合理分配双方权责利以应对风险，同时开放后期变更约定的选项。项目不确定性不仅会促进契约治理，对关系治理也有一定的影响。当项目不确定性达到一定程度时，契约条款可以适当放宽并依赖于相互合作与信息互换，应对不可预见的事故。

在项目中，对所有参与方而言不确定性都是客观存在的风险。项目不确定性亦可理解为信息的缺乏，如不可预测的法律纠纷、外部环境、绩效期望、施工过程等。很多因素都会导致双方重新谈判并达成新的约定，如材料变更、设计改变。先行规定好争端的解决方法可以为项目的顺利实施保驾护航，亦会使得正式契约更加复杂。项目不确定性与契约治理不是简单的线性关系，有时双方也会签订更为灵活宽松的契约以避免将来陷入不利局面。

5. 资产专用性

资产专用性指使用者将一种资产用于某种特殊的用途而被迫牺牲其他生产价值的程度。项目中典型的资产专用性包括承包商的施工机具，如大型塔吊、巨型吊车等。资产专用性的比例提高会为项目中产生机会主义行为提供温床，为规避项目中的潜在风险，签订的正式契约会倾向于严格条款。同时，为规避契约之外的风险，业主和承包商亦倾向于关系治理，以防止产生投机行为。因此，资产的专用性越高，契约治理的力度会越大，关系治理也越受重视。

资产专用性增加了契约条款的复杂性，提高了契约治理水平。项目生产有任务一次性、工作地点固定、内部设计等特点，这决定项目极难在下次作业中利用之前的资产。如果业主对项目施工进度较为敏感，承包商有机会采取故意延误工期而为施工取得优惠价格的行为，使业主花"冤枉钱"的风险提高，这称为临时资产专用性。对施工进度要求较高的业主会在契约中规定更多潜在事项，以此满足对保护临时专用性资产的强烈要求，并避免陷入可能的讨价还价中，最终签订的契约会更详尽且复杂。资产专用性是关系治理最重要的影响因素。作为一种允诺的信号，资产专用性使双方与项目的联系更加紧密，由于项目被中断的高机会主义成本，使项目双方致力于发展长期合作关系。资产专用性与关系治理存在正相关作用，项目双方人力资产专业化促进了双方关系管理水平的提高。

6. 项目复杂性

较复杂的项目对专业化有严格要求，在项目周期中会采取更优的组织设计，以把控风险。复杂的项目促使合作双方提高管理水平并加强合作。为了简化项目的复杂程度，可以从规范条款、现场控制、法律隐患、安全把控等方面定义和界定复杂项目，而契约条款倾向于以面面俱到来处理更复杂的项目，加强双方的合作。项目的复杂性是影响契约选择的重要因素，总价契约可以更有效地降低复杂性较高项目的交易成本，从而提高项目治理水平。复杂的项目会带来高风险，为了应对风险，业主与承包方之间倾向于签订更完备的正式契约，更应重视契约治理。

Baccarini（1996）认为复杂项目含有众多不同的部分，而这些部分彼此作用彼此依赖。一方面，风险是影响项目复杂性的重要因素，大量的风险同时存在于一个项目中，可能会导致更大的动态性和互动性，进而提高项目复杂性。另一方面，不确定性对项目的复杂性也有重要影响。Sommer（2004）认为复杂性包括两个维度：系统大小（各要素的数量）和各要素之间的交互影响。不可预见的不确定性是指无法识别影响因素及其交互影响的无力，因此谈到项目复杂性的影响因素就会引出不确定性、风险的作用。

7. 信任

双方的信任将使信息交流更为客观有效，减少了对详尽契约和监督的依赖。订立契约时可以放松对监督、风控的要求，降低交易成本。换言之，信任与层级性的契约是可以等同的，鼓励缔结更宽松的契约。项目中难以避开的信息不对称导致信任的建立非常重要。信任程度较高可以带来代理机会，项目环境中，合作双方保持长期稳定的合作关系，可以创建信任，节约代理成本，有效避免代理问题。

建立信任是提升关系治理的核心因素。若是在一个项目中各方相信对方可以承担其项目任务，那么这种信任可以促进利益相关方的友好合作，改善组织的信息交换能力、风险应对能力、治理能力。项目利益相关方间的信任是一种资源，信任使业主与承包商期待更深入的长期交易。信任使得双方更容易达成共识，方便协商，信任可以减少因资产专用性而产生的机会主义行为，在双方有稳定的关系时可以期望更长期的稳固合作。出现分歧与冲突时，双方可以低成本地磋商协调，降低不确定性变化带来的交易成本。

8. 风险

项目运营周期长，技术要求复杂，利益相关方众多，项目风险大且不可预见因素多，项目的特点决定了自然环境、施工安全、操作规范、法律纠纷等方面皆存在潜在风险。风险发生时会使双方付出很大代价，包括材料器具的损耗甚至员工的人身安全，严格的风险控制是项目治理必须重视的因素。信任与风险控制互相影响且共同作用于项目治理。

（三）FCM 模型的构建

考虑到项目治理是一个复杂且动态的过程，内部和外部影响因素是多方面的，相互依存、相互关联，对项目治理的贡献程度不同且途径不一，本节采用善于处理复杂系统的方法——模糊认知图对其进行分析。结合前文识别的影响因素来确定概念节点，推定节点间的模糊关系及权重系数，采用 FCM Analyst 软件建立模糊认知图模型，从而识别重大工程项目治理过程中相关因素之间的关系及其对项目治理的影响。

结合上节的重大工程治理影响因素，提取出如表 6-1 所示的概念节点。其中，以项目治理作为目标节点 C_T，以 C_1 契约治理、C_2 关系治理、C_3 双方合作期、C_4 项目不确定性、C_5 资产专用性、C_6 项目复杂性、C_7 信任、C_8 风险作为原因节点。

表 6-1　重大工程治理影响因素概念节点

节点	含义	节点	含义
C_1	契约治理	C_2	关系治理
C_3	双方合作期	C_4	项目不确定性
C_5	资产专用性	C_6	项目复杂性
C_7	信任	C_8	风险
C_T	项目治理		

在模糊认知图中，用有向弧表达概念节点之间的因果关系，通过权重表示因果关系的大小。若是有些节点之间的因果关系较为薄弱，可能会导致判断不准确。因此在判断中假定 C_1 节点变化并观察 C_2 节点是否发生变化，如果是，则判定 $C_1 \rightarrow C_2$ 方向有一条因果弧，但直接假定 C_1 节点是否为 C_2 节点的原因或结果也会导致判断不够准确。例如，经常合作会增强信任，信任程度随着合作期变长而增高，所以当概念节点 C_3（双方合作期）增加时，C_7（信任）会增加，所以判定出节点 C_3（双方合作期）→节点 C_7（信任）方向有一条因果弧。具体模糊关系的判断结果如表 6-2 所示，基于 FCM Analyst 软件构建的模糊认知图模型如图 6-1 所示。

表 6-2　重大工程治理影响因素模糊关系判断

概念节点	可能引起变化的节点	具体分析
C_1 契约治理	C_T 项目治理、C_2 关系治理、C_4 项目不确定性、C_5 资产专用性	契约治理水平与契约绩效正相关，正式契约会保障专用性投资，减少交易中的不确定性。契约治理与关系治理会互相促进。即 C_1 对 C_2、C_5、C_T 有直接的正向影响，对 C_4 有负向影响
C_2 关系治理	C_T 项目治理、C_1 契约治理、C_4 项目不确定性	关系治理与项目绩效正相关，与契约治理相互促进。关系治理可以提高应对不确定性的能力
C_3 双方合作期	C_2 关系治理、C_7 信任、C_T 项目治理	信任是经常合作的结果，合作期越长，信任程度越高，越倾向于关系治理
C_4 项目不确定性	C_T 项目治理、C_1 契约治理、C_2 关系治理、C_6 项目复杂性、C_8 风险	项目技术不确定性越大，风险越大，双方希望通过契约对风险进行合理的分配。不确定性会影响治理制度的选择即契约治理与关系治理
C_5 资产专用性	C_T 项目治理、C_1 契约治理、C_2 关系治理、C_7 信任、C_8 风险	资产的专用性越高，风险会加大，契约治理的力度会越大。提高资产专用性相当于释放信任对方的信号，有利于关系更加稳固。资产专用性是关系治理最重要的影响因素
C_6 项目复杂性	C_T 项目治理、C_1 契约治理	复杂性越高，项目契约治理水平越高，更有利于应对复杂性风险，从而改善项目治理绩效。项目复杂性是影响契约选择的重要因素
C_7 信任	C_T 项目治理、C_1 契约治理、C_2 关系治理、C_3 双方合作期、C_4 项目不确定性	信任是关系治理的核心影响因素，信任可以减少交易中的不确定性。因为信任的存在，双方愿意相信对方能够顺利履行承诺而使项目顺利进行

续表

概念节点	可能引起变化的节点	具体分析
C_8 风险	C_T 项目治理、C_1 契约治理、C_2 关系治理	风险分担是契约治理的核心。风险较高时需要关系治理弥补契约的缺陷,从而提高项目治理水平
C_T 项目治理	作为目标节点,对各节点有反向影响	

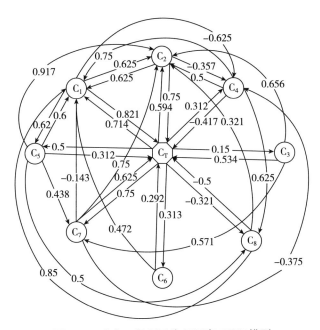

图 6-1 重大工程项目治理因素 FCM 模型

三、演化分析

(一)预测分析

模糊认知图中的预测分析旨在预测未来的结果或事件的影响。根据由单一变量发生变化导致目标事件随时间变化的影响，可以来判断某一变量或多个变量对目标事件的影响程度，从而有利于具体的研究分析。在用 FCM 模型进行预测分析时，通过保持现有 FCM 模型的原因节点、结果节点、有向弧及权重值不变，对原因节点输入不同的状态值来观测结果节点产生的变化。本节通过对影响因素的取值模拟（一是契约治理水平的变化对项目治理的影响；二是关系治理水平的变化对项目治理的影响；三是双方合作期的变化对项目治理的影响；四是项目不确定性的变化对项目治理的影响；五是资产专用性占比的变化对项目治理的影响；六是项目复杂程度的变化对项目治理的影响；七是信任程度的变化对项目治理的影响；八是风险的变化对项目治理的影响）来分析当八个影响因素 C_1 契约治理、C_2 关系治理、C_3 双方合作期、C_4 项目不确定性、C_5 资产专用性、C_6 项目复杂性、C_7 信任、C_8 风险处于不同初始状态值时，项目治理 C_T 对其变化的反应程度。

以契约治理的模拟为例，将模糊认知图模型概念节点 C_1 的初始值分别设定为 -1.0（极差）、-0.5（较差）、0.5（较好）和 1.0（极好）四个状态值，其他节点的初始值设定为 0，通过模型概念节点之间的因果推理和迭代运算，得到项目治理的模拟值分别为 $P(C_T | C_1 = -1.0) = -0.9429$，$P(C_T | C_1 = -0.5) = -0.8517$，$P(C_T | C_1 = 0.5) = 0.8517$，$P(C_T | C_1 = 1.0) = 0.9429$。同理，对概念节点 C_2、C_3、C_4、C_5、C_6、C_7、C_8 也进行初始值设定，得到项目治理模拟的稳定值如表6-3所示。图6-2显示了八个影响因素的变化如何影响项目治理。

表6-3　重大工程治理影响因素预测根本原因分析

影响因素	P (C_T/i=1.0)	P (C_T/i=0.5)	P (C_T/i=-0.5)	P (C_T/i=-1.0)
C_1	0.9429	0.8517	-0.8517	-0.9429
C_2	0.9332	0.8373	-0.8373	-0.9332
C_3	0.8897	0.7800	-0.7800	-0.8897
C_4	-0.8540	-0.7383	0.7383	0.8540
C_5	0.8073	0.6878	-0.6878	-0.8073

续表

影响因素	P（C_T/i=1.0）	P（C_T/i=0.5）	P（C_T/i=−0.5）	P（C_T/i=−1.0）
C_6	0.7962	0.6763	−0.6763	−0.7962
C_7	0.9115	0.8076	−0.8076	−0.9115
C_8	−0.8812	−0.7697	0.7697	0.8812

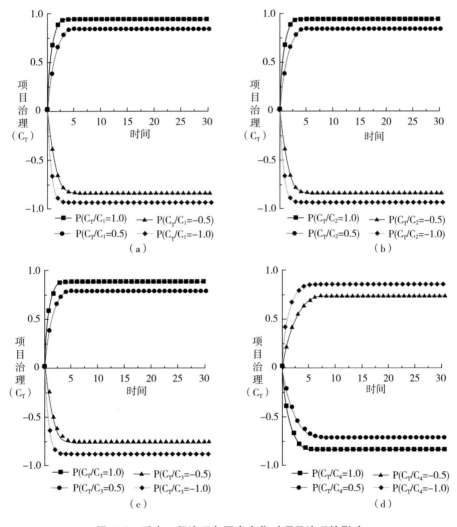

图6-2　重大工程治理各因素变化对项目治理的影响

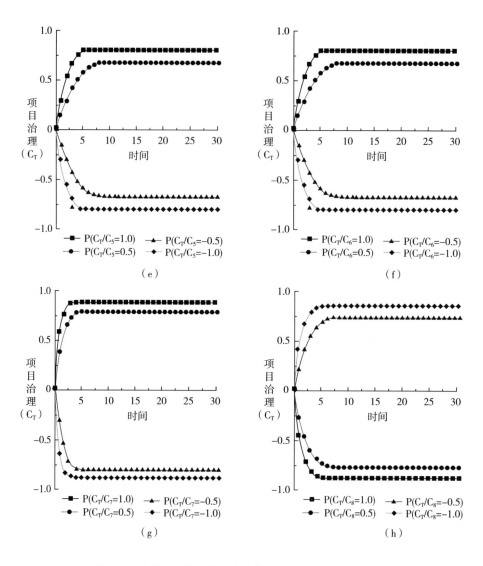

图6-2 重大工程治理各因素变化对项目治理的影响（续）

根据图6-2曲线趋势的变化程度和最终达到稳定状态时的数值，可以初步确定该因素对项目治理的影响。比较 $P(C_T/i=1.0)$（$i=C_1$，C_2，C_3，C_4，C_5，C_6，C_7，C_8）的八条曲线可以发现，每条曲线均在 $t=10$ 时刻进入稳定状态，分别比较 0~2、2~4、4~6、6~8、8~10 五个时间段曲线斜率的大小可以发现相同的结论，即斜率比较：$P(C_T/C_6=1.0)>P(C_T/C_5=1.0)>P(C_T/C_3=1.0)>P(C_T/C_7=1.0)>P(C_T/C_2=1.0)>P(C_T/C_1=1.0)>P(C_T/C_8=1.0)>P(C_T/C_4=1.0)$。其中 $P(C_T/C_8=1.0)$ 与 $P(C_T/C_4=1.0)$ 为负值。再比较 $P(C_T/C_i=a)(i=1,2,3,4,5,6,7,8)(a=0.5,-0.5,-1.0)$ 的曲线可以得到和上面一样的结论。斜率的大小和变化率可以反映当影响因素变化时所引起的项目治理变化的大小和速度，其描述的是二者的相关程度，斜率越大，表明相关性越强，反之则越弱。因此可以得到结论：按与项目治理的相关性由大到小排序为 $C_6>C_5>C_3>C_7>C_2>C_1>C_8>C_4$。

从表6-3的横向看，如选 C_1（契约治理）一行，当 C_1 的取值依次为 1.0、0.5、-0.5、-1.0 时，C_T（项目治理）的取值分别为 0.94、0.85、-0.85、-0.94，可以看到当 C_1 的值逐渐变大时，C_T 的值也逐渐变大，说明 C_1 的增加会引起 C_T 的增加，二者同方向变化，根据模糊认知图的相关定义可知，C_1 和 C_T 存在正因果关系，符合模型的初始假设。同时，从数据值来看，C_T 的值域为 $[-1,1]$，C_T 从治理程度好到差通过 1 到 -1 来表达，C_T 的初始值设为 0 时，稳定值分别为 -0.94、-0.85、0.85、0.94，可以看出 C_T 值从初始到稳定有非常剧烈的变化。这说明 C_1 与 C_T 有强烈的相关性。同理，对 C_2、C_3、C_4、C_5、C_6、C_7、C_8 七行进行分析，最终可以得到结论：C_1、C_2、C_3、C_5、C_6、C_7 和 C_T 强正相关，C_4、C_8 和 C_T 强负相关，符合模型的初始假设。从表6-3的纵向看，选 $P(J/i=-1.0)$ 一列，比较表中绝对值的大小，可以得到 $|P(C_T/C_1=-1.0)|>|P(C_T/C_2=-1.0)|>|P(C_T/C_7=-1.0)|>|P(C_T/C_3=-1.0)|>|P(C_T/C_8=-1.0)|>|P(C_T/C_4=-1.0)|>|P(C_T/C_5=-1.0)|>|P(C_T/C_6=-1.0)|$。这说明当 $P(J/i=-1.0)$ 时，八个影响因素对项目治理的影响程度由大到小排序为 $C_1>C_2>C_7>C_3>C_8>C_4>C_5>C_6$。再对剩余三列进行分析可以得到相同的结论。因此，通过表6-3的纵向分析可以得到结论：C_1、C_2、C_3、C_4、C_5、C_6、C_7、C_8 和 C_T 之间的相关性大小为 $C_1>C_2>C_7>C_3>C_8>C_4>C_5>C_6$，这与从图6-4分析得到的结论一致。

综上所述，整个预测分析可以得到两个主要结论：C_1、C_2、C_3、C_5、

C_6、C_7 和 C_T 之间存在强正相关性，C_4、C_8 和 C_T 存在强负相关性；C_1、C_2、C_3、C_4、C_5、C_6、C_7、C_8 和 C_T 之间的相关性大小为 $C_1>C_2>C_7>C_3>C_8>C_4>C_5>C_6$。从以上结论可以看出，$C_1$（契约治理）和 C_2（关系治理）是影响项目治理的关键因素且程度接近。在实践中应当重视契约治理和关系治理，其中契约治理的水平对项目治理影响最大，同时关系治理也是必须重视的。现有数据无法明确指出两者是替代或互补关系，但两者都对项目治理起了决定性作用，是项目治理的核心影响因素。

（二）诊断分析

诊断分析旨在检测目标事件发生时的可能根本原因。在 FCM 模型中，当目标节点变化时，模型中其他概念节点的状态也会相应发生变动。与实际测量相对应的项目治理的值通过 5 点语言量表用区间 [-1, 1] 上的值来表示。若将 FCM 模型中的目标节点（C_T）中固定到特定的初始值，概念节点间的拓扑结构将使模型中其他节点发生变动，导致原因节点相应地受到影响而变动。FCM 通过逆向演化推理实现诊断分析，诊断分析通过输入结果节点的状态值来观察原因节点如何变动。此次分析结果节点 C_T 引起八个影响因素 C_1、C_2、C_3、C_4、C_5、C_6、C_7、C_8 的变化情况。

此时，需要确定影响诊断 RCA 中项目绩效的最核心因素。初始阶段中，将结果节点 C_T 依次设置为 1.0、0.5、-0.5、-1.0，其他所有概念节点都设置为 0，然后观察这些情况下其他原因节点的变动情况。使用公式进行迭代推理，八个影响因素节点 C_1、C_2、C_3、C_4、C_5、C_6、C_7、C_8 的值将在几次相互作用之后稳定。图 6-3 通过曲线直观展示了项目绩效对诊断 RCA 中八个影响因素的影响。C_T 分别取 4 个值时众因素的稳定值如表 6-4 所示。

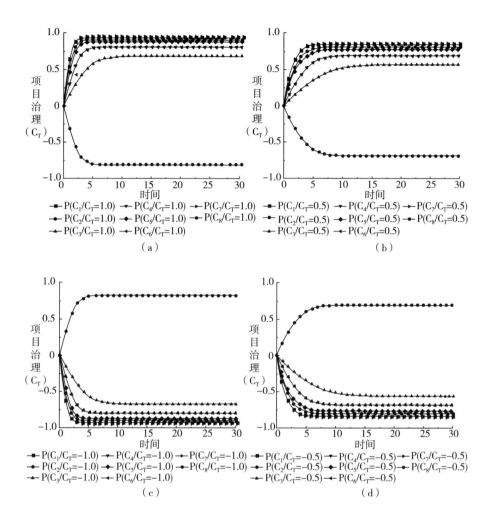

图 6-3　重大工程治理影响因素诊断分析

表 6-4　重大工程治理影响因素诊断分析

P i	P（i/C_T = 1. 0）	P（i/C_T = 0. 5）	P（i/C_T = −0. 5）	P（i/C_T = −1. 0）
C_1	0. 9277	0. 8294	−0. 8294	−0. 9277
C_2	0. 9049	0. 7990	−0. 7990	−0. 9049
C_3	0. 6810	0. 5646	−0. 5646	−0. 6810

i \\ P	$P\ (i/C_T=1.0)$	$P\ (i/C_T=0.5)$	$P\ (i/C_T=-0.5)$	$P\ (i/C_T=-1.0)$
C_4	0.8073	0.6878	-0.6878	-0.8073
C_5	0.8812	0.7697	-0.7697	-0.8812
C_6	0.8078	0.6883	-0.6883	-0.8078
C_7	0.9332	0.8373	-0.8374	-0.9332
C_8	-0.8120	-0.6927	0.6927	0.8120

图 6-3 简单直观地反映曲线斜率的变化趋势和节点稳定值的大小。比较 $P\ (C_i/C_T=1.0)$（$i=1，2，3，4，5，6，7，8$）的八条曲线（见图 6-3（a）），通过比较 0~2、2~4、4~6、6~8、8~10 五个时间段曲线斜率的大小，可以发现相同的结论，即斜率比较：$P\ (C_1/C_T=1.0)$ >$P\ (C_7/C_T=1.0)$ >$P\ (C_2/C_T=1.0)$ >$P\ (C_5/C_T=1.0)$ >$P\ (C_4/C_T=1.0)$ >$P\ (C_6/C_T=1.0)$ >$P\ (C_3/C_T=1.0)$ >$P\ (C_8/C_T=1.0)$。再比较 $P\ (C_i/C_T=a)$（$i=1，2，3，4，5，6，7，8$）（$a=0.5，-0.5，-1.0$）（见图 6-3（b）、（c）、（d））的曲线仍然可以得到一样的结论。从曲线的稳定值来看也可以得到：$P\ (C_1/C_T=0.5)$ >$P\ (C_7/C_T=0.5)$ >$P\ (C_2/C_T=0.5)$ >$P\ (C_5/C_T=0.5)$ >$P\ (C_4/C_T=0.5)$ >$P\ (C_6/C_T=0.5)$ >$P\ (C_3/C_T=0.5)$ >$P\ (C_8/C_T=0.5)$。所以，从图分析可以诊断出 C_1（契约治理）是引起 C_T 变化的最大原因。

横向观察表 6-4，C_7 行数据的绝对值往往是列中的最大值，经过比对会发现 C_1 与 C_7 的值十分相近，这说明 C_1 与 C_7 都是影响 C_T 的关键因素。所以项目治理过程中往往要特别注意契约治理与信任。综合上面的分析，诊断根本原因分析的结论是：C_7（信任）是引起结果节点 C_T（项目治理）变化的核心因素，同时 C_1（契约治理）产生了相近程度的影响。

（三）敏感性分析

敏感性分析主要是识别对目标事件有重要影响的敏感因素，分析计算对目标事件的影响程度和敏感性，进而判断项目的抗风险能力。针对敏感性分析的具体思路，也可将敏感性分析应用于模糊认知图的仿真推理过程，通过分析敏感因素的变化对目标事件产生的影响来进行判断目标事件的最敏感因子。敏感性分析主要分为单因素和多因素敏感性分析两种，本节主要进行单因素敏感性分析。

通过对八个影响因素 C_1、C_2、C_3、C_4、C_5、C_6、C_7、C_8 的状态模拟发现，当 C_1（契约治理）、C_2（关系治理）、C_3（双方合作期）、C_4（项目不确定性）、C_5（资产专用性）、C_6（项目复杂性）、C_7（信任）、C_8（风险）在 0.5（较好）的初始值附近时，项目治理程度最高。假设 $C_1 = 0.5$、$C_2 = 0.5$、$C_3 = 0.5$、$C_4 = 0.5$、$C_5 = 0.5$、$C_6 = 0.5$、$C_7 = 0.5$、$C_8 = 0.5$ 的变动百分比为 0 时，输入这些状态值可以得到模型稳定时的 C_T 值，为 0.9749，将其记录入表 6-5 变动百分比为 0 的一列。然后分别按 10% 变动八个影响因素的初始值，观察变动后项目治理的状态值的变化情况，将每一次变动后的项目治理的稳定值记录下来，得到表 6-5。

表 6-5　敏感性分析表

项目	变动百分比（%）					
	−20	−10	0	10	20	平均变化10%（±%）
C_1	0.9645	0.9702	0.9749	0.9788	0.9821	0.5366
C_2	0.9656	0.9706	0.9749	0.9785	0.9816	0.4889
C_3	0.9686	0.9719	0.9749	0.9775	0.9798	0.3438
C_4	0.9788	0.9769	0.9749	0.9726	0.9701	0.2694
C_5	0.9714	0.9732	0.9749	0.9764	0.9779	0.2011
C_6	0.9716	0.9733	0.9749	0.9763	0.9777	0.1881
C_7	0.9674	0.9714	0.9749	0.9779	0.9806	0.4057
C_8	0.9796	0.9773	0.9749	0.9721	0.9690	0.3236

从表 6-5 最后一列可以知道八个影响因素 C_1、C_2、C_3、C_4、C_5、C_6、C_7、

C_8 平均变动 10% 引起项目治理的变化分别是 0.5366%、0.4889%、0.3438%、0.2694%、0.2011%、0.1881%、0.4057%、0.3236%。由此可知，项目治理对八个影响因素的敏感性排序为 $C_1 > C_2 > C_7 > C_3 > C_8 > C_4 > C_5 > C_6$，所以影响项目治理的最敏感因素是契约治理 C_1。此外，通过比较数值大小还可以发现，项目治理对 C_2 和 C_1 的敏感度数值非常接近，说明项目治理对关系治理 C_2 的变化十分敏感，所以应当将关系治理 C_2 也作为项目治理的敏感因素。

四、本章小结

重大工程项目治理是一个动态且复杂的过程，项目内外有许多影响项目治理水平的因素。本章基于项目治理理论的最新发展视角，结合重大工程项目的特征，识别出八个对项目治理有重大影响的因素，分别是契约治理、关系治理、项目不确定性、双方合作期、风险、资产专用性、项目复杂性、信任。将八个影响因素作为概念节点，采用 FCM 软件对模型进行模拟、演化，得出以下结论：①契约治理、关系治理、资产专用性、双方合作期、信任、项目复杂性与项目治理强正相关，项目不确定性和风险与项目治理强负相关。②八个影响因素和项目治理之间的相关性大小为契约治理>关系治理>信任>双方合作期>风险>项目不确定性>资产专用性>项目复杂性。③信任是引起项目治理变化的最疑似原因，但同时契约治理也对项目治理有相似程度的影响作用。④敏感性排序为：契约治理>关系治理>信任>双方合作期>风险>项目不确定性>资产专用性>项目复杂性。影响项目治理的最敏感因素是契约治理，项目治理对契约治理和关系治理的敏感度十分接近，应当将关系治理也作为项目治理的敏感因素。

第七章
重大工程项目多元治理机制的框架构建

目前已有研究达成一致共识，项目治理机制主要包括契约治理机制和关系治理机制。然而已有研究未考虑到重大工程项目的特殊情境，尤其是政府在项目建设过程中所起的重要主导作用。因此，本章基于重大工程项目情境特征，构建重大工程项目治理机制的框架体系，具体包括基于扎根理论的行政治理机制的内容结构研究、基于文献分析和专家访谈的契约治理机制和关系治理机制的内容结构研究，从而构建出重大工程项目治理机制的初步框架体系，进一步采用探索性因子识别出重大工程项目治理机制的六个因子并进行验证。

一、引言

当前关于我国工程项目治理的研究以定性研究为主，且内容聚焦于市场治理手段的研究，主要包括契约治理和关系治理两个维度。一方面，这些研究尚未聚焦于重大基础设施工程领域；另一方面，这些研究未考虑重大工程组织根植于我国独特的体制及制度情境之中的特殊性，有意或者无意地对组织内或组织间行政指令治理机制的忽视，导致相应研究结果在重大工程项目情境的解释力不足。

众所周知，和欧美等发达国家相比，我国的市场机制尚处于不断发展过程中，尤其在重大工程建设领域许多方面还需要不断成熟和完善。长期以来，借助独特的体制和制度，以政府为主导推动重大工程建设是我国重大工程的组织特点，如我国的重大工程建设采用了基建处或指挥部等传统组织模式，由此取得了一系列举世瞩目的成就。因此，重大工程项目的治理过程中，有独立于契约治理和关系治理、来自业主方或其母体组织——政府的第三种治理力量发挥着巨大的治理作用，本书界定为行政治理机制。行政治理、契约治理和关系治理共同构成重大工程项目多元治理机制的内涵。

在"一带一路"及"工程走出去"的背景下，我国会面临越来越多的国际重大工程，和一般性国内重大工程不同的是，这些工程所面临的制度差异很大，由此所导致的项目风险更大（方炜等，2017）。因此，研究基于制度理论的重大工程治理机制，有着特别重要的理论和现实意义。本章结合我国重大工程项目的制度情境，综合采用扎根理论的全景式质性研究法、问卷调查的实证研究方法，构建重大工程项目治理机制的框架体系，为提高项目治理绩效提供理论指导。研究对于提升重大工程项目治理能力和建设绩效，发展适合我国重大工程项目情境的治理理论具有重要的理论意义与实践意义。

二、研究方法

（一）内容分析法

基于文献综述，总体上，项目治理机制的类型及构成要素研究很不统一，但已有的研究表明，项目治理机制主要包括契约治理和关系治理。契约治理机制是指业主通过硬性的明文约定的方式，对设计单位、施工单位等供应商的行为进行协调、控制和约束的行为和措施，如签订严密的事无巨细的承包契约、合理的风险分担等；关系治理机制则是指业主通过软性的非明文约定的方式，对设计单位、施工单位等供应商的行为进行协调、控制和约束的行为和措施，如建立良好的工作关系和私人关系，通过良好的沟通建立信任、促进合作等。然而在我国重大基础设施工程情境下，契约治理机制和关系治理机制的构成维度尚待进一步研究讨论。因此，本节对已有文献进行文献综述和内容分析，通过重大工程专家访谈对梳理出的维度和要素进行补充，从而探索出重大工程项目情境下的契约治理机制和关系治理机制的内容框架体系。基于文献综述，查阅关于重大工程、项目治理因素等方面的研究文献，将已有研究结果进行梳理，采用内容分析法筛选出项目治理机制的初始因素和指标。

（二）扎根理论法

本节采用扎根理论方法识别重大工程行政治理机制具体包含的维度和因素。扎根理论方法是定性研究中较科学的一种方法，最早由社会学者Galsser 和 Strauss（1976）提出，是一种运用系统化的程序，针对某一现象来发展并归纳式地引导出理论的定性研究方法（祝军等，2017）。依据Corbin 和 Strauss（1990）、Pandit（1996）、Corbin 和 Strauss（2007）提出的操作步骤，结合本书的实际情况制定出具体的操作步骤：理论性取样、数据编码、理论饱和度检验和研究结果（见图7-1）。其中，理论性取样基于六个典型案例和八份半结构化专家访谈资料。

鉴于行政治理不属于常规项目管理内容，概念较为抽象，无法完全按照文献中通过随机方式大规模抽取实践人员进行举证的方式来收集事例；同时，文本数据收集的优势在于作者不需要直接接触研究对象和环境，不存在观测对研究对象的干扰，不会构成霍桑效应型偏差（李怀祖，2004），获得的数据更具客观性。因此，本书借鉴已有项目管理领域研究中基于客

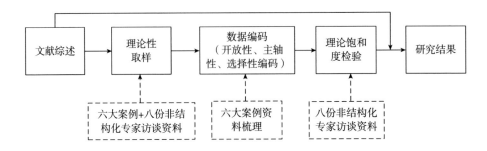

图 7-1　扎根理论的实施步骤

观事例对相关现象进行识别的思路，具体过程中，将通过随机抽取的实践人员举证进行事例收集的方式调整为通过公开的重大工程项目文本素材主动搜索的方式进行事例收集，在此基础上对行政治理机制进行识别。

1. 事例收集范围的确定

关于多案例研究的数量选择，张敬伟（2015）认为多案例研究的最佳数量为 3~6 个；Eisenhardt（1989）认为以 4~10 个案例作多案例研究的效果最佳，最可能建构出强理论。由于重大工程往往牵扯较多的政治因素，从公开渠道获取数据的难易程度具有不确定性，本书根据以上原则对大量重大工程案例进行了初步资料核查，并根据半结构化访谈中的专家建议，将由政府参与的重大工程项目作为首要的收集对象，最终确定了表 7-1 中来自国家级五年规划项目的六个重大工程项目作为事例收集的对象。

表 7-1　重大工程项目治理事例收集项目清单

项目名称	投资规模（亿元）	所在城市	项目类型
港珠澳大桥项目	720	香港—珠海—澳门	长大桥梁
京沪高铁项目	2209	北京—上海	高铁
南水北调中线项目	920	南阳—北京	水利工程
青藏铁路二期项目	330.9	西宁—拉萨	铁路
三峡工程项目	2485.37	宜昌—重庆	水利工程
西气东输二期管道项目	463	霍尔果斯—广州	能源设施

同时，关于每个案例中事例选取的数量，案例研究主要在于对典型案例剖析的深度，因此，本书的事例选择重点在于代表性，且限于收集渠道对数据可获得性的影响，对每个重大工程中的事例收集数量不作具体要求。

2. 事例收集过程与结果

文本数据主要来源于重大工程的纪实报告、官方网站、专题网页、新闻报道和现有文献等。重大工程项目的官方网站、专题主页和新闻报道亦是重要的网络资料来源渠道。事例的收集过程包括两组：第一组针对六个重大工程项目案例进行文本分析，用于模型构建；第二组针对非结构化访谈结果进行分析，用于理论饱和度检验。

第一组：模型构建。通过上述渠道收集了六大案例的所有资料，整理了近40万字的案例报告。文本数据采集过程工作量庞大，工作周期较为漫长，前后经历了4个月的时间。需要通过大量文献阅读对行政治理的概念、范围、表现等有较为深刻的理解，由此形成对行政治理定义的理论认知作为在文本中搜索和筛选目标事例的标准。最终，通过公开的文本素材搜索共得到229条满足要求的事例，项目分布结果如表7-2所示。

表7-2　重大工程项目的行政治理案例数据收集结果

序号	重大工程项目	编码范围	案例数量（条）
1	港珠澳大桥项目	aaa1～aaa68	68
2	京沪高铁项目	aaa69～aaa76	8
3	南水北调中线项目	aaa77～aaa120	44
4	青藏铁路二期项目	aaa121～aaa145	25
5	三峡工程项目	aaa146～aaa213	68
6	西气东输二期管道项目	aaa214～aaa229	16
总计			229

第二组：理论饱和度检验。为确保访谈的可靠性和质量，被访者的行业背景和专业水平尽可能地做到了多样化，保证了访谈的信度，专家包括

业主（3位）、施工（1位）和项目管理咨询（4位）等单位的高层管理人员，其中，6位专家在40岁以上、均有10年以上重大工程工作经验。围绕问卷题项的陈述一致性和效度对专家进行深度访谈，整理得到近5万字的访谈记录，八位专家举证共得到重大工程的26条事例。

（三）专家访谈法

该阶段的访谈目的：结合具体重大工程项目的实际情况，向被访谈者征询对项目治理机制的看法，作为初始指标的补充。该阶段包括两部分：一是契约治理机制和关系治理机制的优化研究。基于通过内容分析法梳理出的契约治理机制和关系治理机制初始因素指标，采用德尔菲专家访谈进行指标和维度的优化。二是行政治理机制的探索性研究。在上述八位专家访谈中，请专家对每个研究问题提供各自的答案，采用扎根理论方法对访谈资料进行分析，对梳理出的行政治理机制初始指标和变量进行理论饱和度检验。

（四）数据收集

本节的问卷设计主要是为重大工程项目治理机制研究框架而展开的各部分研究内容服务的，要求问卷内容能为各部分研究内容提供所需的有效数据。本问卷量表设计采用五点量表法，每一个测量项均采用Likert五点计分（1＝非常不符合，5＝非常符合）。被采访人员根据所选项目的实际情况对项目描述与实际的吻合程度打分，分数越高，表示被采访人员越赞同题项内容。

本问卷主要采用网络问卷星的形式发放，保证了问卷填写的完整性；此外，还采用面对面亲自回收问卷的方式，以提高回答问卷的积极性和认真性，回收纸质问卷32份。共回收问卷238份，问卷回收率为85.00%。对回收问卷进行编号，并筛选剔除不符合要求的问卷。剔除问卷的标准包括：①检查受访者是否认真地填写问卷，若整个问卷均为一个选项或呈明显规律性排列，可推断其填写时存在应付心态，则将该问卷视为无效问卷；②剔除问卷中填答不完整、漏填者；③剔除来自同一项目存在明显雷同的问卷。剔除 3 份无效问卷：NO.7、NO.14、NO.17，得到有效问卷 235 份，问卷有效率为 98.74%，可见问卷在本次调查中效果非常好。经过问卷发放和回收及问卷剔除，最终获得用于统计分析的调查问卷数量为 235 份，有效问卷和量表题数比为 7∶1，满足研究后续统计分析的需要。

三、模型构建

（一）重大工程项目治理框架体系

基于经济学视角，建设项目管理及交易过程其实是由各利益主体相互作用形成的经济体系，这些利益主体包括政府部门、业主方、承包商、咨询单位等，他们基于契约采用不同的交易方式形成了种种经济关系或责权利关系。因此，建设项目经济体系本质上是利益相关者体系，但各利益相关方的目标不同。项目治理就是要建立一系列的制度安排，以保证各利益相关者的责权利相互匹配，在满足预算目标的条件下达到帕累托最优，最终实现项目总目标（颜红艳，2007）。总体上，重大工程项目治理结构的构建思路如下：基于系统论的核心思想，综合运用整体性、动态性、目的功能性等原理以及主体观、环境观和结构层次观等系统观，把重大工程项目涉及的所有利益相关者治理看作一个系统工程，设计和构建重大工程项目的治理结构和治理机制。

项目复杂性决定了项目治理机制的多样性和差异性，包括科层、契约、关系等治理机制，国内外学者对此提出了各自的观点。例如，Wang 和 Chen（2006）提出了治理均衡（Governance Equilibrium）的定义，认为关系治理和契约治理是相互补充关系而不是替代关系。Miller 和 Hobbs

（2005）基于项目寿命周期不同阶段，提出项目治理机制应该根据项目特征选择适宜的项目治理机制组合，而不是固定不变。严玲等（2004）认为公共项目的治理机制包括代建人选择、风险分担等。尽管国内外学者均尝试对项目治理机制进行界定，但可以看出，对于项目治理机制的分类尚未达成一致共识，更别提整体理论框架。因此，非常有必要通过系统梳理重大工程项目情境特征，构建较为完整的治理机制分析框架。

总体上，国内外学者将项目治理机制划分为契约治理和关系治理。但Olsen等（2005）通过石油采购项目的跨案例研究提出项目治理结构是由契约、基于权威的科层、关系等共同组成的，多种机制的共同采用可降低交易成本，进而提升项目绩效。Caniëls等（2012）认为在复杂采购项目的管理实践中，以下三种机制经常组合使用：基于价格协议和激励的契约机制、基于控制和权威的科层机制、基于信任的关系治理机制。李善波（2012）认为公共项目的治理机制包括垂直的权威治理模式和横向的契约治理。其中，前者主要指国家的宪政契约和层级行政间共同遵守的政治契约；后者主要指多个参建主体之间的谈判机制。此外，Henisz 和 Levitt（2011）对项目治理机制的分类另辟蹊径，整合了经济学、社会学和心理学视角将制度组织理论的相关研究成果引入项目治理领域，提出了项目治理机制的三层制度模型。研究认为，项目治理机制包括三个层面的制度，即强制性制度（如法律、条例、契约以及它们通过调解、仲裁或诉讼进行的实施）、规范性制度（社会共同的对正确行为和社会交往的期望）和认知性制度（共同的身份特征，连接不同群体价值或利益之间的概念框架）。不难看出，该研究的模型是对"契约—关系"二维治理机制结构的重新归类，契约治理被纳入强制性制度的范畴，而关系治理则分为规范性制度和认知性制度两类。值得注意的是，该研究提出的强制性制度不仅包括契约治理机制，而且包括包含在交易各方之间法律身份背后的法律地位关系，如通过企业的持股关系或企业章程确立的身份关系。例如，因为施工单位属于国有企业，而在工程施工过程中必须服从政府（股东）的行政指令，这也属于强制性制度的范畴。因为这种强制性制度虽然没有建立在明文合同的基础上，但它是建立在组织之间的股权关系和章程的约定之上的，属于组织内交易合同。

从上述文献的回顾可知，关于项目治理实证研究数量很少，基于中国工程管理情境的研究更少，而专门基于中国重大基础设施项目的项目治理实证研究尚未见诸公开发表的文献。邓娇娇（2013）的研究虽然基于中国公共项目情境开展，但聚焦于政府项目委托专业化项目管理机构代建的项目采购模式。而事实上，中国重大基础设施项目绝大多数仍由中央或地方政府部门或其授权分支机构（如指挥部、管委会、政府出资成立的项目公司等）直接管理，而采用代建制的极为少见，这使得其研究在中国重大基础设施领域缺乏解释力。此外，上述研究更多地关注于市场治理，即通过契约治理机制和关系治理机制调节市场交易主体间的项目建设行为，以避免投机，产生合作，并最终保证项目成功。事实上，中国重大基础设施工程的情境有其特殊的垂直治理背景。

首先，承担大量中国重大基础设施工程的承包商大都属于国有企业。虽然这些承包商正在或已经进行了股份制改造而成为多元所有制企业，但在过去的10多年中甚至直至今天，政府仍然是多数企业控股股东。正因为这种股权关系，使得在许多中国重大基础设施项目中，尽管业主和施工承包单位签订了正式的施工合同，而施工单位往往并不以合同约定或自身获得最大商业利益作为行动的出发点。当业主（往往是政府的分支机构或政府控股的项目型公司）提出高于契约的要求时，往往会获得施工承包单位的高度响应和配合。当这种要求来自业主的高层决策领导（往往是政府高级官员，他们有时甚至有权直接任命国有施工企业的管理层，决定管理层的晋升或去留）时，施工单位甚至会不惜牺牲自身利益配合业主的这种看似"不合理"的要求。这种"合作"行为的产生，也并非基于"将来再进行交易"的影响或基于"声誉"的考虑。

其次，作为非常具有中国特色的"指挥部"建设模式可以作为证明中国重大基础设施中存在行政协调治理的很好例子。指挥部一般是业主方的一种行政协调机制，有时候还直接成为项目的业主方。指挥部一般会请高

127

级领导挂帅，担任指挥长，指挥长一般对施工承包单位具有直接的，并非来自双方签订的施工合同的指令权，因为指挥长作为当地行政长官，往往同时手握考核作为国有企业的施工单位绩效的权力。指挥部有时还会将施工单位纳入其中。类似的行政协调机制还包括"重大办"、"管委会"、"领导小组"，常规行政体系内的建设行政主管部门（建设部，各省市建委、建设厅等）、行业主管部门（如铁路部门、交通部门和水利部门等）也经常作为直接进行行政协调的主体。

因此，我国重大工程项目具有特有的情境特征，作为特殊的建设单位，政府的行政指令在调节组织间关系中起到了重要作用，如果组织模式构建得当，政府式治理既能有效推进项目，也能有效平衡公共利益冲突（Zhai et al.，2017；谢坚勋等，2018）。本书将这种治理机制称为行政治理机制。尽管有学者将政府在项目建设中的非正式作用归纳为关系治理的维度之一，如领导视察、组织的各种创优评比活动等（邓娇娇等，2015），但由于政府具有特有的政治特征、社会作用以及在建设项目尤其是政府主导投资的重大工程中的绝对话语权，有必要将政府的行政治理机制视为与市场治理（即契约治理和关系治理）同等重要，形成一个集成的治理框架。至此，在重大工程项目领域将"契约—关系"治理机制框架扩展至"契约—关系—行政"三维治理框架，使之更加"完整"并符合中国的情境（见图7-2）。

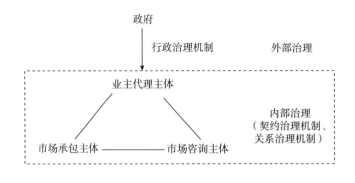

图7-2　中国情境下重大工程项目治理结构框架

（二）契约治理和关系治理机制维度

基于文献综述，查阅关于项目治理因素等方面的研究文献，将相关文献已论证的项目治理因素等进行归纳，采用内容分析法筛选出一般项目的项目治理因素。内容分析法是指客观地、系统地识别指定的特征信息的一种技术（Holsti，1969），研究人员能够通过大量的数据排序、发现并描述个体、组织、机构或社会关注（Fellows & Liu，2008）。

已有许多学者基于文献综述与内容分析法对契约治理维度和关系治理维度进行了分析，结果如表7-3所示。契约治理机制主要包括风险分担、收益分配和问责机制三个维度。风险分担机制旨在提高项目治理水平进而促进项目成功，体现为合理的风险分担且能够降低项目的交易成本（邓娇娇，2013；严玲等，2016）。收益分配机制主要体现为合同价款是否随风险事件的发生而相应调整，以及对合同履行情况的相应奖惩（邓娇娇，2013）。问责机制强调了业主方或项目管理方在利用和管理公共资源的过程中必须承担基本的、必要的责任，并且应对其承担和履行的责任加以交代和说明（严玲等，2016）。

表7-3　重大工程项目的契约治理和关系治理的内容分析

	维度	Henisz 和 Levitt （2011）	Caniëls 等 （2012）	Olsena 等 （2005）	Chen 和 Manley （2014）	严玲等 （2016）	张磊等 （2017）	夏超尘 （2014）	周晓宏等 （2011）
契约治理机制	风险分担	√	√	√	√	√	√	√	√
	收益分配	√	√	√	√	√	√	√	√
	问责机制	√				√			

续表

	维度	Caniëls 等 (2012)	Chen 和 Manley (2014)	Olsena 等 (2005)	Lu 等 (2014)	严玲等 (2016)	夏超尘 (2014)	周晓宏等 (2011)	邓娇娇等 (2015)	刘常乐 (2016)
关系治理机制	信息共享		√		√	√	√	√	√	√
	共同解决问题		√			√	√	√	√	√
	信任机制	√		√	√	√	√		√	√

关系治理机制主要包括信息共享、共同解决问题和信任机制三个维度。信息共享是保证信息交换的及时性、准确性、完整性、充足性。共同解决问题可定义为可为项目各参与方带来利益的共同行动及意愿，其中包含了共同的目标、合作意愿、相互协作及联合行动等要素（邓娇娇等，2015；严玲等，2016）。信任机制是指社会交换模式（Caniëls et al.，2012），当项目参与方之间存在较高信任时，合同内容执行将反映出组织间的关系，如扩大开放性的合同条款，提高缔约效率，以及不再过多追究转而将更多精力用于解决风险问题等（刘常乐，2016）。

（三）行政治理机制维度

针对来自政府的第三种治理力量，即行政治理机制，已有学者初步提出了类似的概念，如权威治理（Olsen et al.，2005；李善波，2012）、科层治理（Caniëls et al.，2012；Olsen et al.，2005；刘常乐，2016；黄路路，2017）。然而，以临时性项目作为研究情境，以重大项目作为研究对象，对其行政治理机制内容结构的研究在理论上尚未形成完整的解释。因此，本节将基于对行政治理概念的界定，进一步探讨重大工程项目行政治理机制的内涵及内容结构。具体研究采用扎根理论方法进行，通过重大工程案例和访谈等相关资料的收集、挖掘和整理，旨在在没有研究假设的情况下从大量翔实的资料中从下往上探索、归纳重大项目行政治理机制的核心要素。

1. 信度与效度检验

多数学者认为，质性研究意义上的"信度"概念，不符合质性研究的实际情况，因而在质性研究中讨论信度没有意义（郭本禹，2003）。而朱荣（2010）认为，在质性研究中利用录音、录像和拍照等辅助记录的方法可以达到内在信度。本书在访谈资料的取得过程中，先确定受访者的选择原则，再事先通过电话或邮件的方式与受访者沟通本项目的研究意义，取得受访者的信任和支持。同时，每一次访谈都是由两位以上的研究者参加，由一人通过访谈提纲向受访者提问，其他的访谈者记录问题以及受访者的回答。访谈期间在征得受访者同意的情况下都进行了录音。访谈结束后，基于"如实还原受访者的原话，反映真实的访谈信息"的原则，立即整理访谈记录并将录音资料转化为文本资料，然后由出席访谈的研究者依据录音和现场记录共同核对资料，以确保其准确性，最终形成访谈简报（包括时间、地点、参加人员等）。

本书使用三角检测法（Triangulation）检验研究资料的效度，其基本方法是应用各种数据来源、各种不同观点和理论以及不同方法来测定，旨在实现数据资料之间的相互补充、相互印证。研究数据的受访者来自甲方、乙方、咨询单位等，涵盖中高层的人员；涉及高速公路、高铁、能源设施等不同类型的项目。资料来源的多样化、观点的多元化基本保证了研究的效度。

2. 开放性编码

开放性编码是指将访谈数据逐步进行概念化和范畴化，即以没有偏见的心态，将收集的资料打散并赋予概念，然后重新组织的操作过程（陈向明，2002）。本书采用手工编码，主要包括贴标签、概念化和概念范畴化等步骤。

（1）贴标签。对重大工程项目资料在分散结构后进行了细致分析，将材料中与研究主题相关，且相对独立、信息完整的语句或语段选择出来贴上标签。经过对重大工程案例文本资料逐句逐行地进行分析共贴出 229 个标签，将其设定为最小的分析单元，用于构建模型。同理，对专家访谈资料分析得出 26 个事例，用于理论饱和度检验。

（2）概念化。对上述标签所表征的现象赋予 229 个概念，并通过对概念之间的分析归类，识别每一个有价值的现象，进一步将相关的概念聚拢为一个范畴，这就是概念化和范畴化的过程。在经过范畴化的"组配"过程后，最终提炼出了 65 个范畴。

3. 主轴性编码

主轴性编码的主要任务是发现和建立概念范畴之间的各种联系，即将开放性编码中抽取出来的各项范畴联系在一起。根据不同范畴在概念层次上的相互关系和逻辑次序对其进行归类，并筛选出与研究目标最相关的范畴作为主范畴（Pandit，1996）。本节对开放性编码中得到的 229 个概念和 65 个范畴进行细致的考察，将这些概念和范畴置于重大工程项目的背景中，针对重大工程项目实施过程中所面临的工作，项目各参与方所采取的行动以及行动的结果，获得重大工程项目行政治理机制的 3 个主范畴和 11 个次要范畴，如表 7-4 所示。

表 7-4　重大工程项目主轴性编码——形成主范畴

主范畴	次要范畴	开放性编码提取的范畴
A1 政府决策	a1 制定规划或管理办法	aa1 制定合理政策和管理办法；aa2 编制发展规划；aa3 创造制度环境；aa4 制定工程移民工作管理办法；aa5 制定枢纽工程、输变电工程、移民工作有关政策建议；aa6 起草有关法规草案；aa7 制定经济、社会发展规划和开发地区的政策；aa8 制定开发性的移民安置规划
	a2 决策方针政策	aa9 对项目建设中的方针政策作出决策；aa10 对项目建设中的重大步骤作出决策；aa11 制定合理的水价政策；aa12 贯彻落实国家法律、法规、政策、措施和决定
	a3 制定资源配置方案	aa13 制定项目资源合理配置方案；aa14 进行优化资源配置；aa15 制定水资源合理配置方案

续表

主范畴	次要范畴	开放性编码提取的范畴
A2 政府监督	a4 组建项目法人并监督科学决策	aa16 组建项目法人；aa17 监督项目法人的科学决策；aa18 监督项目运行；aa19 督促、检查会议决定事项的落实；aa20 监督移民搬迁安置规划的实施；aa21 监督检查工程建设各方责任主体
	a5 监督项目建设程序及方案变更等	aa22 监督项目建设程序；aa23 监督建设过程方案及变更；aa24 监督环保；aa25 监督审计；aa26 监督治污工程建设；aa27 审查初步设计的重大变更；aa28 监督抽查工程质量评定情况；aa29 监督检查工程实体质量；aa30 监督工程建设全过程各个工序；aa31 组织工程验收工作
	a6 监督招标及契约管理	aa32 监督项目工作计划；aa33 监督人事管理事宜；aa34 监督招标；aa35 监督契约管理；aa36 负责计划、资金和工程进度的相互协调和综合平衡
	a7 监督工程建设资金的筹措及管理	aa37 监督工程投资总量；aa38 监督工程建设资金的筹措及管理使用；aa39 监督工程静态投资计划执行情况；aa40 监督审查年度投资价格指数和价差；aa41 审核预备费项目和投资结余使用项目计划；aa42 审核由于政策调整增加的工程投资
A3 政府协调	a8 协调征地拆迁和移民安置	aa43 协调征地拆迁；aa44 协调移民搬迁安置；aa45 安排移民搬迁年度大类计划；aa46 指导移民培训工作；aa47 协调监察部门对移民资金的监督检查；aa48 协调并推动移民外迁和对口支援
	a9 协调社会利益关系	aa49 协调项目涉及的社会利益关系；aa50 协调调水区和受水区的利益关系；aa51 协调调水与防汛、抗旱关系；aa52 协调重大方案性问题、争议较大的技术问题以及国际招标中重大方针政策问题
	a10 协调政府部门关系	aa53 协调中央各部门之间、中央和地方之间的关系；aa54 协调各省间的关系；aa55 协调工程与外国政府机构、组织间的合作与交流；aa56 协调管理机关及相关单位外事工作
	a11 协调与项目有关的公共事务	aa57 协调地方配套工程建设的组织；aa58 协调对外宣传；aa59 协调工程运行管理体制；aa60 协调工程综合调度方案的有关工作；aa61 协调迁建区文物保护工作；aa62 协调节水治污及生态环境保护工作；aa63 协调地质灾害治理工作；aa64 协调工程重大装备的技术攻关和自主化（国产化）工作；aa65 协调生态建设、环境保护科技攻关工作

4. 选择性编码

选择性编码即通过明确资料的主要线索确定核心范畴。核心范畴可以将其他范畴联系起来，囊括最大多数研究结果进而起到提纲挈领的作用，最终形成一个完整的解释框架。核心范畴既可以从已有范畴中选择，也可以根据解释核心现象的需要在更抽象的层面进行提炼（Corbin & Strauss，1990）。根据研究目的，选择"重大工程项目行政治理机制"作为核心编码。具体编码步骤采用故事线的方法（陈向明，1999）：①根据对原始资料和各级编码的分析，重大工程项目行政治理机制概念的故事脉络是，为促进重大工程项目的实施，政府通过决策、监督和协调机制对项目进行治理；②对主范畴、次要范畴进行联系和比较，可以发现政府决策、政府监督、政府协调可作为政府行政治理机制在重大工程项目实施中的具体表现；③对核心范畴和其他层级范畴的关系进一步分析，如"政府决策"（A1）作为重大工程项目行政治理机制的内容之一，主要方式就是制定规划或管理办法（a1），具体包括编制发展规划（aa2），制定工程移民工作管理办法（aa4），制定枢纽工程、输变电工程、移民工作有关政策建议（aa5）等。可以发现核心范畴、主范畴、次要范畴和概念形成了一个整体，由此建立了包含各范畴和概念的关联构思体系，最终得到了重大工程项目治理机制的内容结构体系。

5. 理论饱和度检验

当不能得到可以进一步发展某一范畴的特征数据时，理论趋于饱和。为保证研究的信度，对模型进行理论饱和度检验是必要的。将第二组的八份访谈记录获得的 26 个标签，通过编码和分析均没有发现形成新的重要范畴和关系的可能，主范畴内部也没有新的理论发现和补充。由此判断上述模型的整合过程是可信的，实现了理论上的饱和。因此，通过扎根理论构建得到重大工程项目的行政治理机制框架体系。

（四）重大工程项目多元治理机制

专家访谈的目的：结合具体重大工程项目的实际情况，向被访谈者征询对项目治理机制的看法，对初始指标进行补充和优化完善。本节采用两轮德尔菲访谈法。德尔菲法（Delphi）是一种向专家发函、征求意见的调研方法。根据测度目标和对象的特征，在所设计的调查表中列出一系列的测度指标，分别征询专家对所设计的测度指标的意见，然后进行统计处理，并反馈咨询结果，直至专家意见趋于集中，则由最后一次确定出契约治理和关系治理机制因素（Linstone & Turoff，1975）。大多数的德尔菲研究不超过 20 人（Ludwig，1997）。因此，选取了来自实践界的具有重大工程项目经验的 8 位专家进行访谈。

第一轮德尔菲专家访谈完成后，根据访谈结果，对文献综述和内容分析法获得的契约治理因素和关系治理要素进行了如下补充和完善：

契约治理机制方面，删除问责机制，并对相关指标进行合并与调整。通过访谈，专家一致认为问责机制在重大工程契约治理机制中的意义不明确，建议删除。

关系治理机制方面，首先，删除信任维度，并对其指标进行合并与调整。专家认为信任是关系治理的结果，关系治理机制应指所采取的非正式手段或制度。其次，增加文化建设的维度。通过访谈，专家一致认为在中国情境下的重大基础设施项目，通过不断的文化建设活动可以加强归属感、认同感，主动自发地进行合作，避免投机行为。一些重大项目经常举办劳动竞赛等活动，如上海世博会工程项目的"项目的利益高于一切"、"为了赶工期，放弃节假日"等项目文化；采取价值驱动的承诺方式，包括百日誓师等（Zhai et al.，2017；宋宇名等，2018）。因此，关系治理机制方面增加文化建设维度，包含组织考察学习等活动，建立项目伙伴关系，倡导愉悦的项目文化，实施劳动竞赛等文化建设活动等因素。

第二轮德尔菲访谈将修正后项目治理机制因素反馈给专家，专家被要求评估第一轮的调查结果。结果表明，对修正后项目治理机制基本达成了共识。最终，通过两轮的访谈将契约治理机制归纳为风险分担和收益分配两维度，关系治理机制包括信息共享、共同解决问题和文化建设三维度，将行政治理机制归纳为政府决策、政府监督和政府协调三维度。重大工程项目治理机制初步的定性框架及具体因素如表 7-5 所示。

表7-5　访谈后的重大工程项目治理机制因素

机制	维度	潜在因素及指标
契约治理	风险分担（Risk Sharing，RS）	责权利的明确性（RS1），争议风险的处理程序（RS2），不可预见事件的应对措施（RS3），利益诉求的合理性（RS4），争议处理的责任和权利（RS5）
	收益分配（Revenue Distribution，RD）	奖励条款的设置（RD1），惩罚条款的设置（RD2），收益获得的合理性（RD3），法律法规的契约价款调整（RD4），物价波动的契约价款调整（RD5）
关系治理	信息共享（Information Sharing，IS）	信息通报的及时性（IS1），信息交换的准确性（IS2），信息共享的充足性（IS3），非正式渠道沟通（IS4）
	共同解决问题（Problem Solving，SP）	积极解决合作冲突和争论（SP1），帮助相关方解决问题（SP2），项目各方共同承担责任（SP3），各方全力解决项目问题（SP4）
	文化建设（Culture Development，CD）	组织考察学习等活动（CD1），建立项目伙伴关系（CD2），倡导愉悦的项目文化（CD3），实施劳动竞赛等文化建设活动（CD4）
行政治理	政府决策（Government Decision，GD）	制定规划或管理办法（GD1），决策方针政策（GD2），制定资源配置方案（GD3）
	政府监督（Government Supervision，GS）	组建项目法人并监督科学决策（GS1），监督项目建设程序及方案变更等（GS2），监督招标及契约管理（GS3），监督工程建设资金的筹措及管理（GS4）
	政府协调（Government Coordination，GC）	协调征地拆迁和移民安置（GC1），协调社会利益关系（GC2），协调中央各部门之间、中央和地方之间的关系（GC3），协调与项目有关的公共事务（GC4）

四、模型分析

（一）信度和效度分析

信度是指由多次测量所获得的结果之间的一致性或稳定性（吴明隆，

2010)。本节采用校正的项目总相关（Corrected–Item Total Correlation，CITC）和 Cronbach's α 信度系数进行信度分析。其中，CITC 作为净化条款的标准，α 信度系数用于检验条款的内部一致性。经分析，项目治理总量表的总体 Cronbach's 系数值为 0.951，大于 0.80，内部一致性信度佳。项目治理量表各题项的信度分析结果如表 7-6 所示。从表中可以看出，"项已删除的 Cronbach's α 值"列的数值除题 IS4，CD1 稍大于 0.951 外（删除题项 IS4、CD1 后，其余题项的内部一致性 α 系数虽然变高，但其数值与原先的内部一致性 α 系数相差甚小），其余题项删除后的 α 系数均不大于 0.951，表示项目治理量表的内部一致性信度佳。

表 7-6　重大工程项目治理内部一致性信度分析结果

测量题项	CITC	项已删除的 Cronbach's α 值	测量题项	CITC	项已删除的 Cronbach's α 值
RS1	0.555	0.950	SP4	0.693	0.949
RS2	0.555	0.950	SP5	0.710	0.949
RS3	0.533	0.950	CD1	0.323	0.953
RS4	0.621	0.950	CD2	0.606	0.950
RS5	0.619	0.950	CD3	0.672	0.949
RD1	0.440	0.951	CD4	0.648	0.949
RD2	0.406	0.951	GD1	0.600	0.950
RD3	0.649	0.949	GD2	0.592	0.950
RD4	0.581	0.950	GD3	0.628	0.950
RD5	0.578	0.950	GS1	0.642	0.950
IS1	0.641	0.950	GS2	0.678	0.949
IS2	0.661	0.949	GS3	0.640	0.950
IS3	0.664	0.949	GS4	0.576	0.950
IS4	0.365	0.952	GC1	0.557	0.950
SP1	0.665	0.949	GC2	0.643	0.950
SP2	0.568	0.950	GC3	0.587	0.950
SP3	0.675	0.949	GC4	0.668	0.949

效度是指测量的有效性和正确性（吴明隆，2010）。由项目治理质性研究可知，本节的问卷是经过探索性研究和优化研究确定的，问卷既概括了项目治理因素研究文献的已有成果，又结合了重大工程项目的特征，因此认为量表具有较高的内容效度。采用探索性因子分析对项目治理量表的建构效度进行检验，其 KMO 值和 Bartlett 球形显著性结果如表 7-7 所示。从表中可以看出，KMO 值为 0.921，大于 0.8，Bartlett 球形检验的 χ^2 值显著水平小于 0.05%，统计值显著，表明适合进行探索性因子分析。因此，项目治理量表具有良好的建构效度。

表 7-7 重大工程项目治理量表的 KMO 和 Bartlett 的检验

取样足够度的 Kaiser–Meyer–Olkin 度量		0.921
Bartlett 球形检验	近似卡方	5338.502
	df	561
	Sig.	0.000

（二）探索性因子分析

考虑到项目治理某些因素间可能存在较强的相关关系，可采用探索性因子分析法（Exploratory Factor Analysis，EFA）将识别出的 34 个重大工程项目治理关键因素进行归类。对项目治理进行因子分析时，提取公因子的方法采用主成分方法，因子旋转方法采用最大变异法，抽取因子仍然根据特征值大于 1 的标准，当特征值小于 1 时停止因子抽取。因子分析结果如表 7-8 和表 7-9 所示。从表中可以看出，项目治理的 34 个题项共抽取 7 个因子，因子的特征根累计解释总体方差的 68.281%，大于 60%。题项的因子荷载量均在 0.400 以上，表示抽取出的 7 个共同因子可以有效反映 34 个指标变量。但观察发现，提取的因子与上一章的项目治理层面及题项归属偏差较大，命名困难，故考虑删除一些题项。

表 7-8　解释的总方差

成分	初始特征值			旋转平方和载入		
	合计	方差 百分比（%）	累计方差 百分比（%）	合计	方差 百分比（%）	累计方差 百分比（%）
1	13.582	39.946	39.946	4.918	14.466	14.466
2	2.849	8.378	48.325	4.507	13.257	27.723
3	1.734	5.101	53.425	3.706	10.899	38.622
4	1.514	4.452	57.877	3.415	10.044	48.666
5	1.31	3.854	61.732	2.658	7.816	56.482
6	1.145	3.369	65.101	2.286	6.723	63.205
7	1.081	3.181	68.281	1.726	5.076	68.281
8	0.923	2.715	70.997			
9	0.836	2.459	73.455			
10	0.804	2.366	75.821			

注：省略成分大于 10 的部分。

表 7-9　旋转成分矩阵

题项	1	2	3	4	5	6	7
IS2	**0.810**	0.131	0.227	0.099	0.176	0.054	0.073
IS3	**0.788**	0.276	0.142	0.122	0.141	-0.040	0.118
SP4	**0.733**	0.201	0.152	0.236	0.093	0.275	-0.002
IS1	**0.644**	0.151	0.325	0.098	0.227	0.085	0.039
SP3	**0.639**	0.201	0.189	0.180	0.267	0.148	0.073
SP1	**0.594**	0.063	0.238	0.225	0.211	0.296	0.154
SP5	**0.592**	0.299	0.193	0.208	0.082	0.435	-0.022
GD1	0.175	**0.772**	0.092	0.089	0.115	0.004	0.347
GD2	0.156	**0.770**	0.033	0.167	0.118	0.116	0.183
GD3	0.246	**0.747**	0.086	0.211	0.047	-0.048	0.333
GS1	0.182	**0.723**	0.177	0.279	0.101	0.011	0.147
GS3	0.183	**0.662**	0.151	0.297	0.116	0.278	-0.084

题项	1	2	3	4	5	6	7
GS4	0.187	**0.643**	0.034	0.332	0.117	0.281	−0.199
CD4	0.396	**0.400**	0.299	0.172	−0.054	0.348	0.130
RS2	0.171	0.131	**0.828**	0.039	0.163	0.122	0.016
RS1	0.192	0.125	**0.768**	0.095	0.107	0.230	−0.062
RS3	0.225	−0.010	**0.668**	0.211	0.191	0.070	0.127
RS4	0.391	0.129	**0.595**	0.183	0.372	−0.084	−0.055
RS5	0.310	0.103	**0.567**	0.241	0.439	−0.055	−0.004
CD3	0.352	0.277	**0.413**	0.228	−0.044	0.283	0.379
GC1	0.147	0.194	0.141	**0.809**	0.066	0.092	0.089
GC3	0.167	0.308	0.136	**0.797**	0.03	0.049	0.069
GC2	0.185	0.266	0.195	**0.766**	0.133	0.150	0.032
GC4	0.269	0.263	0.117	**0.720**	0.110	0.251	0.068
RD4	0.223	0.195	0.202	0.061	**0.774**	0.188	0.011
RD5	0.209	0.189	0.213	0.031	**0.760**	0.226	0.051
RD1	0.197	−0.034	0.166	0.117	**0.582**	0.08	0.357
RD3	0.331	0.271	0.363	0.178	**0.450**	−0.128	0.297
SP2	0.409	0.184	0.029	0.168	0.184	**0.617**	−0.009
RD2	0.057	−0.053	0.193	0.123	0.293	**0.570**	0.275
GS2	0.186	0.418	0.351	0.237	0.196	**0.491**	−0.052
CD2	0.324	0.187	0.370	0.219	−0.052	**0.403**	0.295
CD1	0.051	0.248	0.022	0.002	0.167	0.017	**0.714**
IS4	0.071	0.264	−0.105	0.144	0.069	0.358	**0.498**

注：采用具有 Kaiser 标准化的正交旋转法；粗体字表示旋转在 14 次迭代后收敛。

基于依次删除题项 IS4、CD1、GS2、RD2 后，项目治理剩下的 30 个因素继续进行因子分析，结果如表 7-10 和表 7-11 所示。可以看出，提取出 6 个因子，解释的总方差为 68.430%，大于 60%。题项的因子荷载量均在 0.400 以上，表示抽取出的 6 个共同因子可以有效反映 30 个指标变量。

表 7-10　删除后的解释总方差

成分	初始特征值			提取平方和载入			旋转平方和载入		
	合计	方差百分比（%）	累计方差百分比（%）	合计	方差百分比（%）	累计方差百分比（%）	合计	方差百分比（%）	累计方差百分比（%）
1	12.520	41.732	41.732	12.520	41.732	41.732	4.542	15.139	15.139
2	2.762	9.206	50.938	2.762	9.206	50.938	4.321	14.404	29.542
3	1.559	5.195	56.133	1.559	5.195	56.133	3.511	11.703	41.246
4	1.439	4.797	60.930	1.439	4.797	60.930	3.451	11.505	52.750
5	1.173	3.911	64.841	1.173	3.911	64.841	2.736	9.119	61.870
6	1.077	3.589	68.430	1.077	3.589	68.430	1.968	6.560	68.430
7	0.914	3.046	71.475						
8	0.837	2.791	74.267						

注：省略成分大于 8 的部分。

表 7-11　删除后的旋转成分矩阵

	成分					
	1	2	3	4	5	6
IS2	**0.798**	0.169	0.079	0.289	0.145	0.057
IS3	**0.760**	0.321	0.102	0.220	0.111	0.011
SP4	**0.735**	0.174	0.263	0.153	0.105	0.259
IS1	**0.623**	0.158	0.098	0.366	0.205	0.120
SP5	**0.622**	0.238	0.272	0.152	0.107	0.368
SP3	**0.621**	0.191	0.198	0.206	0.282	0.173
SP1	**0.565**	0.094	0.209	0.208	0.288	0.332
SP2	**0.491**	0.085	0.280	−0.033	0.225	0.418
GD1	0.137	**0.853**	0.086	0.081	0.150	0.128
GD3	0.176	**0.828**	0.189	0.085	0.099	0.137
GD2	0.160	**0.779**	0.211	0.017	0.128	0.132
GS1	0.175	**0.732**	0.305	0.186	0.078	0.058
GS3	0.231	**0.556**	0.403	0.111	0.085	0.206
GS4	0.244	**0.506**	0.451	−0.005	0.074	0.172
GC3	0.142	0.290	**0.793**	0.162	0.026	0.079

续表

	成分					
	1	2	3	4	5	6
GC1	0.115	0.190	**0.791**	0.155	0.085	0.120
GC2	0.178	0.229	**0.778**	0.212	0.130	0.123
GC4	0.271	0.225	**0.748**	0.122	0.125	0.209
RS2	0.146	0.110	0.056	**0.815**	0.123	0.240
RS1	0.175	0.064	0.132	**0.726**	0.089	0.332
RS3	0.184	0.031	0.180	**0.684**	0.177	0.173
RS4	0.393	0.120	0.186	**0.676**	0.260	−0.099
RS5	0.299	0.111	0.230	**0.644**	0.359	−0.073
RD4	0.232	0.142	0.124	0.215	**0.788**	0.082
RD5	0.242	0.133	0.104	0.218	**0.766**	0.086
RD1	0.105	0.095	0.037	0.154	**0.718**	0.178
RD3	0.262	0.392	0.113	0.435	**0.450**	−0.029
CD2	0.215	0.184	0.204	0.234	0.171	**0.690**
CD3	0.240	0.326	0.188	0.300	0.147	**0.590**
CD4	0.338	0.363	0.203	0.194	0.063	**0.543**

注：采用具有 Kaiser 标准化的正交旋转法；粗体字表示旋转在 7 次迭代后收敛。

因子 1 包括题项 IS2、IS3、SP4、IS1、SP5、SP3、SP1、SP2，即信息共享的 3 个题项和共同解决问题的 5 个题项，这几个题项都反映了关系治理，因此将其组合成的因子命名为关系维护。因子 2 包括题项 GD1、GD3、GD2、GS1、GS3、GS4，即政府决策的 3 个题项和政府监督的 3 个题项，这几个题项都反映了行政治理，因此将其组合成的因子命名为政府监管。因子 3 包括 GC3、GC1、GC2、GC4，这几个题项与行政治理原层面的政府协调完全一致，因此保留命名为政府协调。因子 4 包括 RS2、RS1、RS3、RS4、RS5，这几个题项与契约治理的原层面风险分担完全一致，因此保留为风险分担。因子 5 包括 RD4、RD5、RD1、RD3，这几个题项与契约治理的原层面收益分配一致，只是删除了题项 RD2，因此保留名称为收益分配。因子 6 包括 CD2、CD3、CD4，这几个题项与关系治理的原层面文化建设一致，只是删除了题项 CQ1，因此保留名称为文化建设。因此，最终重大工程项目治理机制构成如表 7-12 所示。

表 7-12　重大工程项目治理机制框架

机制	维度	题项
行政治理	政府监管	GD1、GD3、GD2、GS1、GS3、GS4
	政府协调	GC3、GC1、GC2、GC4
契约治理	风险分担	RS2、RS1、RS3、RS4、RS5
	收益分配	RD4、RD5、RD1、RD3
关系治理	关系维护	IS2、IS3、SP4、IS1、SP5、SP3、SP1、SP2
	文化建设	CD2、CD3、CD4

（三）子量表信度分析

因子分析后，需要对项目治理各维度的子量表再次进行信度分析，以确定其内部结构的一致性程度（吴明隆，2010）。契约治理各维度子量表的信度分析结果如表 7-13 所示。从表中可以看出，契约治理各维度子量表的系数值均大于 0.60，内部一致性信度尚佳。所有 CITC 值均大于 0.300，表示每个题项与其余题项加总的一致性高；"项已删除的 Cronbach's α 值"列的数值均小于其系数，表示契约治理量表的内部一致性信度佳。

表 7-13　重大工程项目契约治理量表信度分析

维度	测量题项	校正的项总计相关性（CITC）	项已删除的 Cronbach's α 值	Cronbach's α 值
风险分担	RS1	0.669	0.854	0.873
	RS2	0.744	0.836	
	RS3	0.644	0.860	
	RS4	0.739	0.837	
	RS5	0.712	0.844	

维度	测量题项	校正的项总计相关性（CITC）	项已删除的 Cronbach's α 值	Cronbach's α 值
收益分配	RD1	0.542	0.803	0.809
	RD3	0.569	0.786	
	RD4	0.724	0.714	
	RD5	0.682	0.733	

关系治理各维度子量表的信度分析结果如表 7-14 所示。从表中可以看出，关系治理各维度子量表的系数值均大于 0.60，内部一致性信度尚佳。所有 CITC 值均大于 0.300，表示每个题项与其余题项加总的一致性高；"项已删除的 Cronbach's α 值"列的数值均小于其 α 系数，表示关系治理各量表的内部一致性信度佳。

表 7-14　重大工程项目关系治理量表信度分析

维度	测量题项	校正的项总计相关性（CITC）	项已删除的 Cronbach's α 值	Cronbach's α 值
关系维护	IS1	0.678	0.902	0.910
	IS2	0.781	0.893	
	IS3	0.739	0.896	
	SP1	0.696	0.900	
	SP2	0.573	0.909	
	SP3	0.699	0.901	
	SP4	0.787	0.892	
	SP5	0.735	0.897	
文化建设	CD2	0.640	0.737	0.800
	CD3	0.709	0.657	
	CD4	0.596	0.784	

行政治理各维度子量表的信度分析结果如表 7-15 所示。从表中可以看出，行政治理各维度子量表的系数值均大于 0.60，内部一致性信度尚

佳。所有 CITC 值均大于 0.300，表示每个题项与其余题项加总的一致性高；"项已删除的 Cronbach's α 值"列的数值均小于其 α 系数，表示行政治理量表的内部一致性信度佳。

表 7-15　重大工程项目行政治理量表信度分析

维度	测量题项	校正的项总计相关性（CITC）	项已删除的Cronbach's α 值	Cronbach's α 值
政府监管	GD1	0.765	0.876	0.899
	GD2	0.754	0.877	
	GD3	0.786	0.872	
	GS1	0.743	0.879	
	GS3	0.683	0.888	
	GS4	0.628	0.896	
政府协调	GC1	0.742	0.876	0.896
	GC2	0.783	0.861	
	GC3	0.790	0.858	
	GC4	0.765	0.868	

（四）验证性因子分析

1. 因子模型设定

项目治理机制由政府监管、政府协调、风险分担、收益分配、文化建设、关系维护六个潜在变量构成。其中，政府监管有 6 个测量指标、政府协调有 4 个测量指标、风险分担有 5 个测量指标、收益分配有 4 个测量指标、文化建设有 3 个测量指标、关系维护有 8 个测量指标。项目治理机制的整体模型验证性因子（CFA）分析如图 7-3 所示。

2. 模型参数估计

运用 AMOS 软件，多因素斜交被用来对模型进行分析，结果如表 7-16 所示。从绝对拟合指标来看，$\chi^2/df = 1.088$，$p = 0.130 > 0.01$，未达到显著

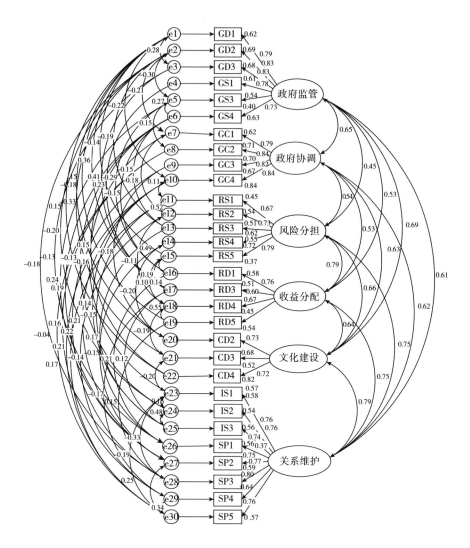

图7-3 重大工程项目治理机制整体模型CFA分析

水平，表明项目治理机制测量模型的协方差矩阵与实证资料的协方差矩阵相等的假设得到支持，即假设模型图与观察数据相吻合。需要进一步观察其他指标，GFI = 0.914（>0.80），AGFI = 0.879（>0.80），RMSEA = 0.019（<0.08），说明模型可以接受；观察相对拟合指标，IFI = 0.994（>0.90），CFI = 0.994（>0.90），NFI = 0.930（>0.80），项目治理机制的因子模型拟合良好，说明模型具有良好的建构效度，可以接受。

表 7-16　重大工程项目治理机制的整体测量模型参数估计

潜变量	测量条款	标准化系数（R）	t 值	R^2	ρc	AVE
政府监管	GD1	0.790	—	0.624	0.896	0.592
	GD2	0.831	14.215***	0.690		
	GD3	0.827	17.231***	0.684		
	GS1	0.779	13.227***	0.607		
	GS3	0.735	11.980***	0.540		
	GS4	0.635	10.273***	0.403		
政府协调	GC1	0.785	—	0.616	0.893	0.675
	GC2	0.841	14.171***	0.708		
	GC3	0.839	15.633***	0.705		
	GC4	0.820	15.124***	0.672		
风险分担	RS1	0.673	10.060***	0.454	0.851	0.535
	RS2	0.734	11.074***	0.539		
	RS3	0.718	10.947***	0.515		
	RS4	0.786	—	0.617		
	RS5	0.740	16.213***	0.548		
收益分配	RD1	0.605	—	0.366	0.477	0.784
	RD3	0.763	8.728***	0.583		
	RD4	0.717	8.463***	0.515		
	RD5	0.668	8.044***	0.446		
文化建设	CD2	0.734	10.717***	0.538	0.805	0.580
	CD3	0.823	11.602***	0.677		
	CD4	0.723	—	0.522		
关系维护	IS1	0.757	11.683***	0.572	0.905	0.546
	IS2	0.762	12.012***	0.581		
	IS3	0.736	11.611***	0.542		
	SP1	0.748	—	0.559		
	SP2	0.559	8.683***	0.313		
	SP3	0.767	12.026***	0.588		
	SP4	0.797	12.649***	0.636		
	SP5	0.757	11.826***	0.573		

续表

潜变量	测量条款	标准化系数（R）	t 值	R²	ρc	AVE
拟合优度指数（P＝0.130）						

χ²/df	GFI	AGFI	NFI	IFI	CFI	RMSEA
1.088	0.914	0.879	0.930	0.994	0.994	0.019

注：未列 t 值则为固定参数项目；＊＊＊表示 p<0.001。

3. 信度评估

从表 7-16 可以看出，所有测量条款的标准化负荷都达到了 0.5 的临界值，且所有标准化系数皆达到了显著水平。30 个指标可以反映六个潜在因子。建构信度可以用来衡量因子的信度。观察表中的组合信度值，除收益分配，其余变量的组合信度值都达到了 0.6 的临界值，研究表明项目治理机制各潜变量的内部一致性良好，具有良好的信度。

4. 效度评估

关于项目治理整体测量模型的收敛效度，除个别题项外，大部分潜变量的因素负荷均大于临界值 0.5，表明模型具有良好的收敛效度。关于项目治理机制模型的区分效度，可以通过两两因子之间限制模型与未限制模型的 χ² 值之差来分析。如果两者 χ² 值之差的差异达到显著性水平，则证明两因子之间具有良好的区分效度。整体模型共有六个因子，给予两两配对，求得 15 对区分效度的检验，结果如表 7-17 所示。研究结果表明，这 15 对配对的 χ² 值之差均达到了显著水平，证明项目治理机制六个因子之间具有良好的区分效度。

表 7-17 重大工程项目治理机制的整体模型区分效度

两两配对因子	未限制模型		限制模型		χ² 值之差及显著性		
	χ² 值	df	χ² 值	df	χ² 值之差	df	P 值
政府监管—政府协调	114.631	34	137.453	35	＊＊＊	1	0.000
政府监管—风险分担	206.019	43	242.529	44	＊＊＊	1	0.000
政府监管—收益分配	151.056	34	195.560	35	＊＊＊	1	0.000

续表

两两配对因子	未限制模型		限制模型		χ² 值之差及显著性		
	χ² 值	df	χ² 值	df	χ² 值之差	df	P 值
政府监管—文化建设	107.217	26	127.935	27	***	1	0.000
政府监管—关系维护	267.506	76	309.224	77	***	1	0.000
政府协调—风险分担	139.743	26	179.363	27	***	1	0.000
政府协调—收益分配	37.850	19	101.189	20	**	1	0.006
政府协调—文化建设	15.381	13	50.331	14	***	1	0.000
政府协调—关系维护	212.240	53	266.651	54	***	1	0.000
风险分担—收益分配	170.747	26	199.612	27	***	1	0.000
风险分担—文化建设	132.879	19	165.668	20	***	1	0.000
风险分担—关系维护	334.556	64	370.267	65	***	1	0.000
收益分配—文化建设	48.520	13	99.804	14	***	1	0.000
收益分配—关系维护	236.932	53	291.653	54	***	1	0.000
文化建设—关系维护	176.690	43	213.069	44	***	1	0.000

注：*** 表示 $p<0.001$，** 表示 $p<0.01$。

5. 二阶验证性因子分析

进一步进行重大工程项目治理机制的二阶整体模型验证性因子（CFA）分析，如图 7-4 所示。从绝对拟合指标来看，$\chi^2/df = 1.297$，$p = 0.000 < 0.01$，达到显著水平，拒绝虚无假设，说明测量模型的协方差矩阵与实证资料的协方差矩阵相等的假设没有获得支持。即需要进一步观察其他数据进行分析：GFI = 0.894（>0.80），AGFI = 0.857（>0.80），RMSEA = 0.036（<0.08），说明模型可以接受；观察相对拟合指标，IFI = 0.979（>0.90），CFI = 0.978（>0.90），NFI = 0.913（>0.80），项目治理机制的二阶验证性因子模型拟合良好，建构效度良好，说明模型可以接受。

借助 AMOS 软件，多因素斜交被用来进行二阶整体模型验证分析，结果如表 7-18 所示。可以看出，在重大工程项目治理机制的二阶 CFA 模型中，除收益分配外，各一阶因子对二阶因子的负载系数均大于 0.5，达到显

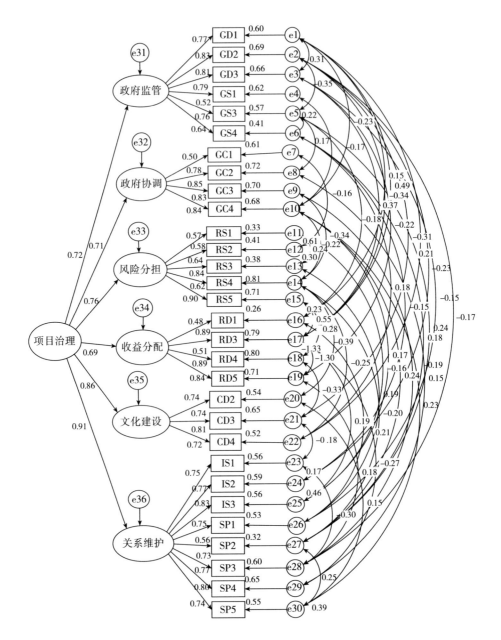

图 7-4　重大工程项目治理机制的二阶整体模型 CFA 分析

著性水平，说明各一阶因子对二阶因子的收敛效度良好。组合信度 ρc 的值为0.901，大于临界值0.6，说明二阶因子模型的建构信度较好；二阶因子的平均方差抽取量 AVE 为0.606，大于临界值0.50，该二阶因子模型能有效解释其一阶因子一半以上的变异。因此，研究表明重大工程项目治理机制的二阶因子模型拟合水平较好。

表7-18　重大工程项目治理机制的二阶 CFA 模型参数估计

二阶因子	一阶因子	标准化系数（R）	t 值	R²	ρc	AVE
项目治理	政府监管	0.718	—	0.515	0.901	0.606
	政府协调	0.710	7.970***	0.504		
	风险分担	0.757	8.585***	0.573		
	收益分配	0.691	6.139***	0.478		
	文化建设	0.858	8.501***	0.735		
	关系维护	0.912	8.520***	0.832		

拟合优度指数（P=0.000）

χ²/df	GFI	AGFI	NFI	IFI	CFI	RMSEA
1.297	0.894	0.857	0.913	0.979	0.978	0.036

注：未列 t 值则为固定参数项目；＊＊＊表示 p<0.001。

五、本章小结

　　基于项目治理理论的最新发展视角，通过对我国六个典型重大工程中行政治理机制229条事例的聚类分析以及来自实践界8位专家非结构化访谈，采用基于扎根理论的质性研究方法，探索性地研究了行政治理机制的构成维度，并对契约治理机制和关系治理机制的内容进行了重大工程情境下的优化研究，从而构建了重大工程项目治理机制的框架体系（CG、RG、

AG）。在此基础上，通过对我国重大工程项目 235 位项目管理人员的调查，采用因子分析识别并验证了项目治理机制的框架。通过因子分析定量识别出我国重大工程项目治理机制包括关系维护、政府监管、政府协调、风险分担、收益分配和文化建设，并通过信度检验，证明这 6 个项目治理因子的内部结构一致性程度良好。其中，风险分担机制（包含 RS1、RS2、RS3、RS4、RS5 5 个指标）和收益分配机制（包含 RD1、RD3、RD4、RD5 4 个指标）属于契约治理；关系维护机制（包括 IS1、IS2、IS3、SP4、SP1、SP2、SP3、SP5 8 个指标）和文化建设机制（包括 CD2、CD3、CD4 3 个指标）属于关系治理；政府监管机制（包括 GD1、GD2、GD3、GS1、GS3、GS4 6 个指标）和政府协调机制（包括 GC1、GC2、GC3、GC4 4 个指标）属于行政治理。本章识别出的重大工程项目治理机制因子为后续研究项目治理机制对项目绩效的影响机理提供了基础。

第八章

重大工程项目治理机制动态仿真研究

本章基于前文已建立的重大工程项目多元治理机制框架体系,采用动态贝叶斯网络对重大工程项目治理机制进行动态仿真分析。本章研究将从理论上进一步发展适合我国重大工程项目情境的治理理论,同时为政府及相关部门完善重大工程项目相关制度环境提供借鉴,强化重大工程项目治理理论在实践工作中的应用。

一、DBN基本原理

动态贝叶斯网络(Dynamic Bayesian Network,DBN)是在传统贝叶斯网络基础上,将静态网络结构扩展到时间维度,形成具有处理时间序列数据能力的模型。该模型通过对系统中的变量进行模型化处理,可以表示系统的随机变化过程。DBN 是在 BBN(静态贝叶斯网络)的基础上进行时间片段扩展,将时间线分成离散的时间片段($t \in [0, T]$),片段间有向边表示不同时间片段节点的条件关联,如第 t+1 个时间片段上的节点变量由第 t 个时间片段上的父节点变量决定。变量 Y_t 的条件概率 P($Y_t \mid Y_{t-1}$,X_t)的动态贝叶斯网络如图 8-1 所示,它描述了变量 Y_t 被模型化后的进化过程。由图 8-1 可知，时间片段 t 上的变量 Y_t 由变量 Y_{t-1} 和变量 X_t 共同决定，且两个连续时间片段之间的状态转换可能取决于所建模型中变量随机变化的物理特性。因此，需要针对时间片段上的节点变量构建一个完整的条件概率表格，才能针对研究系统建立一个动态的贝叶斯网络。

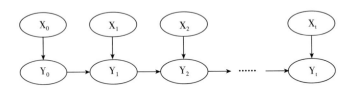

图 8-1　动态贝叶斯网络结构

由图 8-1 可知，贝叶斯网络是用来刻画一组变量之间的概率分布关系的图模型。在贝叶斯网络中，每个节点代表一个随机变量，其状态可以是可观测的也可以是不可观测的；变量间的因果关系通过有向弧来连接，表示由因（父节点）导出果（子节点）；相连节点之间的相关程度则通过节点的条件概率分布表来描述。

静态贝叶斯网络（Bayesian Blief Network，BBN）作为一种有向无环图，在表达不确定知识和推理方面应用较为广泛。其中，有向弧表达了节点之间的连接关系，并通过条件概率表（Conditional Probability Table，CPT）来表示各个节点之间的相关概率。假设 BN 为 A＝（X_1，X_2，…，X_n），由链式法则可知其联合概率可以表示为：

$$P(A) = P(X_1, X_2, \cdots, X_n) = \prod_{i=1}^{n} P(X_i \mid pa(X_i)) \qquad (8-1)$$

式中，$pa(X_i)$ 是节点 X_i 的父节点。

在 BBN 中加入时间因素，便构成了 DBN，它是原网络在时间轴上的扩展，可以表示为（B_0，B→），其中 B_0 表示初始网络，B→表示带有时间片段的网络，片段间的有向边可以描述系统的动态失效问题，反映出系统的可靠度随时间的变化关系。时间片段可以无限扩展，本书只讨论具有

2 个时间片段的 DBN，其相邻时间片段之间的条件概率表示如下：

$$P(X_t \mid X_{t-1}) = \prod_{i=1}^{n} P(X_{t,i} \mid pa(X_{t,i})) \qquad (8-2)$$

式中，X_t，X_{t-1} 分别为 t，$t-1$ 时刻的节点变量，$X_{t,i}$ 为 t 时刻第 i 个节点。

常见动态贝叶斯网络结构如图 8-2 所示，图中每个时间片段内节点 1 的父节点为节点 2 和节点 3。

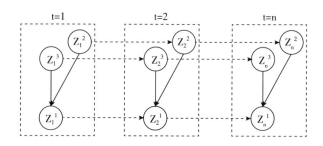

图 8-2　动态贝叶斯网络结构

二、模型构建

（一）BBN 模型构建

本节使用贝叶斯网络建模软件 GeNIe 2.0，通过机器学习与专家知识相结合的方法来构造 BBN 拓扑结构。首先，以第七章建立的治理机制框架所得问卷中的 215 个训练样本作为输入数据来学习网络结构，然后采用评分搜索法进行结构学习，并根据专家知识对贝叶斯网络进行纠正和修改。

其次，进一步进行贝叶斯网络的参数学习以获得网络中每个节点的条件概率表。其功能是获取所有节点的 CPT，这些节点为建立 DBN 模型提供了基础。构建重大工程项目治理贝叶斯网络模型如图 8-3 所示，其具体维度和因素如表 8-1 所示。

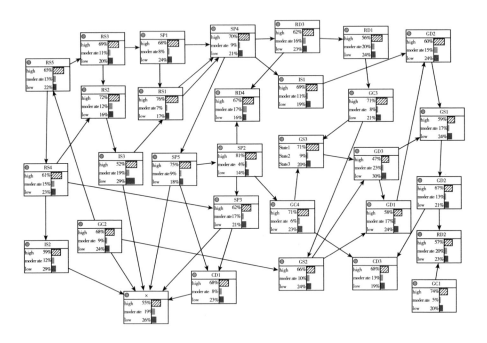

图 8-3　重大工程项目治理贝叶斯网络模型结构

表 8-1　重大工程项目治理机制框架

维度	潜在因素及指标
风险分担 （Risk Sharing，RS）	责权利明确性（RS1）；争议风险的处理程序（RS2）；不可预见事件应对措施（RS3）；利益诉求的合理性（RS4）；争议处理的责任和权利（RS5）
收益分配 （Revenue Distribution，RD）	奖励条款的设置（RD1）；收益获得的合理性（RD2）；法律法规的合同价款调整（RD3）；物价波动的合同价款调整（RD4）

续表

维度	潜在因素及指标
信息共享 （Information Sharing，IS）	信息通报的及时性（IS1）；信息交换的准确性（IS2）；信息共享的充足性（IS3）
共同解决问题 （Problem Sharing，SP）	积极解决合作冲突和争论（SP1）；帮助相关方解决问题（SP2）；项目各方共同承担责任（SP3）；各方全力解决项目问题（SP4）；项目方寻求解决方法（SP5）
文化建设 （Culture Development，CD）	建立项目伙伴关系（CD1）；倡导愉悦的项目文化（CD2）；实施劳动竞赛等文化建设活动（CD3）
政府决策 （Government Decision，GD）	制定规划或管理办法（GD1）；决策方针政策（GD2）；制定资源配置方案（GD3）
政府监督 （Government Supervision，GS）	组建项目法人并监督科学决策（GS1）；监督招标及合同管理（GS2）；监督工程建设资金的筹措及管理（GS3）
政府协调 （Government Coordination，GC）	协调征地拆迁和移民安置（GC1）；协调社会利益关系（GC2）；协调中央各部门之间、中央和地方之间的关系（GC3）；协调与项目有关的公共事务（GC4）

（二）DBN 模型构建

DBN 是 BBN 在时间维度上的拓展，是一种随时间推移而变化的动态模型。动态贝叶斯网络将系统表示成从起始时间到终止时间的一系列快照，每一个快照都是一个完整的贝叶斯网络，表示系统在该时间的状态，在前后两个快照之间相关的节点添加因果联系，表示在不同时间片段的节点状态传播关系。通过 DBN 模型可以获得随着时间推移项目治理影响因素的后验概率，以更好地了解项目治理机制影响因素的动态性。通过状态转移概率表（Transfer Probability Table，TPT）可以实现 BBN 到 DBN 的拓展。本节基于专家知识定义了从 t-1 时刻到 t 时刻的项目治理影响因素的 TPT，其结果如表 8-2 所示。

表 8-2 重大工程项目治理节点的 TPT

		项目治理影响因素（t-1）		
		高状态（t-1）	中状态（t-1）	低状态（t-1）
项目治理影响因素（t）	高状态（t）	0.80	0.50	0.05
	中状态（t）	0.15	0.45	0.20
	低状态（t）	0.05	0.05	0.75

表 8-2 的结果表明，如果重大工程项目治理影响因素在时间 t-1 处于高状态，则项目治理影响因素在时间 t 处于高状态的概率为 0.80，转换为中状态的概率为 0.15，转换为低状态的概率为 0.05。同样，根据项目管理的实际经验，可以得到其他状态下从时间 t-1 到时间 t 的项目治理影响因素的 TPT。在定义了初始网络模型和 TPT 后，可以建立 DBN 模型，如图 8-4 所示。

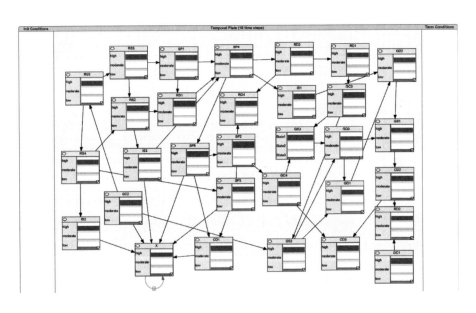

图 8-4 重大工程项目治理动态贝叶斯网络模型

（三）模型验证

通过以上研究，提出了基于前文 BBN 的模型构造，计算所有节点的 CPT 建设项目。在此基础上，对 20 个样本进行了测试模型验证的输入。模型验证的目的是证明模型中各节点的逻辑关系和条件概率与实际影响因素一致。一个数据的 30 个因素的真实水平被输入 GeNIe2.0 计算项目治理概率分布。重复此迭代 20 次，测试样本和项目治理概率分布的结果如图 8-5 所示。图 8-6 则显示了模型验证的预测状态和实际值的比较。

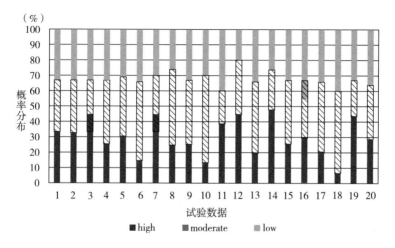

图 8-5　基于 DBN 的重大工程项目治理分析结果测量模型验证

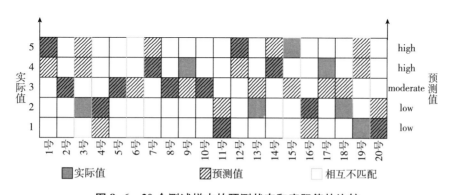

图 8-6　20 个测试样本的预测状态和实际值的比较

从图 8-6 可以看出，模拟重大工程项目治理的 12 个数据（1 号、2 号、4 号、5 号、7 号、8 号、10 号、11 号、12 号、14 号、16 号和 20 号）符合真实水平。例如，项目治理的概率分布为 14% 低、30% 中等，在图 8-7 中，排名第一的高达 56%。结论是最大的可能性是高状态，这与实际的 "5" 级是一致的。因此，它被认为是完全匹配。此外，将其他数据的第二大概率与实际水平进行比较，可以发现 4 个数据（9 号、13 号、17 号、18 号）在允许误差范围内。因此，有效率为 16/20 = 80%。这证明了模型的有效性。因此，可以通过模型来验证网络结构和 CPT，以用于模型分析。本章所建立的重大工程项目治理模型是可行的，可以为重大工程项目治理提供参考。

三、动态仿真分析

（一）影响链分析

影响链分析可用于描述节点间的相互影响程度，以及体现节点间条件概率的依赖度，目的是探究导致结果的最大影响因果链。方向弧的宽度描述了它所连接的父节点对子节点的影响强度，影响强度可以通过节点间的条件概率表 CPT 计算得出。当几个具有强烈影响关系的节点形成链接且目标节点在其中时，则该链接为最大影响因果链。利用软件 GeNIe2.0 进行影响链分析，结果如图 8-7 所示。

从图 8-7 中可以看出，最大致因链分析的结果如增粗链所示。其中包括，第一个是 "责权利的明确性→争议风险的处理程序→项目方寻求解决方法→各方全力解决项目问题→帮助相关方解决问题→项目治理"。根据研究结果，责权利的明确性影响争议风险的处理程序进一步影响项目方寻求解决方法，并通过帮助相关方解决问题最终影响项目治理。因此，责权利的明确性和各方全力解决项目问题等在重大工程项目治理中起着重要作用。

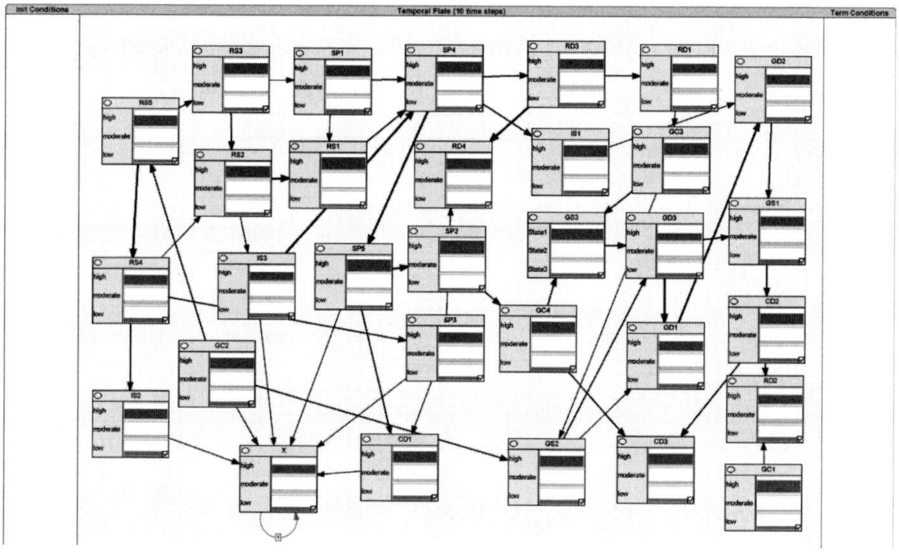

图 8-7　基于 DBN 的重大工程项目治理影响链分析结果

　　第二个是"信息共享的充足性→不可预见事件的应对措施→积极解决合作冲突和争论→争议处理的责任和权利→协调社会利益关系→项目治理"。根据研究结果，信息共享的充足性将影响不可预见事件的应对措施，积极解决合作冲突和争论及争议处理的责任和权利继而影响社会利益关系的协调，最终影响项目治理。因此，项目各参与方之间应加强沟通交流，保证能够获得充足的信息，准备好不可预见事件应对措施以及协调好社会利益关系在重大工程项目治理中扮演重要角色。

　　第三个是"倡导愉悦的项目文化→实施劳动竞赛等文化建设活动→决策方针政策→信息通报的及时性→组建项目法人并监督科学决策→项目治理"。根据研究结果，倡导愉悦的项目文化，相应的参与方就会实施劳动竞赛等文化建设活动，进而影响政府制定一系列的方针政策，政府是否能及时通报信息以及是否组建项目法人并监督科学决策最终影响项目治理。因此，加强文化建设、及时通报信息、组建项目法人并监督科学决策对提高项目治理能力非常重要。

此外，制定规划或管理办法、制定资源配置方案、监督招标及合同管理、协调征地拆迁和移民安置、协调与项目有关的公共事务、帮助相关方解决问题、项目各方共同承担责任等原因作为致因链上的节点，也是影响重大工程项目治理的重要因素，因此对项目进行管理时，应对这些因素进行重点关注。

（二）预测分析

预测分析旨在利用给定的证据来预测项目治理级别。项目治理影响因素证据的传播允许根据新发现的证据更新贝叶斯网络中项目治理级别的概率分布。将项目治理的几个关键因素状态分别设置为"high"作为证据，并使用软件 GeNIe2.0 预测在不同情况下重大工程项目治理影响因素的概率。图8-8说明了在不同情况下进行预测分析时项目治理级别的概率。

从短期的角度来看（Time = 0），当分别将 SP2、SP4 和 SP5 的状态设置为"high"时，项目治理级别为"high"的概率最大；当分别给定值 P（IS3 = high）= 1 时，项目治理级别为"high"的概率为第二大；同时，P（PG = high｜RD3 = high）> P（PG = high｜GC1 = high）> P（PG = high｜RS1 = high）> P（PG = high｜RD1 = high）> P（PG = high｜RS2 = high）> P（PG = high｜GD3 = high）> P（PG = high｜CD3 = high）> P（PG = high｜GD1 = high），表明帮助相关方解决问题（SP2）、各方全力解决项目问题（SP4）、项目方寻求解决方法（SP5）和信息共享的充足性（IS3）是重大工程项目治理中的最关键因素。因此，提升项目治理能力的主要焦点应该是帮助相关方解决问题、各方全力解决项目问题、项目方寻求解决方法、信息共享的充足性。

从长期的角度来看（Time = 1 之后），处于不同状态的项目治理概率随时间变化，并且项目治理概率的最大值稳定在高状态。当将几个关键因素节点状态设置为"high"时，处于"high"状态的项目治理曲线会不断下降，然后趋于稳定；处于"moderate"和"low"状态的项目治理曲线会逐步上升，然后趋于稳定。主要原因是 DBN 可以保存和累积先前时刻的推理结果，并具有记忆学习的特性。随着时间的推移，网络模型可以有效地获取更多证据和信息。这样，项目治理的动态性质可以随着时间的推移而得到反映。

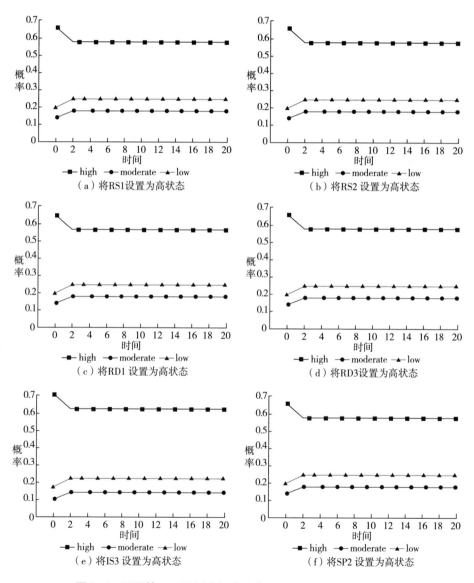

（a）将RS1设置为高状态　　　　　　（b）将RS2 设置为高状态

（c）将RD1 设置为高状态　　　　　　（d）将RD3设置为高状态

（e）将IS3 设置为高状态　　　　　　（f）将SP2 设置为高状态

图 8-8　不同情况下预测分析中重大工程项目治理级别的概率

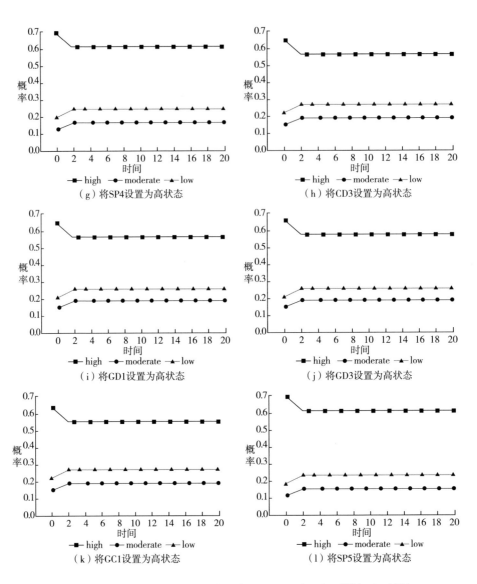

图8-8 不同情况下预测分析中重大工程项目治理级别的概率（续）

（三）诊断分析

诊断分析旨在使用贝叶斯推理中的反向推理技术来确定对重大工程项目治理影响因素有更大影响的最可能的直接原因。该分析可用于计算每个项目治理影响因素的后验概率，并在项目治理降低时发现最可疑的原因，从而识别贝叶斯网络中对项目治理影响最大的因素。将项目治理状态设置为"low"，使用软件 GeNIe2.0 计算项目治理主要影响因素节点的后验概率。图 8-9 列出了在不同情况下的诊断分析中节点的后验概率。

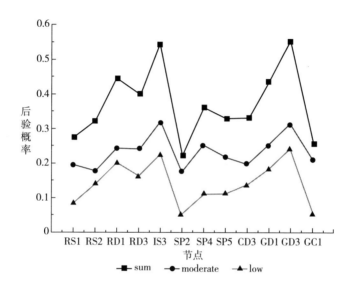

图 8-9　不同情况下诊断分析节点的后验概率

注：sum＝moderate+low。

图 8-9 表明，在节点状态为"low"的情况下，制定资源配置方案（GD3）和信息共享的充足性（IS3）的后验概率具有最大值；同样，在节点状态为"moderate"的情况下，制定资源配置方案（GD3）和信息共享的充足性（IS3）的后验概率也最大；在总和排名中，当 P（PG＝low）＝1 时，节点后验概率大小为 GD3>IS3>RD1>GD1>RD3>SP4>CD3>SP5>RS2>RS1>GC1>SP2。因此，制定资源配置方案（GD3）和信息共享的充足性（IS3）是导致项目治理下降的最可疑因素，也就是说，这两个因素中一个或两个状态降低时，将对项目治理造成极大影响。因此，在提升项目治理能力的过程中应多侧重这两个维度的管控。

（四）仿真结果与讨论

重大工程项目具有复杂性，在项目治理过程中会受到多方面的影响，通过 GeNIe2.0 动态贝叶斯软件进行影响链分析、预测分析和诊断分析，可以清楚地看到契约治理、关系治理和行政治理机制各维度对重大工程项目治理的最直接影响。

考虑调整影响链中各个节点状态的可行性。当权责利的明确性、信息通报的及时性、各方全力解决项目问题、制定资源配置方案、组建项目法人并监督科学决策、协调社会利益关系等节点处于高状态时，项目治理级别的概率达到 0.723；而当权责利的明确性、信息通报的及时性、各方全力解决项目问题、制定资源配置方案、组建项目法人并监督科学决策、协调社会利益关系等节点处于低状态时，项目治理级别的概率达到 0.336。因此，在重大工程项目治理的过程中，相应地调整影响链中各个节点的状态对项目治理能力的提升有非常大的帮助。

考虑帮助相关方解决问题的可行性。当帮助相关方解决问题处于高状态时，项目治理级别的概率达到 0.579；而当帮助相关方解决问题处于低状态时，项目治理级别的概率达到 0.423。因此，在重大工程项目治理的过程中，加强帮助相关方解决问题可以有效提高项目治理的能力。

考虑法律法规的契约价款调整的可行性。当法律法规的契约价款调整处于高状态时，项目治理级别的概率达到 0.576；而当帮助相关方解决问题处于低状态时，项目治理级别的概率达到 0.516。因此，在重大工程项目治理的过程中，相应地调整法律法规的契约价款在一定程度上也可以提高项目治理的能力。

研究结果表明，一方面，重大工程项目治理会受到多个因素组成的影响链的影响，如由"倡导愉悦的项目文化、帮助相关方解决问题、项目方寻求解决方法、各方全力解决项目问题、责权利的明确性、争议风险的处理程序、信息共享的充足性"组成的影响链，或者由"信息共享的充足性、不可预见事件的应对措施、积极解决合作冲突和争论、争议处理的责任和权利、协调社会利益关系"组成的影响链，都会通过前一个因素的变化对后一个因素造成影响，最终影响项目治理。另一方面，重大工程项目治理也会受到单个因素的影响，如权责利的明确性、信息共享的充足性、项目各方寻求解决方法和协调征地拆迁和移民安置四个因素处于不同状态时，会对项目治理产生不同程度的影响。因此，在进行重大工程项目治理中需要对这些因素采取更严格的管理和监督，一旦有所改变就会影响项目治理的结果。

四、本章小结

本章基于重大工程项目治理模型的动态仿真分析，通过影响链分析得到了几条重要的因果影响链，说明重大工程项目治理的影响机理有时会呈现一种链式反应，这为优化重大工程项目治理机制提供了重要路径。通过预测分析和诊断分析可以看出，权责利的明确性、信息共享的充足性、项目各方寻求解决方法和协调征地拆迁和移民安置是影响重大工程项目治理的最关键因素。这几个关键因素属于契约治理、关系治理和行政治理三个治理机制的维度，说明在重大工程项目建设过程中，应基于契约治理、关系治理和行政治理三维治理框架进行项目治理。

第三部分 ∨∨

重大工程项目治理策略

第九章
项目治理与项目绩效研究文献元分析

目前学术界对项目治理与项目绩效之间关系的研究还缺乏系统、综合的整合，并且没有专门分析与解释其研究结果的差异。针对这一研究现状，本章采用元分析（又称 Meta 分析）方法，通过归纳整合众多单个研究结果并进行再分析，分别探讨项目治理与项目绩效的整体效应关系以及项目治理各维度对项目绩效的影响。考虑到项目治理与项目绩效可能受到某些调节变量的影响，根据文献整理的结果，尝试探讨文化因素、中介变量在其中的调节作用，期望得到对企业管理有益的启示，为从项目治理角度提高项目绩效提供参考。

一、文献回顾与理论假设

（一）项目治理与绩效的研究综述

在项目治理研究中，项目治理机制的影响主要集中在项目治理对项目绩效的影响上（Cárdenas et al.，2018；Li et al.，2019；Joslin & Müller，2016；Musawir et al.，2017；Zarewa et al.，2018）。严玲（2013）建立了

公共项目契约治理与关系治理的二维互动机制，并通过多个案例验证了公共项目治理绩效测度概念模型的有效性。Chen 和 Manley（2014）就澳大利亚的"合作交付"基础设施进行了项目治理对项目绩效的影响实证研究；通过制定量表来衡量合作项目治理与绩效之间的关系，表明非正式机制的执行强度（条件）比正式机制（契约条件）能更好地预测项目绩效偏差。杜亚灵和尹贻林（2011）构建了公共项目治理、项目管理和管理绩效的实证研究模型。Caniëls 等（2012）研究了合同激励、权威和关系管理之间的相互作用，将治理机制的共同演化与项目成果联系起来，并评估了成本、交付时间和实施质量。研究表明：治理机制与项目成果之间存在相互作用。Lu 等（2015）基于交易成本经济学理论分析了契约治理和关系治理对抑制机会主义和改善项目绩效的影响，结果表明契约治理和关系治理都能提高项目绩效。Haq 等（2018）研究了项目领导力在项目治理与项目绩效之间的中介作用。根据具体的研究现状可以看出，关于项目治理对项目绩效影响的研究主要采用实证研究方法，研究结果均表明契约治理和关系治理水平的提高对项目绩效具有正向积极影响。

此外，骆亚卓等（2018）对项目治理机制中的合同治理和关系治理之间的替代互补关系进行了讨论。严玲等（2016）运用结构方程模型，分析了公共项目中合同治理、关系治理与项目管理绩效的关系，探讨了合同治理与关系治理的相互作用及其对管理绩效的影响机制，证明了契约治理与关系治理是互补关系。一些学者为了更好地探索项目治理机制对绩效的影响路径，分析了项目治理机制的影响因素。骆亚卓（2011）通过问卷调查的实证研究，验证了影响建设项目治理机制选择的因素以及治理机制与项目绩效的关系。梁永宽（2012）从项目管理业主和承包商的角度来研究分析，项目治理机制的影响因素包括合作周期、项目不确定性、项目复杂性等。

已有的相关理论和实证研究表明，项目治理与项目绩效密切相关。大量学者通过实证研究，得出项目治理与项目绩效正相关的结论。Haq 等（2019）通过对巴基斯坦的 354 家企业的实证研究，发现项目治理与项目绩效显著相关（r = 0.17）。Arranz 和 Arroyabe（2012）以欧洲 371 家企业为调查对象时发现，契约治理和关系治理均对项目绩效产生显著的正向影响（$r_{契约}$ = 0.266，$r_{关系}$ = 0.17）。Miguel 等 2020 年通过样本研究后指出，关系治理与项目绩效之间的相关系数为 -0.181，表明关系治理对项目绩效的负向影响。由此可见，尽管国内外学者围绕项目治理是否以及如何影响项目绩效的主题进行了大量的研究，但至今仍然存在一些争议。

综上所述，目前对项目治理绩效的研究主要集中在分析治理机制对项目绩效改善的影响，并通过建立模型等途径来证明契约治理和关系治理都可以改善项目绩效。同时，研究了契约治理与关系治理对项目绩效的影响，发现契约治理与关系治理之间的关系是互补而非替代的。一些学者还分析了治理机制对治理绩效的影响因素，为影响机理的模型构建提供了研究基础。

（二）项目治理与项目绩效的关系假设

1999 年，Turner 将治理联系到项目领域中，提出项目治理理论，对其含义的范围界限，学者各有看法。严玲和赵华（2010）认为项目治理结构是一种制度框架，项目主要利益相关者通过责、权、利关系的制度安排来决定一个完整的交易或相关的交易。丁荣贵等（2009）认为项目治理是建立和维护项目利益相关者治理角色关系的过程。Muller 等（2013）认为项目治理既包括正式的程序、过程、政策，也包括非正式的机制。治理结构应该尽可能包含可能的情景，为结构之外的情景提供建议。项目治理通过安排组织和编制制度来实现项目的时间、成本和质量的目标。综合以上分析，本书提出如下假设：

H1：项目治理对项目绩效有正相关作用。

（三）项目治理各维度与项目绩效的关系假设

项目治理机制一般可以分为契约治理机制和关系治理机制。在工程项目执行的过程中，契约管理是连接利益相关方的重要纽带。Ferguson 等

（2005）认为契约可以通过限制相关人机会主义行为提高项目的绩效与成功率。由成本交易理论可知，通过好好利用正式框架的约束，严密而详细的合约可以对各利益方起到强力的保障作用。契约设计要综合考虑对利益相关方同时进行激励与限制，使各方效益最大化。所以契约条款订得越详细，各方的义务、流程以及效益就会越明确清晰，从而提高项目绩效。综合以上分析，本书提出如下假设：

H2a：契约治理对项目绩效有正相关作用。

研究发现，有些签订了严密契约的项目，并没有出现让人满意的项目绩效。反而，在真实项目实践中一些项目并没有严密的合约，却取得较满意的项目绩效。关系规则在市场交易中往往充当着至关重要的角色，而企业对于自身信誉的维护、对可持续发展的需求可在一定程度上节约代理成本。与利益相关方建立良好的关系，能有效地改善项目绩效，提高各方的满意程度，提高项目绩效的各项指标水平。根据利益者相关理论，关系治理基于信任，通过共同规范等来减少交易的费用。在调查研究了北美洲的280个真实项目后，Larson（1900）发现在质量、进度、成本以及使项目利益相关方满意等方面，采用合作伙伴关系的管理模式都比其他的项目管理模式更适合。可见，利益相关方良好的信任合作关系能对项目绩效起到促进作用。综合以上分析，本书提出如下假设：

H2b：关系治理对项目绩效有正相关作用。

（四）潜在调节变量的影响作用假设

受到样本区域空间的限制，各国学者对项目治理与项目绩效关系的独立样本存在一定的异质性，很难对潜在调节变量的影响进行全面且深入的探讨。本章利用Meta分析的优势，采用更广的样本空间来研究项目治理对项目绩效的影响，并探讨相关潜在调节变量的调节作用。通常来说，Meta分析中的调节变量可分为情景因素和测量因素两大类。本章以文化因素作为情景因素，中介变量作为测量因素，来分析这些潜在调节变量对两者关系的影响。

1. 文化因素

文化是社会实践的产物，东西方文化有很大的差异性。由于时间的推移和客观环境的变化，导致东西方文化的侧重点有所差异。西方文化比较重视客观理性的评价和思考，契约主义盛行，强调个人主义，因此认为企业只是工作的场所，人的精神生活和社会生活都应该在企业之外。而东方文化着重于人本主义，讲究为人处世的人情义气，强调集体主义，注重人在企业中的归属感。在这种环境熏陶下，人际关系的亲密度更高，信任度也更好，相对来说比较稳定。在东方文化背景下，拥有稳定的人际关系的组织往往能得到更多的资金帮助、信息资源和合作机会，因此有助于项目治理，进而推动项目绩效。综合以上分析，本书提出如下假设：

H3：项目治理与项目绩效之间的关系受到文化因素的影响，并且在东方文化背景下项目治理与项目绩效的影响更显著。

2. 中介变量

虽然已有一些研究表明，项目治理对项目绩效具有正向影响，但在这些研究中两者相关关系程度存在较大差异，因此我们开始探究是否存在中介变量使得项目治理对项目绩效的作用强度发生变化。大量研究在讨论项目治理与项目绩效之间的关系时都使用了中介变量。如 Lu 等（2019）在研究契约治理和关系治理在我国与项目绩效关系时，将利益相关者的满意度、未来组织的潜力作为中介变量，并以中国安徽多家企业为样本，开发了六个项目来衡量项目绩效。Wang 等（2019）在研究进化项目治理对特大建设项目绩效的影响时，发现以交易成本为中介模型将影响测量项目绩效的结果。综合以上分析，本书提出如下假设：

H4：项目治理与项目绩效之间的关系受到中介变量的影响，在有中介变量的情况下，项目治理与项目绩效之间的关系显著程度更高。

根据上述理论分析和研究假设，本章的总体研究框架如图 9-1 所示。

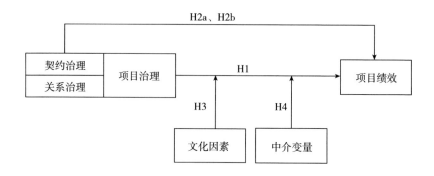

图 9-1   项目治理与项目绩效的关系研究框架

二、研究方法

（一） Meta 分析法

Meta 分析是对分析的综合分析，以整合研究结果、综合已有结论为目的，对大量独立研究结果的系统评价和定量分析。Meta 分析可以分析变量之间的关系，还可以探究情景因素、测量因素对两者关系的调节作用。本书适合 Meta 分析是因为：①项目治理与项目绩效关系的实证研究数量较多，且 Meta 分析的基本要求可以被满足；②项目治理与项目绩效关系研究的结论并未达成共识，而 Meta 分析能有效从更广泛的样本空间整合出更加科学的结论。

（二） 文献检索与筛查

本章使用 WOS 数据库，以关键词项目治理（Project Governance）、关系治理（Relationship Governance）、契约治理（Contractual Governance）和

项目绩效（Project Performance）相结合检索，检索的时间跨度为1990年1月1日至2021年1月1日，最后结合各种结果构建了2004条记录数据库。同时，提取这2004条记录的关键字生成单词云视图，以测试搜索结果的准确性。如图9-2所示，搜索记录的关键词主要是建设项目、项目治理、项目绩效、契约治理，从而达到研究目标。

图9-2 项目治理与项目绩效研究单词云视图

在检索过程中按以下标准对文献进行了筛选：①报告实验或调查数据的经验研究，不包括理论和综述。②研究的对象必须是项目治理或其子维度对项目绩效的影响。③各研究的样本之间必须相互独立，如多篇文献采用的是同一样本，那只取发表时间最早的一篇进行分析。并将从各数据库检索到的题目信息统一导入到NoteExpress中进行剔除重复文献。图9-3提供了可视化的搜索筛选的流程。

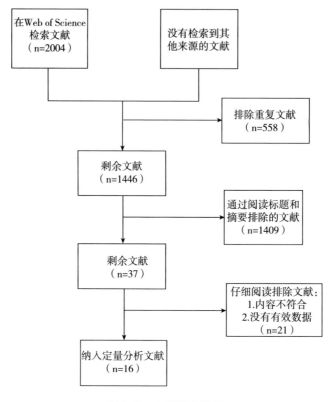

图9-3　文献筛选流程

（三）数据处理

由于研究需要讨论项目治理对项目绩效的关系，对于文献中提到的项目治理不同维度对项目绩效相关系数，采用加权平均的数据，一些探讨项目治理的不同维度和项目绩效不同维度关系的文献，则采用算术平均值为最终的效应值。本章采用的是 CMA3.0（Comprehensive Meta Analysis 3.0）软件，使用相关系数（r 值）作为效应值。本研究有 16 个独立的样本，样本总数为 4078 名参与者。记录了第一作者和出版年份、样本大小、样本所在区域、文化背景和项目治理机制。参与者来自不同的国家：8 个样本来自中国，2 个样本来自欧洲。此外，还显示了每个研究的项目治理机制，其中 4 篇文章将项目治理作为整体来研究，12 篇文章划分了项目治理的机制，如表9-1 所示。

表 9-1　研究样本

文献（年份）	样本容量（人）	所在区域	文献来源	文化背景	治理机制
Wang 等（2019）	176	中国	期刊	东方	项目治理
Haq 等（2019）	318	巴基斯坦	期刊	东方	契约治理
Chen（2014）	320	澳大利亚	期刊	西方	项目治理
Sirisomboonsuk 等（2018）	282	美国	期刊	西方	项目治理
Lu 等（2019）	265	中国	期刊	西方	契约治理
Zheng 等（2019）	202	中国	期刊	东方	契约治理，关系治理
Husted（2017）	459	澳大利亚、加拿大、日本等	期刊	混合	项目治理
Haq 等（2018）	354	巴基斯坦	期刊	东方	项目治理
Miguel 等（2020）	218	哥伦比亚	期刊	西方	关系治理
Ke 等（2015）	176	中国	期刊	东方	契约治理，关系治理
Lu 等（2015）	225	中国	期刊	东方	契约治理，关系治理
Benitez（2018）	144	荷兰	期刊	西方	契约治理，关系治理
Yan 和 Zhang（2020）	183	中国	期刊	东方	关系治理
Wu 等（2017）	238	中国	期刊	东方	契约治理，关系治理
Wang 等（2019）	147	中国	期刊	东方	契约治理，关系治理
Arranz 和 Arroyabe（2012）	371	欧洲	期刊	西方	契约治理，关系治理

三、结果分析

（一）整体效应分析

虽然本书严格按照 Meta 分析的规范步骤进行了文献搜索与整合，但仍然不可能获取全部项目治理与项目绩效两者相关关系的全部实证文献。为了保证结果的可靠性，在分析之前，必须要进行效应值的检验，以判断样本文献是否存在主题偏倚。通过 CMA3.0 软件生成了漏斗图，反映了效应值整体的分布情况。显而易见，大部分研究集中在漏斗图的上部，并且比较均匀地分布在中线的两侧。根据漏斗图的原理：如果散点集中于图的顶部，并沿曲线向下扩散并均匀分布在中线两侧时，则证明不存在发表偏倚；如果点位于图的底部并集中在中线的某一侧，则证明存在发表偏倚。由此可见，本书存在发表偏倚的可能性较小，证明了样本文献具有代表性和 Meta 分析结果的可靠性，对结果的影响较小，如图 9-4 所示。

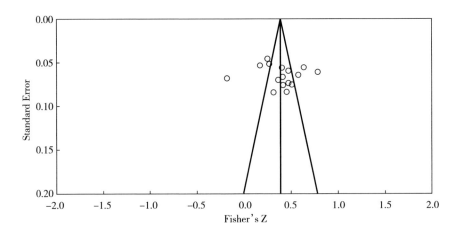

图 9-4　总样本的漏斗图

（二）异质性检验

异质性检验是分析多个研究样本数据之间的差异程度。异质性检验通常有 Q 统计量检验和 I^2 值检验两种方法。可以根据 Q 统计量与效应值数 K 来判断：当 Q≤K-1 时，两种模型可以选择其一使用；当 Q>K-1 时，应采用随机效应模型。也可以根据 I^2 值来决定：当 I^2≥50% 时，表示异质性较大，应采用随机效应模型；当 I^2<50% 时，宜采用固定效应模型。本书计算结果如

表 9-2 所示。效应数值 15 远小于 Q 统计量（175.815），并且算出 I^2 为 91.468%，大于 50%，表明样本异质性较大，所以应该采用随机效应模型。

表 9-2　项目治理与项目绩效研究异质性检验

模型	综合效应值	效应值数目	95%CI		Z 值	异质性检验			
			上限	下限		df（Q）	I^2（%）	Q 值	p
固定效应	0.369	16	0.342	0.395	24.568	15	91.468	175.815	0.000
随机效应	0.377		0.282	0.464	7.283				

（三）整体及各维度关系分析

表 9-3 是项目治理及其子维度——契约治理、关系治理分别对项目绩效两者关系的影响。对所采纳的文献进行重新编码，但是发现有一些样本在项目治理的维度方面没有严格根据契约治理和关系治理来进行研究。因此，通过阅读文献的具体内容将其按照某一维度进行分析，并根据其内容进行统一处理，分到相对应的维度中。

表 9-3　项目治理各个维度的 Meta 分析检验结果

分类	综合效应值	效应值数目	样本量	Q 值	df	p 值	95%CI	
							上限	下限
项目治理	0.377***	16	4078	178.815	15	0.000	0.282	0.464
契约治理	0.468***	10	2558	110.203	9	0.000	0.511	0.425
关系治理	0.322***	12	2804	131.583	11	0.000	0.351	0.264

注：* 表示 p<0.05；** 表示 p<0.01；*** 表示 p<0.001。

项目治理与项目绩效的相关系数为 0.377，且统计结果具有显著性（p<0.001），则 H1 得到验证。此外，契约治理、关系治理与项目绩效的相关系数分别为 0.468、0.322，且统计结果均具有显著性（p<0.001），H2a、H2b 得到验证。上述数据表明，大多数研究者的研究数据证明项目

治理及其各维度与项目绩效之间存在正相关关系。

（四）调节效应

当调节变量为文化因素和中介变量时，对项目治理与项目绩效关系影响的结果如表9-4所示。东方文化的效应值（0.446）高于西方文化（0.253），并且统计结果具有显著性，所以 H3 得到验证。文化差异会影响项目治理与项目绩效的关系，在东方文化背景下，项目治理对项目绩效的影响更显著。有中介变量的项目治理与项目绩效的相关程度（0.398）要高于没有中介变量的两者之间的作用强度，并且具有显著性。因此，H4 得到验证。

表9-4 项目治理与项目绩效研究调节变量的影响

潜在调节变量	综合效应值	效应值数目	95%CI		Z 值	异质性检验			
			上限	下限		df（Q）	I²（%）	Q 值	p
H3 文化因素									
东方	0.446	10	0.535	0.347	7.988	9	87.518	72.102	0.000
西方	0.253	6	0.401	0.093	3.056	5	91.892	61.668	0.002
H4 中介变量									
有	0.398	7	0.518	0.262	5.391	6	89.709	58.302	0.000
无	0.360	9	0.486	0.220	4.815	8	93.050	115.103	0.000

四、研究结论与讨论

本章采用 Meta 分析方法，对项目治理与项目绩效方面的实证研究进行了整合分析，并深入探讨了作为调节变量的文化因素，中介变量是否存在影响，主要得出如下结论：

第一，项目治理与项目绩效的相关系数为 0.377（p<0.001），表明项目治理确实促进项目绩效，两者存在显著的正相关关系，两者的相关程度为中等偏高。因此，项目负责人应该从各方面加强项目治理，利用项目治理来实现管理优化、调节甲乙双方的关系，进而完成提高项目绩效的目标。当然，并非任意的项目治理都能达到预期的结果。如果项目经理进行与企业战略不符的项目治理，反而很有可能产生一些负面的影响，导致一些研究人员在相关研究中得出不一致的结论。

第二，契约治理和关系治理均对项目绩效有显著的影响。创建适当的激励机制和严密的条款，提高建设项目的契约治理水平可以提高项目绩效。一些研究表明，信任可以提升双方的契约治理水平，因而保证企业的诚信经营和良好信用记录有利于提高项目绩效。由上述数据可知，关系治理起着不可小觑的作用。建立联盟和伙伴关系模式在国际建设项目中得到发展，并取得显著的成效，实现了合作共赢的局面。项目的成功直接影响企业的成功，关注契约的遵守及社会网络中的关系质量，企业可因此提高项目绩效。

第三，项目治理对项目绩效的作用受到东西方文化差异的影响。在东方文化背景下，项目治理对项目绩效的作用更显著。研究表明，受东方文化熏陶的企业，项目治理对绩效的提升作用更明显，研究探讨两者之间关系的意义更大。中国人是十分重视人际关系的，企业要认识并结合中国文化的特点，树立共同的目标，避免项目交流过程中的矛盾冲突，注重社会网络关系的维持，才能在竞争中获取更多的项目资源。

第四，项目治理与项目绩效的相关关系在有中介变量时更显著。这表明，是否存在中介变量测量数据会对项目治理与项目绩效的关系产生影响。在实际的项目中，一定还有其他因素会影响项目绩效。当这些变量发挥作用时，将会使项目治理对项目绩效的影响增大。在一些研究中，项目治理与项目绩效之间可能没有直接的相关性，且项目绩效不仅仅通过获得的利润来衡量，而是通过中介变量来间接影响项目绩效。因此，企业要提高自身的契约治理水平，建立激励机制，保持良好的信誉，维系好社会关系，为提高项目绩效提供有力的基础支持。

本章通过 Meta 分析方法避免过去单个研究的局限性，获得了相对全面的研究结论，但仍存在一些不足之处：

第一，与所有 Meta 分析存在的局限性相似，依然可能存在对实证文献的选择偏差，本章是对单个研究的整体结果进行分析，无法细化到每一个样本中的企业进行分析。如果该文献研究样本以东方文化为主，则将其归入东方文化的样本中进行效应分析，可能会影响实验结果的准确度。这也是 Meta 分析方法本身的特点所决定的。

第二，只关注了项目治理的两个维度还不全面，需要关注每个维度中的每个构成成分作为变量对项目绩效的影响，因为这两个维度中的某些要素可能会对项目绩效产生负作用。如果只是简单地将各个要素之间的正负关系相抵消，会导致项目治理与项目绩效的关系产生有偏差的估计。可见，将来的研究可以更深入地分析这些变量要素对两者之间关系的具体影响和作用。

五、本章小结

本章在文献梳理的基础上，提出了关于项目治理和项目绩效关系的假设模型。采用元分析方法，基于 16 个独立样本研究了项目治理对项目绩效的影响，并进一步探讨了项目治理各维度对项目绩效的影响。研究表明：项目治理对项目绩效有显著正相关关系；契约治理和关系治理均对项目绩效具有显著正向影响，两者之间关系还受调节变量的影响。期望建立一个项目治理和项目绩效分析框架，为提高项目绩效做参考与依据，为提高建筑业的生产效率提供启示。

第十章

重大工程项目治理机制与绩效关系研究

本章基于模糊认知图理论,结合我国重大工程项目的特殊情境,识别重大工程项目多元治理机制与维度,特别考虑了行政治理维度,进一步针对重大工程不同项目治理维度之间的相互作用关系构建 FCM 模型并进行动态仿真分析,从而结合研究结果提出绩效提升的对策建议。

一、治理与项目绩效的关系模型构建

(一) 概念节点识别

重大工程项目具有风险种类多、各种风险相互交叉的特点,该特点是由重大工程项目投资大、规模大、建设周期长、具有复杂性决定的。前文提出的重大工程多元治理机制分别是行政治理机制、契约治理机制、关系治理机制,发现不同的治理机制对重大工程项目绩效的影响作用不同。重大工程项目治理机制包含不同要素,对项目绩效的作用效果各不相同。本章从行政治理、契约治理、关系治理多元治理机制角度出发,归纳识别出影响项目绩效的 6 个重大工程项目治理机制要素,如表 10-1 所示。

表 10-1 中的 6 个治理要素和重大工程项目绩效可用来作为概念节点以构建 FCM 模型。概念节点分别用 X1、X2、Q1、Q2、G1、G2 表示重大工程项目治理机制对绩效的影响要素，用 P 表示 FCM 模型中目标概念节点——项目绩效。

表 10-1　FCM 模型概念节点的识别

符号	要素	要素分类
X1	政府协调	行政治理（X）
X2	政府监督	
Q1	风险分担	契约治理（Q）
Q2	收益分配	
G1	关系维护	关系治理（G）
G2	文化建设	

（二）因果关系与权重值确定

本章采用专家打分的方法进行权重值的确定，例如"政府协调→项目绩效"的影响效应，邀请 5 位专家进行判定，其中 1 位专家认为它们之间是 Negative Weak（μnw），2 位专家认为它们之间是 Positively Very Strong（μpvs），1 位专家认为它们之间是 Positively Strong（μps），1 位专家认为它们之间是 Positively Medium（μpm）。模糊控制图软件 FCM Analyst 1.0 最终判定"政府协调→项目绩效"的权重系数为 0.6，如图 10-1 所示。其他变量之间的权重关系均通过专家打分法进行确定。

为了使数据更具权威性和代表性，选取了 10 位具有丰富行业经验的专家作为调查对象。受访者的教育背景均为本科及以上，其中硕士占比 20%，博士占比 30%；专家行列中 40% 的专家从事与重大工程项目相关的咨询行业、30% 从事重大工程项目的具体施工工作，其中受访专家大部分在重大工程项目中担任中层及以上工作职位，多数专家主要参与了施工阶段（43%）、设计阶段（29%）、策划阶段（19%）等多个重大工程项目主

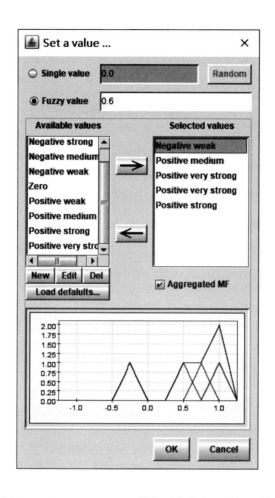

图 10-1　FCM Analyst 1.0 软件对专家意见的权重判定

体阶段；专家均从事政府投资的工程项目，其中项目投资在 30 亿 ~ 50 亿元的占比 50%，项目工期在 10 年内的占比 60%，5 ~ 10 年的占比 40%，符合重大工程项目的投资大、工期长的特点；评分专家大部分具有 5 年以上从事重大工程项目的经验，且硕士与博士专家占比 50%，90% 以上的专家担任施工、设计、策划等主体阶段中高层管理者，故调查问卷的评分数据具有一定的科学性、权威性、可采纳性。

　　问卷的内容包含行政治理、关系治理、契约治理 3 个维度，涉及政府协调 X1、政府监督 X2、风险分担 Q1、收益分配 Q2、关系维护 G1、文化建设 G2 6 个要素。6 个要素节点对应内容如表 10-2 所示。

表 10-2　重大工程项目治理要素说明

治理机制	要素	要素说明
行政治理 X	政府协调 X1	政府部门负责协调与项目有关的公共事务 政府部门负责协调中央与地方之间的关系 政府部门负责组织协调征地拆迁、移民安置
	政府监督 X2	政府对项目建设过程、方案、变更、环保等进行监督 政府部门对重大工程总投资、资金筹措、使用管理进行监督 政府部门对工程项目建设计划、工期、人事安排进行监督 政府部门监督招标过程及契约管理
契约治理 Q	风险分担 Q1	责任权的明确性、争议风险的处理程序 不可预见事件的应对措施 利益诉求的合理性、争议处理的责任和权利
	收益分配 Q2	奖励条款及惩罚条款的设置 收益获得的合理性 法律法规及物价波动的契约价款调整
关系治理 G	关系维护 G1	项目建设过程中积极解决合作冲突和争论 面对意外事件能够客观公正处理，并共同承担责任 建设各方之间在项目交接、项目合作中相互帮助，各方全力解决项目问题
	文化建设 G2	项目鼓励参与建设的各方在遵照契约基础上建立项目伙伴关系 项目实施了社区共建、文明工地、党员先锋队等文化建设活动 项目建设主要合作方进行会餐、相互考察学习等 倡导愉悦的项目文化

行政治理、关系治理、契约治理三种不同机制下的维度对项目绩效有不同程度的影响。针对问卷中专家对不同概念节点之间因果关系影响程度的评判，将 10 位专家打分数据中具体每个原因节点对应结果节点的分数赋值转化为 $[-1, 1]$ 的权重值，并输入 FCM Analyst 1.0 软件得出平均权重值，如图 10-2 所示。

###	X1	X2	Q1	Q2	G1	G2	P
X1	1.0	0.425	0.4	0.275	0.55	0.35	0.45
X2	0.35	1.0	0.175	0.2	0.2	0.1	0.25
Q1	0.15	0.125	1.0	0.7	0.35	0.175	0.525
Q2	0.075	0.1	0.575	1.0	0.5	0.225	0.6
G1	0.5	0.2	0.4	0.375	1.0	0.45	0.55
G2	0.3	-0.025	0.1	0.225	0.475	1.0	0.375
P	0.275	0.15	0.2	0.6	0.425	0.5	1.0

图 10-2　FCM 平均权重值

　　将具体的政府协调 X1、政府监督 X2、风险分担 Q1、收益分配 Q2、关系维护 G1、文化建设 G2 以及项目绩效 P 7 个要素之间的具体因果关系权重值进行可视化整理。其中政府协调 X1→政府监督 X2 的权重值为 0.425，即政府协调 X1 会促进政府监督 X2，促进程度为 0.425。政府协调 X1→项目绩效 P 的权重值为 0.45，表示政府协调 X1 可以促进项目绩效 P，促进程度为 0.25。将图 10-2 中 FCM 平均权重值进行整理，其余因素节点之间的关系具体如表 10-3 所示。

表 10-3　FCM 各因素节点间权重值

路径	权重值	路径	权重值
政府协调 X1→政府监督 X2	0.425	风险分担 Q1→政府协调 X1	0.15
政府协调 X1→风险分担 Q1	0.4	风险分担 Q1→政府监督 X2	0.125
政府协调 X1→收益分配 Q2	0.275	风险分担 Q1→收益分配 Q2	0.7
政府协调 X1→关系维护 G1	0.55	风险分担 Q1→关系维护 G1	0.35
政府协调 X1→文化建设 G2	0.35	风险分担 Q1→文化建设 G2	0.175
政府协调 X1→项目绩效 P	0.45	风险分担 Q1→项目绩效 P	0.525
政府监督 X2→政府协调 X1	0.35	收益分配 Q2→政府协调 X1	0.075
政府监督 X2→风险分担 Q1	0.175	收益分配 Q2→政府监督 X2	0.1

路径	权重值	路径	权重值
政府监督 X2→收益分配 Q2	0.2	收益分配 Q2→风险分担 Q1	0.575
政府监督 X2→关系维护 G1	0.2	收益分配 Q2→关系维护 G1	0.5
政府监督 X2→文化建设 G2	0.1	收益分配 Q2→文化建设 G2	0.225
政府监督 X2→项目绩效 P	0.25	收益分配 Q2→项目绩效 P	0.6
关系维护 G1→政府协调 X1	0.5	文化建设 G2→政府协调 X1	0.3
关系维护 G1→政府监督 X2	0.2	文化建设 G2→政府监督 X2	−0.025
关系维护 G1→收益分配 Q2	0.375	文化建设 G2→风险分担 Q1	0.1
关系维护 G1→风险分担 Q1	0.4	文化建设 G2→收益分配 Q2	0.225
关系维护 G1→文化建设 G2	0.45	文化建设 G2→关系维护 G1	0.475
关系维护 G1→项目绩效 P	0.55	文化建设 G2→项目绩效 P	0.375
项目绩效 P→政府协调 X1	0.275	项目绩效 P→收益分配 Q2	0.6
项目绩效 P→政府监督 X2	0.15	项目绩效 P→关系维护 G1	0.425
项目绩效 P→风险分担 Q1	0.2	项目绩效 P→文化建设 G2	0.5

（三）FCM 模型构建

重大工程项目的投资大、建设周期长等特点决定了其风险因素多、影响大、多种风险因素并存、相互交叉结合的特点。基于前文包含代理理论、利益相关者理论、交易成本理论在内的项目治理理论，可以知道项目治理的复杂性以及包含的治理要素较多，各要素对项目绩效各有不同程度的影响。根据模糊认知图的特点，构建重大工程项目治理机制的 FCM 模型可以很好地解决这种复杂性，并能直观反映各个治理要素与项目绩效彼此之间的影响关系。

概念节点是模糊认知图模型的基本元素，分为原因节点和结果节点。通过确定模型概念节点，可以明确系统的基本组成和属性。根据重大工程治理机制内涵的识别，分析出重大工程项目治理机制主要包含行政治理、契约治理、关系治理 3 个维度，政府协调、政府监督、风险分担、收益分配、文化建设和关系维护共 6 个要素。将 6 个要素作为构建 FCM 模型的概念节点，此外项目绩效单独作为一个概念节点，共7个节点。故该FCM模型由7个节点（6个因果概念和1个目标事件）组成。按照因果关系在FCM软件上绘制各因素节点之间的因果关系，输入确定好的权重值，最终绘制成重大工程项目治理机制FCM模型，如图10-3所示。

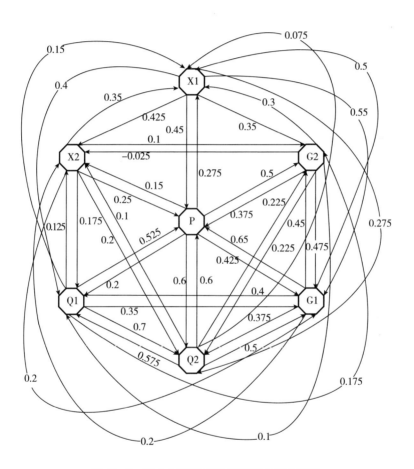

图10-3 重大工程项目治理机制 FCM 模型

二、治理与项目绩效的仿真分析

（一）预测分析

预测分析根据由某一变量发生变化而导致目标事件随时间变化的影响，可用来判断某一变量或者多个变量对目标事件的影响程度，这样做有利于具体的研究分析。预测分析可用于研究 3 种治理机制对应的 6 种治理要素发生变化时，目标事件（项目绩效）随时间的变化。本节采用五点语言量表（即"非常不利、不利、中立、有利和非常有利"）来描述概念的状态值 i，并将所有概念的初始值转化到 [-1，+1] 范围内。

本节模拟了上述 6 个要素变量的具体数值。当 6 个要素变量中的每个因子变量处于不同的初始值时，它会扩散到 FCM 模型网络图中的其他概念，并导致目标事件（项目绩效）的结果发生变化。以政府协调 X1 的模拟为例，将 FCM 模型中概念 X1 的初始值分别设置为非常不利水平（值=-1.0）、不利水平（值=-0.5）、有利水平（值=+0.5）和非常有利水平（值=+1.0）。通过模型概念之间的因果推理与迭代运算，重大工程项目绩效 P 的模拟值最终会随着迭代次数的变化而演化并稳定在一个固定值。这四种不同状态的稳定值分别为 P（P | X1 = -1.0）= -0.8657、P（P | X1 = -0.5）= -0.7516、P（P | X1 = +0.5）= 0.7516、P（P | X1 = +1.0）= 0.8657。X1 与 P 之间存在显著的正相关关系，表明随着政府协调程度的加大，重大工程项目的绩效会显著提高。同理，其他 5 个变量依次运用已构建的 FCM 模型进行预测模拟，观察重大工程项目绩效 P 的变化及其最后演化稳定的固定值。各变量依次仿真模拟的结果如图 10-4 所示。由二维点线图可以看出，概念 P 值在经过多次交互作用后，会在一个固定

点上不断地演化并最终趋于稳定。

在预测分析中，取政府协调 X1、政府监督 X2、风险分担 Q1、收益分配 Q2、关系维护 G1、文化建设 G2 六个变量经过 30 次迭代后，项目绩效 P 的最后固定值如表 10-4 所示。从模拟结果来看，X1、X2、Q1、Q2、G1、G2 与 P 呈显著的正相关关系，其中收益分配 Q2 与项目绩效 P 之间的正相关程度最高。由表 10-4 预测分析中不同场景下迭代后 P 的固定值可知，当政府协调 X1、政府监督 X2、风险分担 Q1、收益分配 Q2、关系维护 G1 和文化建设 G2 得到加强或者提高时，重大工程项目的项目绩效 P 也会提高。上述的预测模拟结果不难理解，即当分别考虑 X1、X2、Q1、Q2、G1、G2，而其他因素不变时，若其中一个因素处于有利状态（无论是中等有利状态还是非常有利状态），随着时间的推移，重大工程项目绩效会越来越高。相反，若其中一个因素处于不利状态（无论是中等不利状态还是非常不利状态），随着时间的推移，各因素之间的相互作用影响与演化，重大工程项目绩效会降低。

图 10-4 显示了六大潜在变量变化对预测重大工程项目中的项目绩效的影响。表 10-4 显示的是图 10-4 各曲线变化为水平时的纵坐标值，即 FCM 模型达到平衡状态时项目绩效的稳定值。从图 10-4 中各曲线斜率的变化程度及其最终达到稳定状态时的数值可以初步判断各变量对项目绩效的影响程度。图 10-4 中二维点线图曲线的斜率越大，表明发展过程越快。比较 P（P丨i=1.0）（i=X1，X2，Q1，Q2，G1，G2）的 6 条曲线可以发现，每条曲线均在 t=10 左右时刻进入稳定状态，比较曲线斜率的大小可以得出各变量对项目绩效的正影响程度：Q2>G1>Q1>X1>G2>X2。同理，比较 P（P丨i=a）（i=X1，X2，Q1，Q2，G1，G2）（a=−1.0，−0.5，0.5）的曲线仍然可以得出与上面一致的结论。曲线斜率越大，表明各变量与项目绩效之间的相关性越强，斜率越小，表明相关性越弱。通过预测分析有助于项目参与者进一步了解各因素变化时重大工程项目绩效的变化规律，有助于合理运用不同维度下的项目治理机制，并为提高重大工程项目绩效提供方向。

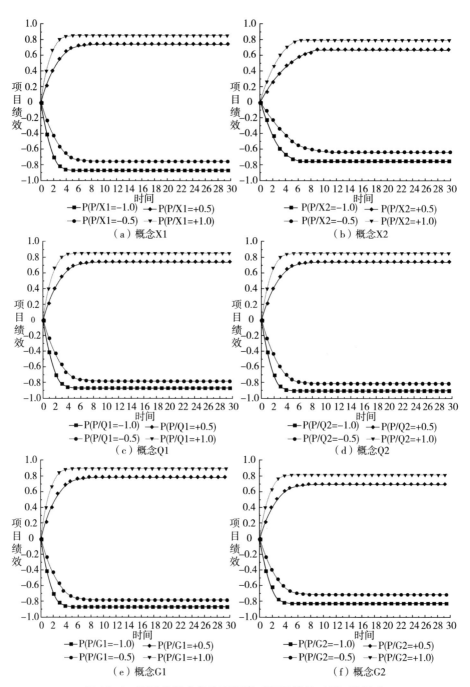

图 10-4　预测分析中各治理因素对项目绩效（P）的影响

表 10-4　预测分析中不同场景下迭代后 P 的固定值

因素	P (P|i=-1.0)	P (P|i=-0.5)	P (P|i=0.5)	P (P|i=1.0)
X1	-0.8657	-0.7516	0.7516	0.8657
X2	-0.7698	-0.6496	0.6496	0.7698
Q1	-0.8882	-0.7781	0.7781	0.8882
Q2	-0.9063	-0.8008	0.8008	0.9063
G1	-0.8946	-0.7861	0.7861	0.8946
G2	-0.8374	-0.7199	0.7199	0.8374

（二）诊断分析

诊断分析的目的是检测事件的可疑根本原因。在 FCM 模型中，观察目标事件（项目绩效）的信息将更新模型中其他变量或原因的状态。使用五点语言量表将实际测量值对应的项目绩效值转换为区间 $[-1，1]$ 上的值。当 FCM 模型的目标节点（项目绩效 P）设置特定的项目绩效水平时，观察到的目标节点的状态值将传播到其他原因的概念网络，从而原因状态也会受到影响。诊断分析是通过 FCM 的反向推理来实现的，需要输入结果节点的状态值来观察原因节点的具体变化。在进行诊断分析前，由关联矩阵 W 得到相应的转置矩阵 W^T 用于反向式演化推理，即权重值不变，模型中的有向弧反向。

诊断分析过程中，在初始阶段除结果节点（项目绩效 P）外，所有概念节点（X1、X2、Q1、Q2、G1、G2）初始值均设置为 0。将结果节点 P 依次设置为非常不利水平（P=-1.0）、不利水平（P=-0.5）、有利水平（P=+0.5）和非常有利水平（P=+1.0），然后分别在不同场景中运用所构建的 FCM 模型监控其他原因节点的具体变化。结果节点分别设置为四种不同状态值，将不同结果节点在 FCM 模型中通过相互作用并演化后得到的原因节点的最终稳定值进行统计，并绘制成点线图来进行仿真研究，仿真结果如图 10-5 所示。在诊断分析中，项目绩效 P 在四种情况（初始值依次为-1.0、-0.5、+0.5、+1.0）下，反复进行 30 次迭代运算后各因子 i 的固定值如表 10-5 所示。

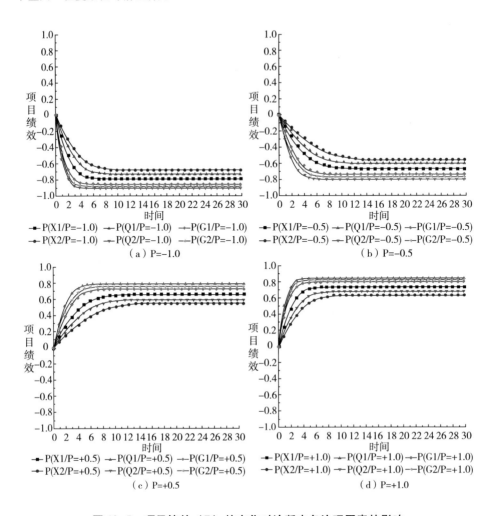

图 10-5 项目绩效（P）的变化对诊断中各治理因素的影响

表 10-5 诊断分析的不同场景中迭代后的治理因素的固定值

因素	X1	X2	Q1	Q2	G1	G2
P（i│P=−1.0）	−0.7861	−0.6810	−0.7311	−0.9063	−0.8570	−0.8812
P（i│P=−0.5）	−0.6660	−0.5647	−0.6118	−0.8008	−0.7417	−0.7698
P（i│P=+0.5）	0.6660	0.5647	0.6118	0.8008	0.7417	0.7698
P（i│P=+1.0）	0.7861	0.6810	0.7311	0.9063	0.8570	0.8812

表 10-5 表明，当目标节点发生变化时，X1、X2、Q1、Q2、G1、G2 会相应地变化并稳定为一个固定值。对于 P = -1.0（见表 10-5），概念 X1、X2、Q1、Q2、G1、G2 的值分别为 -0.7861、-0.6810、-0.7311、-0.9063、-0.8570、-0.8812。这表明 X1、X2、Q1、Q2、G1 和 G2 与 P 呈正相关。此外，通过图 10-5 可以直观地知道，曲线斜率的变化情况以及原因节点的稳定值大小。比较 P（i | P = -1.0）（i = X1、X2、Q1、Q2、G1 和 G2）的 6 条曲线与曲线斜率可以得出以下结论。不同时间段：P（Q2 | P = -1.0）> P（G2 | P = -1.0）> P（G1 | P = -1.0）> P（X1 | P = -1.0）> P（Q1 | P = -1.0）> P（X2 | P = -1.0）。通过比较 P（i | P = a）（i = X1、X2、Q1、Q2、G1 和 G2）（a = -0.5，+0.5，+1.0）的曲线可以得出类似的结论。从图 10-5 可以得出结论：影响程度 Q2 > G2 > G1 > X1 > Q1 > X2，最可疑的目标节点变化原因是 Q2 和 G2。如表 10-5 所示，最大绝对值出现在 Q2 列中，次高值出现在 G2 列中，说明 Q2 对 P 的变化最为敏感，G2 次之。综上所述，收益分配 Q2 是影响建设项目绩效 P 的最可疑原因，其次为文化建设 G2，需要重点监控和审查。

结果表明，项目绩效的控制的关键是收益分配。此外，关系治理维度中文化建设和关系维护对重大工程项目治理绩效有重要影响。因此，有必要重点关注与合理制定收益分配制度，同时加强关系维护与文化建设两方面的工作，才能够有效地发挥重大工程项目的治理效果并提高项目绩效。

（三）敏感性分析

敏感性分析的目的是确定影响指标结果的敏感因素，找出影响项目绩效的关键点，以制定有效的应对措施来提高重大工程项目治理机制水平与项目绩效。本节进行单因素敏感分析。在敏感性分析过程中，将 X1、X2、Q1、Q2、G1、G2 设为较好状态 0.5，来探讨重大工程项目绩效对这 6 个因素变化的敏感性。并设 X1 = 0.5、X2 = 0.5、Q1 = 0.5、Q2 = 0.5、G1 = 0.5、G2 = 0.5 为百分比为 0 时对应的状态。输入上述状态值后，经过 10 次迭代，P 在各因素相互作用下演化稳定为一个固定值 0.9822，将其记录在表 10-6 的变化百分比为 0 所在列中。然后，以各因素值为 0.5 作为 0% 为基准，按-20%、-10%、10%、20%的比例改变 6 个变量的初始值，并观察项目绩效 P 状态值的变化。将迭代稳定后的 P 值记录于表中，并计算各因素 i 平均变化为 10%时 P 的变化值，如表 10-6 所示。

表 10-6 i 变化时 P 的平均变化值

项目	P 值					i 变化 10%时 P 的平均变化值（±%）
	-20%	-10%	0%	10%	20%	
X1	0.9805	0.9814	0.9822	0.9830	0.9838	0.080
X2	0.9813	0.9818	0.9822	0.9827	0.9831	0.045
Q1	0.9802	0.9812	0.9822	0.9832	0.9840	0.100
Q2	0.9799	0.9811	0.9822	0.9833	0.9843	0.110
G1	0.9801	0.9812	0.9822	0.9832	0.9841	0.100
G2	0.9808	0.9815	0.9822	0.9829	0.9835	0.070

由表 10-6 可知，X1、X2、Q1、Q2、G1、G2 平均变化 10%引起重大工程项目绩效变化的绝对值分别为 0.080%、0.045%、0.100%、0.110%、0.100% 和 0.070%。因此通过比较可知，重大工程项目绩效对 6 个因素的敏感性为：Q2>Q1＝G1>X1>G2>X2。其中影响项目绩效 P 的最敏感因素是收益分配 Q2。此外，通过比较数值大小可以发现，项目绩效对 Q1 和 G1 的敏感度数值几乎相等，说明项目绩效 P 对风险分担 Q1 与关系维护 G1 的变化较为敏感，故在考虑项目绩效时也需把风险分担 Q1 与关系维护 G1 作为项目绩效较为敏感因素。

上述敏感性分析得到的结论与预测分析、诊断分析所得结果相似。三者虽然所得结果类似，但是所用的角度、方法与过程具有明显区别。通过构建复杂的模糊认知图 FCM 模型，从不同角度不同分析方法进行动态演化分析可以帮助人们更加全面、科学地认识行政治理、关系治理、契约治理维度下不同因素对重大工程项目绩效的影响程度，从而确定最有效的治理机制，进而提高项目的整体绩效。

（四）结果分析

1. 行政治理、契约治理、关系治理共同促进项目绩效的提高

在不同治理机制对重大工程项目的治理机制与绩效的关系研究中，通过预测与诊断分析可以得出，行政、契约和关系治理三种治理机制对项目绩效的提高均有促进作用。行政治理机制是指通过政府介入并参与重大工程项目的建设过程中，对项目的各方进行协调与监督的一种治理机制，其中政府协调和政府监督可以有效地确保项目的顺利开展。契约治理机制是工程项目组织内部或外部建立的制度安排，体现明确权限、分工责任和权利关系。关系治理机制是指项目参与者之间形成的某种规范，这种规范可为非正式或不成文规范，其中包含的文化建设与关系维护对项目绩效的影响较大。在重大工程项目的建设与治理过程中，行政、契约与关系治理三种治理机制共同影响着项目的复杂性，使项目稳步推进，提高治理绩效。

2. 契约治理维度下收益分配对项目绩效影响最大

研究结果表明，在重大工程项目的治理过程中，与行政和关系治理相比，契约治理机制维度下的收益分配对项目绩效的影响最大，同时也是最敏感因素。在契约治理的风险分担和收益分配两个维度上，收益分配对项目绩效的影响和敏感性大于风险分担。总体来说，开发合理的收入分配体系可以有效地提高项目治理水平和项目绩效。

3. 重大工程项目前期重视行政治理有利于项目开展与绩效提高

行政治理机制对项目绩效的影响程度虽然不及契约治理，但行政治理在项目开展的前期可以发挥巨大作用，需要重视。重大工程项目建设前期可能涉及征地搬迁、移民安置、城市规划、法律法规政策等多方面因素的影响，通过一定的政府参与进行行政治理，可以有效运用政府的权威性来协调各方工作，并监督项目资金使用、筹措等，进而有利于确保重大工程项目建设如期地开展，最终有利于改善项目绩效。

三、项目绩效提升策略分析

通过 FCM Analyst 1.0 软件对重大工程项目治理机制与绩效关系进行了仿真分析，根据预测分析、诊断分析和敏感性分析三个角度的动态仿真分析，重点从行政治理、契约治理、关系治理等方面提出相应的提升项目绩效的对策建议。

1. 完善重大工程项目的收益分配制度

通过构建的重大工程项目治理机制 FCM 模型，并进行仿真分析，其动态演化分析结果可以用于探讨重大工程项目治理机制与绩效的关系。在预测分析中，各变量对项目绩效的影响程度为 Q2>G1>Q1>X1>G2>X2，且与项目绩效均为正相关关系。其中 Q2（收益分配）对项目绩效的正影响程度最大，收益分配是影响项目绩效的重要因素。在诊断分析中，影响项目绩效变化可疑因素的程度为 Q2>G2>G1>X1>Q1>X2，其中 Q2（收益分配）是影响项目绩效最可疑的原因。在敏感性分析中，重大工程项目绩效对 6 个因素的敏感性为 Q2>Q1=G1>X1>G2>X2，表明 Q2（收益分配）同时也是引起重大工程项目绩效发生改变的最敏感因素。由上述的预测、诊断、敏感性分析三种仿真结果可见，契约治理维度下的收益分配对项目绩效的影响程度最大。这表明在资源有限、政府协调与监管等多方面有限的情况下，完善收益分配制度并确定合理的奖惩条款可以显著提升项目治理水平、改善项目绩效。完善收益分配制度进而提高项目绩效，可以重点通过以下方面进行把控：①在重大工程项目的设计、施工、运营等阶段，设置具体的奖励条款与惩罚条款；②进一步明确收益获得的合理性；③针对法律法规、物价波动等变化及时做出合理的契约价款调整；④各方获得的收益与项目的规模、复杂程度、特殊要求等要相符。

2. 加强重大工程项目的文化建设与关系维护

根据 FCM 模型动态演化分析的结果可知，除收益分配外的因素中，在预测、诊断、敏感性分析中，关系治理维度下的关系维护 G1、文化建设 G2 对重大工程项目绩效均有较大影响，合理地加强重大工程项目建设过程中业主方、施工方、设计方、监理方等各方人员的关系并协同工作，做好资源共享，可以在一定程度上提高项目绩效。同时也应当重视重大工程项目的文化建设，重大工程项目工期长、投资大，建设过程需要耗费巨大人力、财力资源，建立好良好的项目组织工作氛围并创建特色的文化活动，可以有效地激励员工工作，进而提高项目整体治理水平，改善项目绩效。加强项目组织的文化建设与关系维护，可以从以下方面入手提升项目绩效：①鼓励参与建设的各方在遵照契约的基础上，建立项目伙伴关系；②实施社区共建、文明工地、党员先锋等文化建设活动；③项目各方以积极合作的态度解决合作的冲突与争论；④项目各方在面对意外变化时能够客观处理，共同承担责任；⑤项目各方将动员自己的资源解决项目实施过程中遇到的问题，并合作寻找解决方案。

3. 重视政府协调与政府监督

虽然行政治理维度下的政府协调与政府监督对重大工程项目绩效的影响程度没有收益分配与关系维护大，但行政治理在重大工程项目治理过程中依旧发挥着重要作用，特别是在重大工程项目实施的前、中期阶段不可忽视。在项目前期阶段，由于重大工程项目规模巨大的特点，势必会需要征用一定的土地，故会涉及居民拆迁、移民安置等问题。这些问题难度大，单纯依靠项目建设管理人员很难解决，需要政府参与，作为协调方，才能更好地解决以上问题，确保工程项目的顺利开展。此外，由于前期阶段，参与方之间交流有限，信息共享不足，尚未建立良好的关系基础，彼此之间的信任度有限，需要依靠政府这种外部力量来调节各方关系，并通过契约的约束及政府的监管来促进参与方的工作效率，进而提升项目绩效。同时，在重大工程项目建设的其他阶段也要重视政府协调与政府监督，这样可以有效地对工程的总投资、资金筹划、使用管理进行监督；对工程项目建设计划、工期、人事安排、方案变更、环保等进行监督；对招标过程及契约管理进行监督；也能依靠政府协调与项目有关的公共事务，减少不必要的麻烦。综上所述，通过政府的协调与监督可以确保重大工程项目的顺利进行，并且降低事故的风险，最终提高项目治理水平以及提高项目绩效。

四、本章小结

本章针对我国重大工程项目情境，借助模糊认知图方法探索契约治理、关系治理、行政治理共同构成的重大工程项目多元治理机制体系与项目绩效的动态关系研究，探讨了6个治理各要素对项目绩效的动态影响变化，得出以下结论：行政治理、契约治理、关系治理共同促进项目绩效的提高；契约治理维度下收益分配对项目绩效影响最大；重大工程项目前期重视行政治理有利于项目开展与绩效提高。

重大工程项目治理具有多元性和复杂性特征，多元治理机制共同影响治理绩效的实现。已有研究方法假定了变量之间相互独立以及因果的对称性，但未考虑变量间相互依赖性及因果的非对称性。因此，本章从契约治理、关系治理、行政治理三个维度构建重大工程治理绩效框架，通过问卷调查获取数据并采用必要条件分析方法（NCA）和模糊集定性比较分析方法（fsQCA）开展理论研究，探索项目治理机制引发治理绩效的组态，从而寻求能够提升治理绩效的构型组合。

一、理论假设提出

（一）重大工程项目治理绩效框架

重大工程项目的"契约—关系—行政"三个治理机制之间并非单独作用于治理绩效，而是存在交互作用。契约治理与关系治理存在互补关系且关系治理主要是通过影响契约治理中的风险分担机制实现互补效应。行政治理作为外部治理机制，与契约治理以及关系治理相互配合、交互作用于治理绩效。因此，有必要将契约治理、关系治理和行政治理作为一个整体进行合理配置，建立良好的重大工程项目治理机制。传统面向变量的分析方法难以处理变量间互相依赖等复杂因果关系，更难以从整体上解决变量动态交互作用的整合问题。而组态分析从整体视角出发，基于变量相互依赖假定，将潜在前因变量不同组合方式的组态作为研究对象，关注各变量相互依赖并发作用产生的结果。相较于其他定性分析方法，基于模糊集定性比较分析（Fuzzy Set Qualitative Comparative Analysis，fsQCA）的组态分析更好地解释各前因变量不同程度上的变化对结果变量构成的细微影响。

重大工程项目治理绩效框架中的结果变量是衡量治理机制组合是否合理的重要前提。本章选择治理绩效作为结果变量并采用 Abednego 和 Ogunlana（2006）所归纳的 GPG（Good Project Governance）关键要素（如决策的准确性和及时性、响应性、平等性、持续的控制与监督等）以及激励有效性和合作满意度来测量重大项目治理绩效。由此构建了基于我国重大工程项目三维治理机制的治理绩效研究框架，如图 11-1 所示。

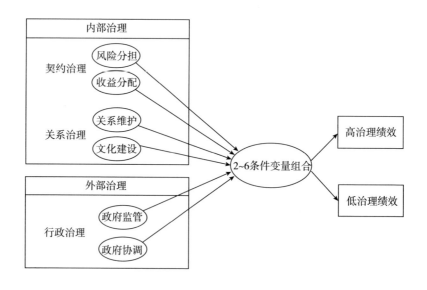

图 11-1　重大工程项目治理绩效研究框架

（二）研究假设的提出

1. 契约治理对治理绩效的影响作用

契约治理，又称合同治理或正式治理，是基于正式的具有法律效力的协议来约束和管理各个组织间的交易。契约治理的构成维度分为风险分担和收益分配。风险分担机制是指在契约中设置保护利益和协调行动的功能性条款，并在结构上设计确定性和适应性的条款，使项目交易成本降低，项目治理水平及治理绩效提高。收益分配机制是指在实际项目建设过程中，根据风险事件的具体情况而制定相应调整的契约价款，并对契约履行情况建立相应的奖惩制度。收益分配机制对契约履行情况建立了相应奖惩制度，从而激励契约双方积极履行契约义务，使项目治理水平和治理绩效得以提高。

由此，提出如下假设：

H1：契约治理机制对治理绩效具有正向影响作用。

H1a：风险分担对治理绩效具有正向影响作用。

H1b：收益分配对治理绩效具有正向影响作用。

2. 关系治理对治理绩效的影响作用

关系治理，又称关系契约治理或非正式治理，是指通过不同于正式契约的关系规则来实现交易的机制。关系治理的构成维度分为关系维护和文化建设。关系维护指有助于能力提升和加强双方之间信任关系的措施，包括信息共享和共同解决问题。项目参与方之间的合作次数增加、共同解决问题的频率增加并且信息共享行为的大量产生，使得互相之间的信任加强，关系治理的作用逐渐增强，并且能有效提升治理绩效。文化建设是中国情景下重大工程特有的关系治理机制。在访谈中，专家提到通过劳动竞赛、社区共建等文化建设活动可以有效建立项目伙伴关系，促进项目各参与方相互协作，提高治理绩效。

由此，提出如下假设：

H2：关系治理机制对治理绩效具有正向影响作用。

H2a：关系维护对治理绩效具有正向影响作用。

H2b：文化建设对治理绩效具有正向影响作用。

3. 行政治理对治理绩效的影响作用

行政治理，指政府对重大项目的建设推进所开展的积极管控行为与机制。行政治理的构成维度分为政府监管和政府协调。政府监管指政府通过行政指令对重大工程的方针政策、资源配置等制定决策并且对建设方案和资金筹措管理等进行监督。政府监管包括政府监督与政府决策两个方面，通过政府监督与政府决策，项目参与方能有效提高工作效率从而提升治理绩效。政府协调指政府运用其特殊身份进行协调，包括协调征地拆迁和移民安置、社会利益关系、中央各部门之间以及中央与地方关系等。通过政府协调保障各方利益的平衡，为重大工程项目建设提供良好的外部治理环境，进而促进提升项目内部治理，提高治理绩效。

由此，提出如下假设：

H3：行政治理机制对治理绩效具有正向影响作用。

H3a：政府监管对治理绩效具有正向影响作用。

H3b：政府协调对治理绩效具有正向影响作用。

4. 项目治理机制对治理绩效组合作用

项目治理机制并非独立作用，而是多种治理机制相互联系组合作用。Chen 和 Manley（2014）通过开发量表来衡量合作项目的治理与绩效的关系，结果表明项目治理机制能很好地预测项目绩效偏差。Lu 等（2015，2019）基于交易成本经济，分析了契约治理和关系治理在改善项目绩效、抑制机会主义行为上的效果，研究结果表明契约治理与关系治理均能改善项目绩效。罗岚等（2021）分析了契约治理、关系治理和行政治理对项目成功具有影响作用。可以看出，契约治理、关系治理和行政治理水平的提升都会进一步提升治理绩效。

由此，提出如下假设：

H4：治理绩效是项目治理机制组合作用的结果。

二、研究设计

（一）问卷设计及数据收集

本章采用调查问卷的方式收集数据。研究涉及的变量分别为契约治理（即风险分担和收益分配）、关系治理（即关系维护和文化建设）、行政治理（即政府监管和政府协调）以及治理绩效，为有效测量各变量，借鉴其他研究中成熟量表与题项设计了各变量的测量样表。问卷采用 Likert 五点量表进行设计，每个题项分别采取 1~5 的打分标准，答案从 1 分代表"完全不符合"到 5 分代表"完全符合"依次赋值，如表 11-1 所示。

问卷由卷首语、受访者的基本信息与项目特征、项目治理机制的调查以及项目实际的完成情况四部分组成。问卷要求受访者根据参与重大工程项目实际情况与测量题项的吻合程度进行打分。我们通过微信及直接访问方式发放问卷，结合调查的测量题数以及可能的回收率，共发放 280 份调查问卷。本次调查共回收问卷 238 份，问卷回收率为 85.00%，经逐一筛查剔除无效问卷后，最终得到有效问卷 235 份，问卷有效率为 98.74%，可见在本次调查中问卷效果良好。

（二）量表的信度和效度检验

本章变量所涉及的题项借鉴了其他研究中成熟量表与题项设计，具有良好的信度。变量采用验证性因子分析检验了效度与区分效度，结果显示研究的 7 个变量构成的测量模型的检验具有良好的效度，如表 11-1 和表 11-2 所示。

（三）相关性检验

本章利用结构方程模型（Structural Equation Model，SEM）和 SPSS Amos26.0 对各条件变量与结果变量正相关进行检验，结果如表 11-3 所示。从中可以看出，收益分配（$\beta = 0.792$，$p < 0.001$）、关系维护（$\beta = 0.542$，$p < 0.001$）、文化建设（$\beta = 0.293$，$p < 0.001$）、政府监管（$\beta = 0.318$，$p < 0.001$）、政府协调（$\beta = 0.404$，$p < 0.001$）对治理绩效有显著正影响，H1b、H2a、H2b、H3a、H3b 均成立。风险分担（$\beta = -0.020$，$p > 0.05$）对治理绩效无显著正向影响，H1a 不成立。

表 11-1　重大工程项目治理绩效变量、题项及其信效度分析

条件变量	编号	题项	因子荷载（Loading）	信度（Cronbach's α）	组合信度（CR）	平均提取方差（AVE）
风险分担 RS	RS1	契约对于各方责权利、项目目标的规定是明确的	0.565	0.873	0.846	0.532
	RS2	契约对于未来可能出现争议的风险有明确的处理程序和原则	0.638			
	RS3	契约规定了不可预见事件发生时，各方的具体应对措施	0.609			
	RS4	契约对于争议处理或未约定的事项充分考虑了相关方的利益诉求	0.885			
	RS5	契约对于争议处理或未约定的事项充分考虑了相关方的责任和权利	0.883			
收益分配 RD	RD1	契约对提前竣工以及投资节余等设置了相应的奖励条款	0.537	0.809	0.816	0.538
	RD2	项目参与方获得的收益与项目的规模、复杂程度、特殊要求等是相符的	0.591			
	RD3	契约对法律法规及相关政策变动设置了价款调整并予以支付	0.890			
	RD4	契约对物价波动以及工程变更等设置了价款调整并予以支付	0.849			

条件变量	编号	题项	因子荷载（Loading）	信度（Cronbach's α）	组合信度（CR）	平均提取方差（AVE）
关系维护 IS	IS1	各参与方之间交换的信息是准确的	0.652	0.910	0.901	0.535
	IS2	各参与方之间的信息共享是充足的	0.75			
	IS3	项目各方会调动各自资源，全力解决项目实施过程中所遇到的问题	0.728			
	IS4	各方能够及时通报相关信息、变化以及事件等	0.741			
	IS5	当不可预见情况出现时，项目各方合作寻找解决方案	0.600			
	IS6	项目各方对意外变化能客观处理，共同承担责任	0.771			
	IS7	项目各参与方以积极合作的态度解决合作中出现的冲突和争论	0.823			
	IS8	项目参与方能够提供相关支持以帮助参与方解决问题	0.759			
文化建设 CD	CD1	项目鼓励参建各方在遵照契约的基础上，建立项目伙伴关系	0.743	0.800	0.806	0.581
	CD2	项目参与方积极倡导愉悦的项目文化	0.823			
	CD3	项目实施了劳动竞赛、社区共建、文明工地、党员先锋队等文化建设活动	0.717			
政府监管 GS	GS1	政府部门为项目制定相关的规划或管理办法	0.777	0.899	0.898	0.596
	GS2	政府部门对项目建设中的方针政策、重大步骤做出决策	0.837			
	GS3	政府部门制定项目资源合理配置方案	0.809			
	GS4	政府部门组建项目法人，并对项目法人的科学决策实施监督	0.789			

续表

条件变量	编号	题项	因子荷载（Loading）	信度（Cronbach's α）	组合信度（CR）	平均提取方差（AVE）
政府监管 GS	GS5	政府部门对项目工作计划、人事管理、招标及契约管理进行监督	0.754	0.899	0.898	0.596
	GS6	政府部门对工程投资总量、工程建设资金的筹措及管理使用进行监督	0.653			
政府协调 GC	GC1	政府部门负责组织或协调征地拆迁、移民安置	0.786	0.896	0.893	0.677
	GC2	政府部门负责协调项目涉及的社会利益关系	0.840			
	GC3	政府部门负责协调中央各部门之间、中央和地方之间的关系	0.843			
	GC4	政府部门负责协调与项目有关的公共事务	0.820			
治理绩效 P	P1	项目实施过程中项目参与方对相关方的合作感到满意	0.626	0.863	0.851	0.537
	P2	项目实施过程中项目参与方获得了有效激励	0.690			
	P3	项目实施过程中持续存在着合理、有效的监督	0.656			
	P4	项目实施过程中的重要决策都是及时做出的	0.874			
	P5	项目实施过程中做出的重要决策都是正确的	0.789			

表 11-2　重大工程项目治理绩效区分效度检验结果

变量	风险分担	收益分配	关系维护	文化建设	政府监管	政府协调	治理绩效
风险分担	**0.729**						
收益分配	0.685	**0.733**					

变量	风险分担	收益分配	关系维护	文化建设	政府监管	政府协调	治理绩效
关系维护	0.703	0.646	**0.731**				
文化建设	0.622	0.540	0.621	**0.762**			
政府监管	0.418	0.476	0.608	0.677	**0.772**		
政府协调	0.508	0.420	0.610	0.647	0.659	**0.822**	
治理绩效	0.613	0.569	0.611	0.696	0.592	0.613	**0.732**

注：对角线是 AVE 平方根值，对角线以下是相关系数。

表 11-3　重大工程项目治理绩效假设检验结果

假设	路径	路径系数 β	p	结果
H1a	风险分担→治理绩效	-0.020	—	不支持
H1b	收益分配→治理绩效	0.792	***	支持
H2a	关系维护→治理绩效	0.542	***	支持
H2b	文化建设→治理绩效	0.293	***	支持
H3a	政府监管→治理绩效	0.318	***	支持
H3b	政府协调→治理绩效	0.404	***	支持

注：＊表示 p<0.05，＊＊表示 p<0.01，＊＊＊表示 p<0.001。

三、数据分析

（一）数据校准

本节对 H4 的验证采用模糊集定性比较分析方法（fsQCA）和必要条件分析方法（Necessary Condition Analysis，NCA）。在 fsQCA 中，需要将案例的某一变量值校准为 0~1 的模糊集隶属度，从而成为一个集合。借鉴 Coduras 的方法，以各题项得分的均值作为该变量的初始赋值，以各题项得分均值最大值、均值平均值和均值最小值作为完全隶属阈值、交叉点和完全不隶属阈值，再利用 fsQCA3.0 软件对数据进行校准。

（二）必要条件分析

1. 基于 NCA 的必要条件分析

本节采用两种上限技术 CR（回归上限技术）和 CE（包络上限技术），利用 R 软件得到 6 个条件变量对结果变量的必要性分析，结果如表 11-4 和图 11-2 所示。在分析结果中效应量 d 值表示的是条件变量在多大程度上是结果变量的必要条件，其取值在 0~1，d 值越大代表效应越大，其中 0<d<0.1 为低等效应，0.1≤d<0.3 为中等效应，0.3<d<0.5 为高等效应。NCA 分析结果还要同时参考显著性结果 P 值，即 P 值要大于 0.5。

由表 11-4 与图 11-2 可以发现，6 个条件变量 d 值均小于 0.1 且 P 值均小于 0.5。因此，从 NCA 方法对变量的分析结果来看，6 个条件变量均不单独构成结果变量的必要条件。

表 11-4　NCA 必要条件分析结果

条件变量	方法	精确度（%）	上限区域（Ceiling Zone）	范围	效应量 d 值	P 值
风险分担	CR	99.10	0.032	0.81	0.040	0.119
	CE	100.00	0.052	0.81	0.064	0.026
收益分配	CR	100.00	0.021	0.81	0.026	0.100
	CE	100.00	0.042	0.81	0.052	0.009
关系维护	CR	99.10	0.035	0.81	0.043	0.210
	CE	100.00	0.053	0.81	0.065	0.127
文化建设	CR	99.10	0.031	0.81	0.038	0.037
	CE	100.00	0.045	0.81	0.055	0.021

续表

条件变量	方法	精确度（%）	上限区域（Ceiling Zone）	范围	效应量 d 值	P 值
政府监管	CR	100.00	0.007	0.81	0.009	0.336
	CE	100.00	0.014	0.81	0.018	0.233
政府协调	CR	98.70	0.046	0.81	0.056	0.025
	CE	100.00	0.058	0.81	0.072	0.027

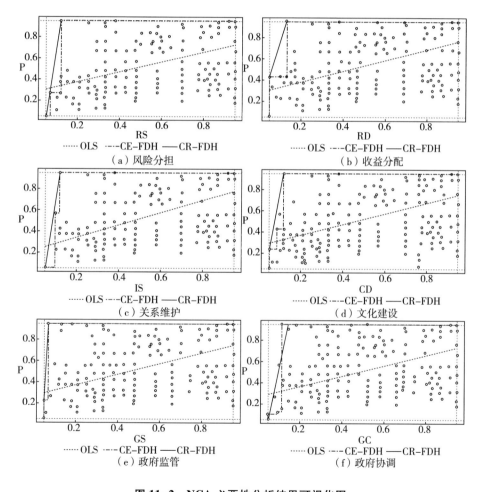

（a）风险分担　　　　　　　　　　　（b）收益分配

（c）关系维护　　　　　　　　　　　（d）文化建设

（e）政府监管　　　　　　　　　　　（f）政府协调

图 11-2　NCA 必要性分析结果可视化图

2. QCA 必要性检验结果

为对结果进行交叉验证,本节进一步采取 QCA 方法对必要性进行检验。在 QCA 中必要性的衡量标准是一致性(Consistency)与覆盖率(Coverage)。通过一致性反映 6 个条件变量对治理绩效的必要程度,通过覆盖率反映有多少样本可以解释这种必要条件的存在。研究设置 0.9 为满足必要条件的标准,当一致性在 0.9 以上时,该条件变量可视为必要条件。对表 11-5 进行分析可知:第一,各条件的一致性与覆盖率较高,对结果发生具有一定的解释力。第二,在 6 个条件变量中没有一个条件变量的一致性高于 0.9,因此均不构成治理绩效的必要条件。这一结果表明没有一个条件变量能单独构成结果变量的必要条件,6 个条件变量必须联动匹配才能共同影响治理绩效。

表 11-5 QCA 必要条件分析结果

编号	变量名称	高治理绩效		低治理绩效	
		一致性 (Consistency)	覆盖率 (Coverage)	一致性 (Consistency)	覆盖率 (Coverage)
RS	风险分担	0.835	0.816	0.735	0.566
~RS	~风险分担	0.545	0.718	0.761	0.809
RD	收益分配	0.834	0.828	0.700	0.561
~RD	~收益分配	0.557	0.697	0.785	0.793
IS	关系维护	0.875	0.837	0.727	0.562
~IS	~关系维护	0.541	0.711	0.789	0.836
CD	文化建设	0.868	0.822	0.719	0.551
~CD	~文化建设	0.526	0.699	0.768	0.824
GS	政府监管	0.852	0.836	0.719	0.570
~GS	~政府监管	0.561	0.712	0.793	0.812
GC	政府协调	0.864	0.824	0.738	0.569
~GC	~政府协调	0.548	0.722	0.772	0.821

（三）条件组态分析

根据 fsQCA 的因果不对称性假设原则，分别构建了影响高、低治理绩效的两组真值表。本节设置影响高、低治理绩效真值表一致性阈值分别为 0.8 和 0.876，PRI（Proportional Reduction in Inconsistency）一致性阈值均为 0.75，案例频数阈值均为 3。采用 Ragin 和 Rihoux（2004）提出的 QCA 分析结果呈现形式，得到如表 11-6 所示的构型分析。

1. 高治理绩效条件组态分析

表 11-6 呈现了 5 个对高治理绩效具有解释力的组态构型。5 个构型的一致性均超过 0.75，表明 6 个条件变量对结果变量的解释程度较高。总体一致性为 0.940，总体覆盖率为 0.770，表明模型解释效果很好。5 个构型构成的 2 种导致重大工程项目高治理绩效类型如下：

类型 1：该类型为"收益分配—关系维护—政府监管协同型"，包括 3 个子类型（S1a、S2a、S3a），核心条件为收益分配、关系维护、政府监管。以往研究表明在每一种治理机制中，收益分配、关系维护和政府监管对治理绩效的影响相对较大。根据本节研究结果，政府监管水平的提高可降低工程风险，提高建设主体努力水平与期望收益，合理的收益分配与有效的关系维护可减少业主、承包商及咨询团队三方内部及三方之间矛盾冲突，同时风险分担机制、文化建设机制或政府协调机制加以辅助能促进重大工程项目高治理绩效实现。

类型 2：该类型为"风险分担—文化建设—政府协调协同型"，包括 2 个子类型（S2a、S2b），核心条件为风险分担、文化建设、政府协调。该类型表明，当风险分担、文化建设和政府协调三种机制协同治理可有效减少业主、承包商及咨询团队三方内部及三方之间纠纷的问题，建立良好合作关系，同时关系维护机制作为辅助条件并匹配以收益分配或政府监管机制可促进重大工程项目高治理绩效发生。

表 11-6　治理绩效构型分析

条件变量	高治理绩效					低治理绩效
	S1a	S1b	S1c	S2a	S2b	NS1
风险分担	•		•	●	●	⊗
收益分配	●	●	●		•	⊗
关系维护	●	●	●	•	•	⊗
文化建设	•	•		●	●	⊗
政府监管	●	●	●	•		⊗
政府协调		●	•	●	●	⊗
一致性	0.959	0.962	0.963	0.955	0.963	0.937
覆盖率	0.657	0.668	0.654	0.674	0.665	0.482
净覆盖率	0.020	0.031	0.017	0.037	0.028	0.482
总体覆盖率	0.770					0.482
总体一致性	0.940					0.937

注:"●"代表核心条件存在,"•"代表边缘条件存在,"⊗"代表核心条件缺乏,"⊗"代表边缘条件缺乏。

2. 低治理绩效条件组态分析

表 11-6 呈现了一个对低治理绩效具有解释力的组态构型。构型的一致性超过 0.75,表明 6 个条件变量对结果变量的解释程度较高。总体一致性为 0.937,总体覆盖率为 0.482,模型解释效果可以接受。重大工程项目低治理绩效类型如下:

类型 3:该类型为"契约—关系—行政治理缺失型",前因构型为"~风险分担 * ~收益分配 * ~关系维护 * ~文化建设 * ~政府监管 * ~政府协调",核心条件为无风险分担、无收益分配、无文化建设及无政府协调。一方面,契约治理的缺失致使业主、承包商以及咨询团队三方内部及三方之间风险分担和收益分配等问题,不能得到有效解决,从而产生契约纠纷,阻碍项目进展;另一方面,关系治理的缺失影响三方友好合作关系及协作能力，导致三方共同解决问题的能力降低，不利于项目顺利进行。此外，行政治理的缺失使得重大工程项目在政府监管及政府协调缺失的条件下，不能有效地对项目建设方案和资金筹措管理等进行监督，同时未能协调好征地拆迁、社会利益、中央与地方之间等关系。因此，项目治理作为影响治理绩效的决定性因素，当三种治理机制缺失时将导致重大工程项目低治理绩效发生。

（四）研究结论

第一，风险分担、收益分配、关系维护、文化建设、政府监管、政府协调均无法单独构成重大工程项目高、低治理绩效的必要条件，重大工程项目治理绩效是一个复杂的组态问题，是多重并发条件作用的结果。该结论对假设4进行了证实，同时进一步证实重大工程具有复杂性，需从整体视角分析治理机制之间动态交互作用及其对治理绩效的组合作用。

第二，导致重大工程项目高治理绩效发生的驱动路径有5条，归纳为"收益分配—关系维护—政府监管协同型"和"风险分担—文化建设—政府协调协同型"2种类型。导致重大工程项目低治理绩效发生的驱动路径有1条，为"契约—关系—行政治理缺失型"。在导致重大工程项目高治理绩效的5条路径中，关系维护机制均存在，表明关系维护是文化建设的基础，对实现高治理绩效具有不可替代性。对比重大工程项目高、低治理绩效组态可发现高治理绩效发生是契约、关系和行政三种治理机制协同作用的结果，三种治理机制缺失将导致低治理绩效发生。

第三，风险分担、文化建设和政府协调存在交互作用，收益分配与政府监管存在交互作用。由表11-6可以看出，S1a与S1b表明风险分担影响了政府协调与高治理绩效的关系，政府协调也影响了风险分担与高治理绩效的关系，即风险分担与政府协调存在交互作用。S1a与S1c、S1b与S1c分别表明文化建设与政府协调，风险分担与政府协调的交互作用。对比S2a与S2b发现，收益分配与政府监管存在交互作用。该结论对以往研究进行了补充，即重大工程项目的契约治理与关系治理不仅直接作用于治理绩效，而且协同行政治理交互作用于治理绩效。

四、本章小结

本章结合项目治理机制理论及中国重大工程项目情境特征，构建了重大工程项目治理机制以及重大工程项目治理绩效组态模型，应用 NCA 与 fsQCA 对项目治理绩效进行了定性分析。主要得出以下结论：①重大工程项目治理绩效是一个复杂的组态问题，是多重并发条件作用的结果。②存在 5 条实现重大工程项目高治理绩效的路径，归纳为"收益分配—关系维护—政府监管协同型"和"风险分担—文化建设—政府协调协同型"2 种类型；存在 1 条实现重大工程项目低治理绩效的路径，为"契约—关系—行政治理缺失型"。③风险分担、文化建设和政府协调存在交互作用，收益分配与政府监管存在交互作用。研究结论对重大工程项目管理者精准选择适合自身的项目治理机制具有理论意义与实践意义。

第十二章
重大工程项目治理绩效提升策略

重大工程项目治理研究方法大多偏定性，一些学者试图就项目治理机制采用实证研究方法对其影响路径进行定量分析，但并未考虑多元治理机制交互作用与治理效应的非线性涌现。因此，有必要基于动态治理理论，运用仿真技术等动态方法对项目多元治理机制的涌现效应进行深入研究，以提出切实可行的重大工程项目治理绩效提升策略。本章基于重大工程项目治理维度，采用动态治理理论及 SD 方法动态仿真重大工程项目治理效应非线性涌现，从而设计重大工程项目治理绩效提升对策。

一、系统动力学方法

（一）系统动力学建模原则与步骤

本章主要采用系统动力学方法来研究治理机制对治理绩效的作用。系统动力学（System Dynamics，SD）由麻省理工学院 Forrester 教授首次提出，是一门以系统为基础，综合系统方法论、反馈控制理论、计算机仿真技术等理论，研究系统反馈机构及行为的学科，也是一门认识系统问题和解决系统问题的综合学科，属于系统科学与管理科学的分支。经过多年发展，因其能处理高阶次、非线性、多重反馈复杂时变系统的问题，系统动力学被广泛应用于多个领域的系统研究中，如项目管理领域、物流与供应链领域、组织行为学领域等。系统动力学通过建立数学模型，从内部微观视角出发，借助计算机模拟技术分析系统的结构功能和动态行为的内在关系，进而提出对策解决问题。

系统动力学的建立需要遵循五项原则，即全局性原则、相似性原则、相关性原则、重点性原则和一致性原则。

（1）全局性原则：从系统整体出发，分析系统各个变量之间的反馈关系，综合考虑各种关系要素。

（2）相似性原则：模型中的结构和功能在一定程度上相似，因此在仿真中应考虑系统的结构和功能。

（3）相关性原则：系统动力学模型中的每个变量具有必然的相关性并且相互影响。

（4）重点性原则：在建模过程中应着眼于相关性强的要素，摒弃次要因素，真实、有效、清晰地反映系统的结构和功能。

（5）一致性原则：系统中的常数和变量应与实际问题一致，可以反映实际问题，并保证模型的有效性和真实性。

系统动力学模型的建立是提出问题、分析问题和解决问题的过程，模型提供了用于分析和演示的工具。系统动力学建模的具体步骤如下：

（1）确定建模目的：针对所要研究的实际问题，分析影响因素。

（2）确定系统边界：分析系统变量之间的关系，选择关键变量进行建模。

（3）绘制因果关系图：分析系统中的反馈机制，通过因果关系将变量链接在一起。

（4）绘制存量流量图：基于因果关系图进一步考虑潜在关系。

（5）确定变量方程：以微分方程的形式表达变量之间的定量关系。

（6）模型检验：将方程输入计算机进行仿真计算，以验证模型是否合理。

（7）模型仿真与策略分析：结合实际问题，调整和修改参数，观察最终结果，并提出解决问题的政策建议。

（二）系统动力学软件 Vensim PLE

系统动力学模型的构建和仿真需要通过软件来实现。期初的仿真软件需要编写程序，操作复杂。近年来，相关工具的发展越来越好，功能逐渐完善，实现了应用图形化，使操作变得简单易学。由 Ventana Systems 开发的 Vensim 是使用最广泛的软件，功能全面且易于可视化。Vensim 软件提供了一种灵活的方式来绘制因果图和存量流量图，通过使用文本表示变量，使用箭头表示关系等来进行建模。

Vensim PLE 全称 Ventana Simulation Environment Personal Learning Edition，即 Ventana 系统动力学模拟环境的个人学习版。本章采用 Vensim PLE 软件进行模型构建，其具有以下特点：①可视化程度高，采用图形化编程建模；②丰富的输出信息，兼容性强；③模型分析方法多样，可用于结构分析和数据集分析；④真实性检查，可以进行有效性测试，以确保模型合理。

（三）系统动力学适用性分析

1. 系统动力学适用于处理数据有限且对数据的依赖性较低的问题

由于治理机制中的许多指标难以完全量化，并且许多指标的数据都受环境因素的影响，因此可能会产生不同的结果。作为一种以过程导向的结构依赖性模型，系统动力学通过对变量之间的因果关系进行建模来有效解决此问题，而本章研究主要集中在定性分析上，它适合于系统动力学方法的使用。

2. 系统动力学适合于处理复杂的高阶系统问题

各种治理机制和治理绩效之间关系的非线性性质使系统更加复杂，并且需要考虑影响治理绩效的因素之间的相互作用。因此,系统动力学方法适合研究各种因素之间的非线性和复杂问题。

3. 系统动力学适合于处理动态和长期的研究问题

治理机制对治理绩效的影响是一个长期的积累过程,并且影响程度在项目生命周期的每个阶段都会有所不同,这是一个长期而动态的过程,适用于系统动力学的研究。

二、重大工程项目治理绩效SD模型的构建

(一) 系统因果回路图

从重大工程项目治理机制与治理绩效的理论研究可以看出,本章中的系统变量包括以下基本内容:契约治理水平、风险分担、收益分配、关系治理水平、关系维护、文化建设、行政治理水平、政府监管、政府协调、治理绩效。同时引入了绩效差和期望绩效辅助建立关系图,最终的重大工程项目治理绩效系统因果关系图如图12-1所示。

由前述理论部分分析可知,治理绩效的影响因素不仅有契约治理、关系治理和行政治理三种治理机制的综合影响,也包括风险分担、收益分配、关系维护、文化建设、政府监管和政府协调的直接影响作用。结合文献分析可以得出主要的反馈回路有:①契约治理→治理绩效→绩效差→契约治理;②关系治理→治理绩效→绩效差→关系治理;③行政治理→治理绩效→绩效差→行政治理。

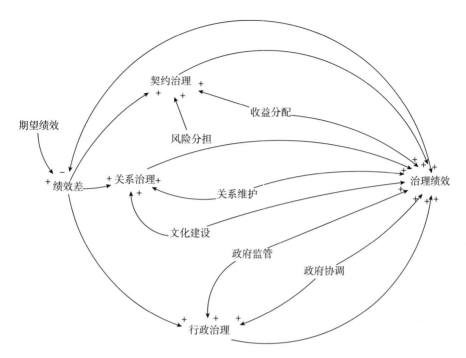

图 12-1 重大工程项目治理绩效系统因果关系图

（二）系统存量流量图

基于系统动力学建模原理，结合 Vensim PLE 系统动力学软件所绘因果关系图以及对各个变量之间关系的分析，初步绘制出因果关系图后，为了使系统更加合理和完整，体现系统的动态性与反馈性，引入了调控率和影响率，凸显治理绩效变化的反馈结果随实验阶段不断发展治理机制对治理绩效的动态影响，最终的系统存量流量图如图 12-2 所示。

（三）影响权重的确定

基于已有重大工程项目的研究（谢坚勋，2019），归纳总结得到契约治理、关系治理和行政治理各个维度对治理机制的权重如表 12-1 所示。其中 SEM 权重是因素的标准化系数，计算得出各个维度对应各个治理机制的权重；SEM R^2 是多元相关平方，计算治理机制下各个维度的均值作为治理机制的初始值。

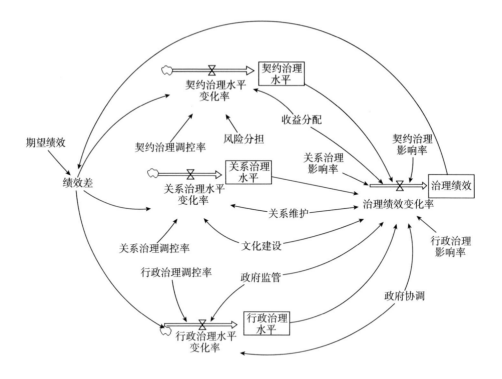

图 12-2 重大工程项目治理绩效系统存量流量图

表 12-1 重大工程项目治理机制维度权重

因素	SEM 权重	SD 权重	SEM R^2	SD 初始值
契约治理				0.654
风险分担	0.820	0.507	0.635	0.635
收益分配	0.797	0.493	0.673	0.673
关系治理				0.799
关系维护	0.827	0.463	0.684	0.684
文化建设	0.956	0.537	0.913	0.913
行政治理				0.686
政府监管	0.791	0.478	0.626	0.626
政府协调	0.863	0.522	0.746	0.746

契约治理、关系治理和行政治理及其各个维度对治理绩效的影响路径如表 12-2 所示，其中风险分担→治理绩效路径在 0.05 的水平上不显著，即风险分担对治理绩效不产生直接的正向影响，在后续的计算及建模过程中将忽略此因素对治理绩效的影响。将治理绩效的影响因素的标准化系数平方均值作为治理绩效的初始值，计算得 0.389。

表 12-2　重大工程项目治理绩效影响路径系数

路径	标准化系数（R）	标准差（SE）	临界比（CR）	P
契约治理→治理绩效	0.771	0.052	8.762	***
风险分担→治理绩效	−0.020	0.085	−0.147	—
收益分配→治理绩效	0.792	0.140	4.623	***
关系治理→治理绩效	0.841	0.089	8.992	***
关系维护→治理绩效	0.542	0.107	4.938	***
文化建设→治理绩效	0.293	0.087	2.730	**
行政治理→治理绩效	0.734	0.089	7.637	***
政府监管→治理绩效	0.318	0.069	3.428	***
政府协调→治理绩效	0.404	0.076	4.292	***

注：** 表示 p<0.01，*** 表示 p<0.001。

（四）模型方程式说明

在构建系统动力学模型的过程中，综合大多数重大工程项目的实际施工时间周期，确定系统的仿真周期为 48 个月，步长为 0.25 个月，约为一周的时间。治理调控率随着项目的开展不断增加，定义使用斜坡函数，其函数定义参考以往研究设定，同时行政治理机制斜坡函数参考契约治理机制设定，所有的项目治理 SD 模型方程说明如表 12-3 所示。

表 12-3　重大工程项目治理绩效 SD 模型方程说明

变量	变量方程式
状态变量	
契约治理水平	INTEG（契约治理水平变化率，0.654）
关系治理水平	INTEG（关系治理水平变化率，0.799）
行政治理水平	INTEG（行政治理水平变化率，0.686）
速率变量	
契约治理水平变化率	0.507×风险分担+0.493×收益分配+契约治理调控率×绩效差
关系治理水平变化率	0.463×关系维护+0.537×文化建设+关系治理调控率×绩效差
行政治理水平变化率	0.478×政府监管+0.522×政府协调+行政治理调控率×绩效差
治理绩效变化率	契约治理影响率×契约治理水平+关系治理影响率×关系治理水平+行政治理影响率×行政治理水平+0.169×收益分配+0.115×关系维护+0.062×文化建设+0.068×政府监管+0.086×政府协调
辅助变量	
风险分担	0.635
收益分配	0.637
关系维护	0.684
文化建设	0.913
政府监管	0.626
政府协调	0.746
期望绩效	400
治理绩效	INTEG（治理绩效变化率，0.389）
绩效差	期望绩效-治理绩效
外生变量	
契约治理调控率	RAMP（0.0004，0，48）
关系治理调控率	RAMP（0.0003，0，700）
行政治理调控率	RAMP（0.0004，0，48）
契约治理影响率	0.164
关系治理影响率	0.179
行政治理影响率	0.156

三、SD模型分析

（一）项目治理水平和治理绩效分析

重大工程项目治理水平和治理绩效各维度动态关系如图 12-3 所示。

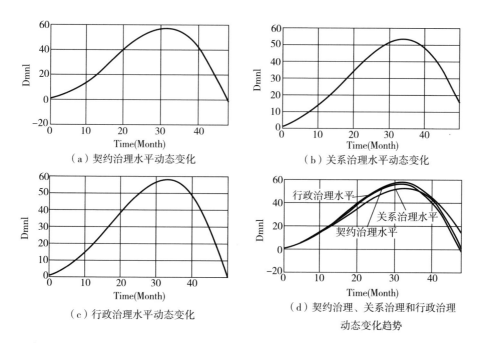

（a）契约治理水平动态变化

（b）关系治理水平动态变化

（c）行政治理水平动态变化

（d）契约治理、关系治理和行政治理
动态变化趋势

图 12-3　治理水平和治理绩效关系

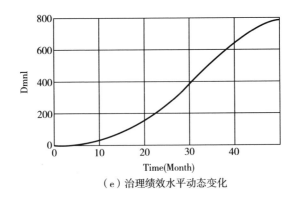

（e）治理绩效水平动态变化

图 12-3　治理水平和治理绩效关系（续）

1. 契约治理水平分析

契约治理水平动态变化如图 12-3（a）所示，契约治理水平整体上随着项目的开展呈现出先上升后下降的趋势，前期到中期不断上升且斜率逐渐增大，契约治理水平加速增长，并在中后期达到顶峰，后期契约治理水平开始下降。仿真结果显示，在项目开展前期由于各参与方之间的关系尚未建立，信任相对比较薄弱，契约中的相关机制在约束各参与方的行为中起着重要作用，风险分担机制和收益分配机制约束着参与方的机会主义行为，在减少矛盾冲突方面发挥着重要作用，契约治理明显。随着项目的继续推进，参与方之间的关系逐渐加强，契约中的各项机制的作用逐渐减弱，而在项目后期，工程基本完成的同时，不确定性减少，契约治理的作用不再明显。

2. 关系治理水平分析

关系治理水平动态变化如图 12-3（b）所示，与契约治理水平相似，关系治理水平整体上随着项目的开展呈现出先上升后下降的趋势，前期到中期不断上升且斜率逐渐增大，关系治理水平加速增长，并在中后期达到顶峰，后期关系治理水平开始下降。仿真结果显示，在项目开展前期各参与方之间信任较低，但是随着项目推进，参与方之间逐渐建立信任，文化建设机制使得各方关系增强，关系治理的基础逐步增加，信息共享得更加充分，共同解决问题的意愿越来越强烈，共同加速项目建设。且图中曲线前中期斜率越来越大，表明上升趋势加强，关系强度提高，且最终达到顶峰水平。而在项目后期，工程基本完成的同时不确定性减少，各方合作的概率逐渐减少，开始进入善后阶段，关系治理水平开始下降，关系治理的作用不再明显，但是前期合作的基础尚存，因此还是占据主导地位。

3. 行政治理水平分析

行政治理水平动态变化如图 12-3（c）所示，与契约治理水平相似，行政治理水平整体上随着项目的开展呈现出先上升后下降的趋势，前期到中期不断上升且斜率逐渐增大，行政治理水平加速增长，并在中后期达到顶峰，后期行政治理水平开始下降。仿真结果显示，在项目开展前期参与方之间的关系较为薄弱，而重大工程涉及的利益、关系复杂，政府在前期决策监督中占重要地位，并且需要政府前期做好财力人力物力等的协调，并做好监督工作。而随着项目的推进，在中后期项目所涉及的层面渐广，复杂性增加，项目推进愈发复杂困难，政府的作用愈发明显，治理水平达到巅峰。而步入后期，工程逐渐完善，复杂性降低，政府的作用逐渐减弱，治理水平下降。

4. 契约治理、关系治理和行政治理对比

契约治理水平、关系治理水平和行政治理水平在项目实施周期的变化趋势如图 12-3（d）所示。整体来看，各个治理机制治理水平随着项目的开展呈现出先上升后下降的趋势，前期到中期不断上升且斜率逐渐增大，治理水平加速增长，并在中后期达到顶峰，后期治理水平开始下降。在项目前期过程中，契约治理和行政治理由于具有外部强制性，其增长的速度比关系治理快，在前后期占主导地位。随着项目的开展，参与方之间的关系水平不断提高，关系治理水平从项目开始实施时开始建立，后期不断随着时间周期提升，并且斜率越来越大。图中表明关系治理水平增长速率随着项目的开展逐渐增加，后期超过契约治理水平和行政治理水平，成为主导地位。项目刚开始契约治理和行政治理的作用明显，需要借助契约和政府的力量来限制参与方的行为，随着参与方之间的信任、共享、合作等互动，使得关系治理水平提高。而在后期，前期建立的信任关系保持在一定水平维持至项目结束。图中体现了契约治理、关系治理和行政治理随着项目实施所展现出来的动态的变化规律。

5. 治理绩效

治理绩效水平动态变化如图 12-3（e）所示。整体来看，在契约治理、关系治理和行政治理以及各个机制的维度共同作用下，曲线是不断上升的，在前期阶段变化比较平稳，曲线的斜率先增大后减小，表明治理绩效在项目周期内先增速提升，在中后期趋于平稳。仿真结果显示，治理绩效在整个项目的周期内在各个因素的共同影响下总体是不断提高的。前期项目开展时，由于参与方之间的合作生疏、关系联系不强，资源调动等存在不足，加上项目复杂性较高，治理绩效变化不大。而随着信任的建立、信息的共享以及共同解决问题的频率增加，参与方直接的交流加强，信息充足，复杂性降低，加之契约的约束以及政府的协调调动，治理水平稳步提升。前期以契约治理和行政治理为主，中后期以关系治理为主导治理方式，该转变导致治理绩效的不断提升。而后期由于绩效的提升导致绩效差距的减小，所带来的反馈使得各治理机制的调控逐渐变小，治理水平有所下降，但整体治理绩效依旧不断提升。

（二）单维度情景分析

单维度情景分析是为测量各个治理机制中各个维度中关键的因素，通过改变其中某一维度对治理绩效的影响而测定。实验中，某一维度被赋值为 1 代表该维度的水平达到最高，通过对比治理绩效可以得出敏感度最高的因素。各个治理机制的单维度情景分析如表 12-4 所示，单维度情景与治理绩效之间的关系如图 12-4 所示。

表 12-4　重大工程项目治理单维度情景分析

情景	设置	结果
情景Ⅰ：契约治理		
情景ⅠA	风险分担 = 1	情景ⅠB＞情景ⅠA
情景ⅠB	收益分配 = 1	

续表

情景	设置	结果
情景Ⅱ：关系治理		
情景ⅡA	关系维护 = 1	情景ⅡA>情景ⅡB
情景ⅡB	文化建设 = 1	
情景Ⅲ：行政治理		
情景ⅢA	政府监管 = 1	情景ⅢA>情景ⅢB
情景ⅢB	政府协调 = 1	

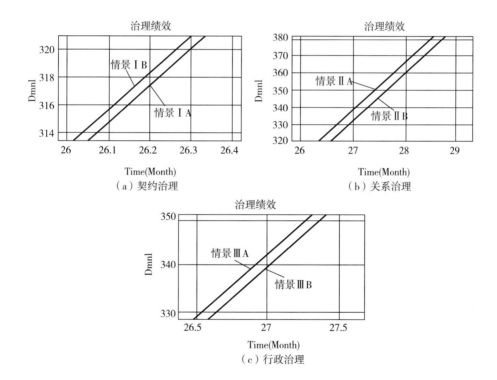

图 12-4　单维度情景与治理绩效之间的关系

对于情景Ⅰ契约治理机制，治理绩效：情景ⅠB>情景ⅠA，收益分配水平的提高对治理绩效的影响大于风险分担，收益分配因素为关键因素；对于情景Ⅱ关系治理机制，治理绩效：情景ⅡA>情景ⅡB，关系治理水平的提高对治理绩效的影响大于文化建设，关系维护为关键因素；而对于情景Ⅲ行政治理机制，治理绩效：情景ⅢA>情景ⅢB，政府监管水平的提高对治理绩效的影响大于政府协调，政府监管为关键因素。

（三）双维度情景分析

双维度情景分析是为了测量治理机制之间的耦合作用对治理绩效的影响，有助于全面了解治理机制对治理绩效的影响。由单因素情景分析可得，三种治理机制的关键维度分别为收益分配、关系维护以及政府监管。假设每一个维度对资源的消耗最高为 1。例如，"收益分配 = 0.1，关系维护 = 0.9"代表大部分（90%）的重心用于关系维护而少部分（10%）用于收益分配建立。双维度情景分析设置如表 12-5 所示，双维度情景与治理绩效之间的关系如图 12-5 所示。

表 12-5　重大工程项目治理双维度情景分析

情景	设置	结果
情景 1：契约治理 & 关系治理		
情景 1A	收益分配 = 0.1，关系维护 = 0.9	情景 1D>情景 1B>情景 1A>情景 1C
情景 1B	收益分配 = 0.9，关系维护 = 0.1	
情景 1C	收益分配 = 0.1，关系维护 = 0.1	
情景 1D	收益分配 = 0.9，关系维护 = 0.9	
情景 2：契约治理 & 行政治理		
情景 2A	收益分配 = 0.1，政府监管 = 0.9	情景 2D>情景 2B>情景 2A>情景 2C
情景 2B	收益分配 = 0.9，政府监管 = 0.1	
情景 2C	收益分配 = 0.1，政府监管 = 0.1	
情景 2D	收益分配 = 0.9，政府监管 = 0.9	
情景 3：关系治理 & 行政治理		
情景 3A	关系维护 = 0.1，政府监管 = 0.9	情景 3D>情景 3B>情景 3A>情景 3C
情景 3B	关系维护 = 0.9，政府监管 = 0.1	
情景 3C	关系维护 = 0.1，政府监管 = 0.1	
情景 3D	关系维护 = 0.9，政府监管 = 0.9	

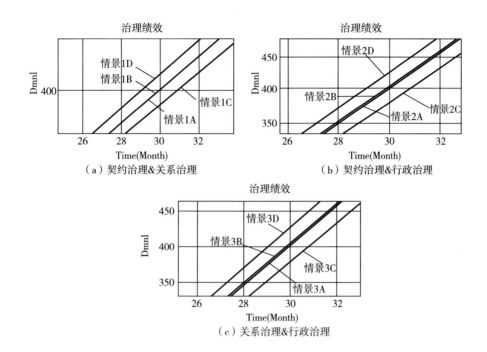

图 12-5　双维度情景与治理绩效之间的关系

在图 12-5（a）的情景 1 中，当高收益分配水平和高关系维护水平时，治理绩效达到最高水平，而收益分配对治理绩效的影响大于关系维护。曲线不断上升，治理绩效：情景 1D>情景 1B>情景 1A>情景 1C。对比情景 1C 和情景 1D，当收益分配水平和关系维护水平均为最高时，治理绩效水平也达到最高，这与实际工程情况吻合，在收益分配机制越完善、各方对关系越重视时，治理绩效越高。对比情景 1A 和情景 1B，收益分配水平的提高对治理绩效的影响大于关系维护水平。

在图 12-5（b）的情景 2 中，当高关系维护水平和高政府监管水平时，治理绩效达到最高水平，而收益分配对治理绩效的影响大于政府监管。曲线不断上升，治理绩效：情景 2D>情景 2B>情景 2A>情景 2C。对比情景 2C 和情景 2D，当收益分配水平和政府监管水平均为最高时，治理绩效水平也达到最高，这与实际工程情况吻合，在收益分配机制越完善、政

233

府对工程的监管力度越大时，治理绩效越高。对比情景 2A 和情景 2B，收益分配水平的提高对治理绩效的影响大于政府监管水平。

在图 12-5（c）的情景 3 中，当高关系维护水平和高政府监管水平时，治理绩效达到最高水平，而关系维护对治理绩效的影响大于政府监管。曲线不断上升，治理绩效：情景 3D>情景 3B>情景 3A>情景 3C。对比情景 3C 和情景 3D，当关系维护水平和政府监管水平均为最高时，治理绩效水平也达到最高，这与实际工程情况吻合，政府对工程的监管力度越大、各方越维护关系时，治理绩效越高。对比情景 3A 和情景 3B，关系维护水平的提高对治理绩效的影响大于政府监管水平。

（四）仿真结果总结

本章在以往的契约治理和关系治理的基础上引入了行政治理，并分析三种治理机制下分别对应的维度，采用系统动力学方法，探讨契约、关系和政府在重大工程项目中的角色，研究三种治理机制及各维度下治理绩效的动态变化。

1. 契约治理、关系治理和行政治理共同促进治理绩效的提高

契约治理机制是指在重大工程项目的每个组织内部和外部建立的，通过制度安排来体现的具有明确权限和分工的责任和权利关系，其中风险分担机制和收益分配机制发挥着重要作用。关系治理机制是指影响项目参与者之间形成的组织行为的非正式和不成文的规范，其中关系维护和文化建设对项目绩效的作用显著。行政治理机制是政府为促进重大项目建设而采取的积极的管控行为和机制，其中政府的监管和政府的协调有效地促进了项目的发展。契约治理、关系治理和行政治理在项目的推进过程中影响着项目的复杂性，使得项目稳定推进。

2. 契约治理、行政治理在前期发挥作用，关系治理在后期处于主导地位

在重大工程项目的实施周期中，各种治理机制治理水平随着项目的开展呈现先上升后下降的趋势，前期到中期不断上升，治理水平加速增长，并在中后期达到顶峰，后期治理水平开始下降。契约治理和行政治理在前

中期处于主导地位，促进了项目的发展。在后期，参与者之间的沟通和交流得到加强，信任得到增强，关系治理起着明显的作用，有效地促进了项目绩效的提高，并超越了契约治理和行政治理而占据主导地位，契约治理和行政治理水平逐渐下降。

3. 收益分配、关系维护和政府监管对治理绩效影响较大

在契约治理机制中，相比于风险分担机制，收益分配机制对治理绩效的影响效应要大；而在关系治理机制中，关系维护措施相较于文化建设政策给治理绩效带来的影响大；同理，在行政治理中，政府监管比政府协调能够带来更多的治理绩效改变。同时通过双维度情景分析，对比契约治理和关系治理，收益分配机制比关系维护能带来更多绩效改变；对比契约治理和行政治理，收益分配水平的提高带来的绩效改变比政府监管大；对比关系治理和行政治理，关系维护比政府监管能带来更多的绩效提升。总体来说，每一种治理机制中，收益分配、关系维护和政府监管尤其是收益分配对治理绩效的影响相对较大。

四、治理绩效提升策略

在整个重大工程项目的生命周期中，契约治理水平、关系治理水平和行政治理水平随着项目的开展均呈现先上升后下降的趋势，前期到中期不断上升且斜率逐渐增大，在中后期达到顶峰，后期治理水平开始下降。其中在前中期，契约治理和行政治理增长速度比关系治理快，在前中期占主导地位；而在后期关系治理水平增长速度加快，超过契约治理水平和行政治理水平，占据主导地位。在契约治理、关系治理和行政治理及其各个维度的共同作用下，治理绩效是不断提高的，前期阶段变化较为平稳，后期增速提升，最后趋于平稳。

由单维度情景分析的结果可知，在契约治理机制中，收益分配为关键维度：在关系治理机制中，关系维护为关键维度；在行政治理机制中，政府监管为关键维度。在单因素情景分析的基础上进一步进行双维度情景分析并且得到：收益分配水平的提高对治理绩效的影响大于关系维护水平，收益分配水平的提高对治理绩效的影响大于政府监管水平，关系维护水平的提高对治理绩效的影响大于政府监管水平。总体来说，收益分配、关系维护和政府监管分别在三种治理机制中对治理绩效的影响程度最高，而在三者之中收益分配对治理绩效的影响最大，关系维护次之，政府监管最小。

通过 Vensim PLE 软件对重大工程项目治理进行仿真分析，据此根据仿真结果分析，重点从契约治理、关系治理和行政治理等方面提出提升治理绩效的对策建议。

1. 重大工程项目实施前期阶段重视契约、行政治理机制

由于前期阶段，参与方之间的沟通交流有限，信息分享不足，共同解决问题的频次少，尚未建立其良好的关系基础，相互之间的信任有限，需要依靠外部的力量来调节促进项目的顺利进行，通过契约的约束和政府的监管能够有效地促进参与方之间的效率，促进提升项目的绩效。因此在此阶段，政府应加强对重大工程项目的指导监督，使得项目顺利开展并朝着最佳的方向提高项目绩效；同时应加强契约管理，使契约尽可能完善，避免机会主义行为以及后续为关系治理打好基础。

2. 重大工程项目实施中后期阶段重视关系治理机制

在重大工程项目实施中后期阶段，关系治理对治理绩效的提升具有显著作用。此时由于参与方之间的合作次数增加，共同解决问题的频率增加并且信息共享行为的大量产生，使得互相之间的信任加强，关系治理的作用逐渐增强，并且有效提升项目绩效。此时契约的完备性等已经成形，政府的推动作用逐渐减弱，参与方之间的关系占主导。因此在此阶段，应该加强合作沟通交流，积极信息共享，致力于共同解决问题，提升互相之间的信任度。

3. 完善收益分配机制，加强关系维护和政府监管力度

在重大工程项目治理绩效的提升中，对于契约治理机制，收益分配对治理绩效的影响大，表明在资源有限的情况下，将重点用于完善收益分配机制来提升治理绩效；同理，对于关系治理机制，关系维护对治理绩效的影响大，表明在资源有限的情况下，将重点用于完善收益分配机制来提升治理绩效；对于行政治理机制，政府监管对治理绩效的影响大，表明在资源有限的情况下，将重点用于加强关系维护来提升治理绩效。而在这三者中，关系维护的影响大于收益分配大于政府监管。因此，在工程实施过程中应完善收益分配机制，加大政府的监管力度，加强各方之间的合作交流，促进关系维护。

五、本章小结

本章探索契约、关系和行政治理在重大工程项目中的角色，并基于系统动力学（SD）探讨重大工程项目治理效应非线性涌现规律，从而提出了治理绩效提升对策建议。研究结果表明：在中国情境下，重大工程项目治理机制是由契约治理、关系治理和行政治理机制三种治理机制共同构成的。在重大工程项目实施的周期中，前期阶段，契约治理和行政治理占主导地位，推动着项目的发展；中后期阶段，参与方之间的沟通交流加强，信任度提升，关系治理的作用明显，有效推动治理绩效的提高，并超越契约治理和行政治理占据了主导地位，契约治理和行政治理水平逐渐下降。在每一种治理机制中，收益分配、关系维护和政府监管尤其是关系维护对治理绩效的影响相对较大。本章研究可以为项目各参与方提升重大工程项目治理能力和实现项目成功提供参考依据。

第十三章
重大工程项目治理情境与策略匹配研究

重大工程一直是中国社会、民生、环境和经济发展的关键支撑，由此形成了一些行业习惯、最佳实践和制度体系，成功项目的实践经验对后续项目的治理绩效提升具有重大意义。因此，非常有必要通过系统梳理重大工程典型案例，探寻不同项目情境下的治理策略适应性匹配规律。本章将重大工程项目情境与治理策略匹配作为研究方向，基于"情境与策略识别—匹配机理—案例验证"研究框架体系，具体目标聚焦于解决并回答以下问题：①重大工程项目具有哪些特有的情境特征及演化规律？影响重大工程项目治理策略形成的情境组合因素有哪些？②重大工程项目采用的治理策略有哪些？政府主导下的重大工程行政治理机制的内涵如何界定？重大工程项目治理机制具体包含哪些治理机制？③何种情境下重大工程项目组织适宜采用何种治理策略？

一、重大工程项目治理情境因素的识别

（一）研究设计与研究方法

1. 研究设计

重大工程项目治理策略的形成受多种情境因素相互影响，本章采用扎

根理论和网络分析法（ANP）评估和识别对治理策略的选择影响较大的情境因素。首先，从中国重大工程实践出发，对我国港珠澳大桥、京沪高铁、三峡工程等 8 个重大工程项目进行扎根理论分析，初步识别出情境因素。然后，结合 10 位来自重大工程项目实践领域和科研领域专家的调查问卷数据，运用 ANP 法和 Super decision 软件对重大工程项目治理策略情境因素进行权重比较和排序。

2. 扎根理论构建法

扎根理论是一种通过收集和分析资料，对社会各种现象和问题加以思考和研究的方法，是一种基于资料建立理论的质性研究方法。数据资料的收集与编码是扎根理论的核心，整个过程中贯穿着理论的演绎与归纳。扎根理论方法目前有三大主要流派，分别是经典扎根理论研究方法、程序化扎根理论研究方法和建构主义扎根理论研究方法。扎根理论的运用主要包括开放性编码、主轴性编码、选择性编码三个步骤，并识别核心范畴。具体的研究路线如图 13-1 所示。

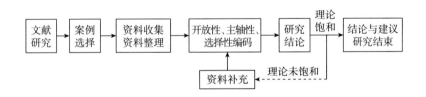

图 13-1　扎根理论研究路线

3. 网络分析法（ANP）

网络分析法（ANP）又称网络程序法，是 T. L. Satty 教授在 1996 年基于层次分析法（Analytic Hierarchy Process，AHP）进行归纳、总结、优化，同时考虑各内部因素的相互影响关系下提出的一种新的科学决策方法。ANP 将系统分为控制层和准则层，控制层中各元素之间相互制约、相互影响。

（二）基于扎根理论的重大工程项目治理情境因素识别

1. 数据收集

本章数据以案例资料为主，以相关报告、网页专题、官方网站为辅。在案例资料收集方面，借助复杂工程管理研究院建立的重大工程案例研究和数据中心重大工程案例库（网站：http：//www.mpcsc.org/case_data.htm），选取不同时期、不同地区、不同类型的重大工程作为案例，基本覆盖各种类型。初步选取 8 个重大工程项目案例作为治理策略情境因素数据来源，如表 13-1 所示。在辅助资料方面，选取相关专题网页、视频，如与港珠澳大桥相关的报告《港珠澳大桥》，央视网关于三峡工程的纪录片《三峡工程》，南水北调项目官方网站"中国南水北调网"等。

表 13-1　重大工程项目数据

编号	工程名称	工程类型	投资规模（亿元）	所在城市
NO.1	港珠澳大桥工程	桥梁工程	约 1200	香港—珠海—澳门
NO.2	南水北调工程	水利工程	约 5000	东线从江苏至天津
NO.3	京沪高铁工程	铁路工程	2200	北京至上海
NO.4	青藏铁路工程	铁路工程	330	西宁至拉萨
NO.5	三峡工程	水利工程	2485	湖北宜昌
NO.6	西气东输工程	能源工程	3000	一线从新疆至上海
NO.7	上海世博会工程	综合工程	286	上海
NO.8	北京大兴国际机场	综合工程	799.8	北京大兴

2. 数据分析

（1）开放性编码。开放性编码是将访谈记录、案例资料进行逐字逐句的信息提取，将提取出的信息进行范畴化。本章研究采取手工编码的方式，案例 1~6 用于构建模型，案例 7~8 用于饱和度检验。同一案例资料由两名研究人员进行分析，并进行结果对比形成最终编码，经过对每份研究资料的细致分析后，共贴出 149 个标签，形成了 12 个次要范畴。表 13-2 为对港珠澳大桥项目资料开放性编码的举例说明。

表 13-2　对港珠澳大桥项目资料开放性编码的举例说明

重大工程项目案例资料（部分）	概念化	范畴化
……港珠澳大桥是完善国家和粤港澳三地的综合运输体系，密切珠江西岸地区与香港地区的经济社会联系，加快产业结构调整和布局优化（aaa11），拓展经济发展空间等的必需品（aaa12）……港珠澳大桥作为一个世界级的跨海大桥，面临的第一个挑战是建设管理挑战，此次粤港澳三地共建一个跨界项目，必然要满足三地、协调三地的建设目标和建设理念（aaa13）；第二个挑战是工程技术挑战，港珠澳大桥是当今世界上技术含量最高、规模最大（aaa14）、标准最高的项目（aaa15），而它的建设必然也将面临诸多来自尖端工程技术的挑战……2008 年 8 月 5 日，根据三方最新达成的融资安排，港珠澳大桥建设融资模式选择了政府全额出资本金的方式（aaa16），其余部分则通过贷款解决，放弃了之前一直被看好的 BOT 模式，根据融资方案，粤港澳三地政府的出资是根据经济效益公平分摊的……港珠澳大桥属于基础设施工程，政府出面进行公开招标。港珠澳大桥的工程项目特色管理建设理念主要体现在：推行设计施工总承包及大标段理念；融合三地经验，统一技术标准及规范要求，组件国际化团队，引进专业咨询机构（aaa17）；搭建伙伴关系，倡导愉悦的项目文化；借鉴各行各业成熟经验进行 HSE 管理，推行标准化及风险预控管理……港珠澳大桥主体工程合同结构：大型国有企业 34 家，占比 65%；大型国有企业的关联企业，如全资子公司、挂靠企业等 8 家，占比 15.3%（aaa18）；未发现显著政府关联的参建方 10 家，占比 19%，主要为国内监理 2 家，国际知名设计与施工咨询单位 6 家，勘察设计单位两家……港珠澳大桥工程建设单位隶属于港珠澳大桥管理局，岛隧工程采用设计施工总承包模式（aaa19），除了岛隧工程，主体工程其他合同都由大桥管理局和承包商直接签订，有利于突出大桥管理局的建设地位（aaa20），有利于工程整体成本、进度和质量控制（aaa21）……	aaa11 项目带来的地区经济效益 aaa12 项目给区域带来的长久效益 aaa13 三地的建设目标 aaa14 项目规模、挑战 aaa15 项目的标准 aaa16 项目的投融资模式 aaa17 项目国外技术咨询团队 aaa18 项目的国有企业、私营企业等占比 aaa19 项目采用的承发包模式 aaa20 政府在治理结构过程中的地位 aaa21 政府在项目中的管理范围……	aa5 公众利益 aa9 项目复杂性 aa6 交易对象 aa1 产权结构 aa7 承发包模式 aa2 政府影响力 ……

（2）主轴性编码。主轴性编码可以筛选出与研究主题相关的主范畴，并

探寻各个范畴之间的联系，将它们联系起来，如"产权结构"、"政府影响力"、"决策团队组织架构"可被重新整合纳入一个主范畴——行政属性因素。最终通过主轴编码得到3个主范畴和12个副范畴，如表13-3所示。

（3）选择性编码。选择性编码的分析重点是分析主范畴，探寻研究资料的内部关联，从主范畴中确定具有提纲挈领作用的核心范畴。最终用"故事主线"的方式描述资料反映的现象，将核心范畴、主范畴以及其他范畴联系起来。结合研究内容得出行政属性因素、交易属性因素、关系属性因素三个主范畴，进一步研究将核心范畴定义为"重大工程项目治理策略情境因素"。

（4）故事脉络。

1）重大工程项目治理策略形成的情境因素始于政府在项目中的主导作用，在我国特有的制度情境下，政府是重大工程项目治理的主导者，政府不仅直接参与了重大工程项目，还是重大工程项目相关利益主体的协调者。

2）在项目交易方面，政府结合项目的复杂性、承包商的资质等因素，既希望选择安全可靠的合作伙伴，也希望通过项目的完成达到共赢。

3）重大工程项目治理过程中业主与参与对象的关系、未来合作期望以及社会环境文化都会间接影响对参与对象的选择，继而影响治理策略的选择。

通过扎根理论分析，发现重大工程项目治理策略情境因素主要包括三个方面，即行政属性因素、交易属性因素和关系属性因素，并进一步细化出了12个范畴，如表13-3所示。

表13-3　重大工程项目治理策略情境因素分析结果

主范畴	副范畴	内涵
行政属性因素 B1	产权结构 U1	重大工程项目总投资的构成包括中央政府、港澳台资本、私人资本、国外资本等
	政府影响力 U2	基于政府的形象、信誉，政府对项目的间接影响程度
	组织架构 U3	决策团队的成员构成、人员结构形式对治理策略的影响
	组织偏好 U4	项目决策团队对于问题解决方案的倾向

续表

主范畴	副范畴	内涵
交易属性因素 B2	交易对象 U5	重大工程项目的合作单位，包括国有企业、私营企业、国外团队等
	承发包模式 U6	重大工程项目依据项目资金额度、融资成本、项目控制权等因素，对于不同的项目采取不同的承发包模式
	招投标模式 U7	大工程项目依据项目实际情况、复杂性、时间成本，对于标段采取公开招标或邀请招标
	项目复杂性 U8	重大工程项目规模、投资大小，技术复杂，通常具有更高的质量和进度要求，进一步影响治理策略
关系属性因素 B3	合作频率 U9	与建设单位的合作次数决定着政府对参建单位的信任、监督管理方面的程度
	合作长度 U10	与建设单位的合作长度同时也决定着政府对于参建单位的信任、监督管理的程度
	行业惯例 U11	行业惯例是行业内部自发形成的习惯，行业内的从业者都会自我遵守的做事方式（政府文化）
	公众利益 U12	重大工程项目代表社会需求、公众利益的程度，涉及的利益相关者众多

（5）饱和度检验。为验证上述分析是否饱和，对编号 7~8 的案例资料进行编码分析后，没有发现新的关系及范畴，由此可以判断扎根理论编码结果已经达到较好的理论饱和度。

3. 分析结果

根据扎根理论分析的结果可以发现，重大工程项目治理策略形成的情境因素主要体现在行政属性因素、交易属性因素和关系属性因素三个方面。其中，行政属性因素（B1）包括产权结构（U1）、政府影响力（U2）、组织架构（U3）、组织偏好（U4）；交易属性因素（B2）包括交易对象（U5）、承发包模式（U6）、招投标模式（U7）、项目复杂性（U8）；关系属性因素（B3）包括合作频率（U9）、合作长度（U10）、行业惯例（U11）、公众利益（U12）。

（三） 基于 ANP 的重大工程项目治理情境因素排序

1. 情境因素耦合关系分析

ANP 法是一种基于反馈系统的超矩阵，系统中的每一个元素都有可能被其他元素影响。评价体系建立后还应分析各指标之间的联系和影响，各评价指标间存在一定的依存和反馈关系，并不是完全独立的。例如，重大工程项目的产权结构会使项目的交易对象选择具有多样性；项目的交易对象又会影响政府与建设单位的合作长度和合作频率；行业惯例影响着项目承发包模式、招投标模式、组织决策偏好。重大工程项目治理策略情境因素的 ANP 图如图 13-2 所示。

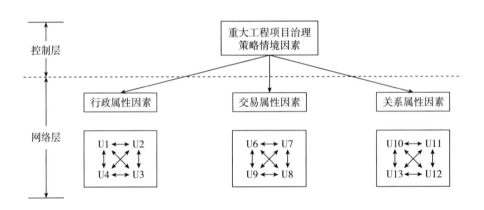

图 13-2　重大工程项目治理策略情境因素的 ANP 图

通过咨询 4 位来自实践界的具有重大工程项目经验的专家和 6 位来自高校的具有重大工程项目理论研究的专家共计 10 位（其中从事重大工程项目实践或研究年限在 10 年以上的有 3 人，占 50%；6~10 年和 5 年及以下的分别为 3 人和 2 人），最终得到重大工程项目治理策略情境因素间的影响关系如表 13-4 所示。

表 13-4　重大工程项目治理策略情境因素耦合关系分析

影响指标		被影响指标
B1 行政属性因素	U1	U2、U3、U4、U5、U6、U7、U9、U10、U11、U12
	U2	U1、U4、U5、U9、U10、U11、U12
	U3	U4、U6、U7、U10
	U4	U3、U5、U6、U7、U8、U12
B2 交易属性因素	U5	U1、U2、U6、U7、U9、U10、U11、U12
	U6	U5、U7、U9、U10
	U7	U6、U9、U10
	U8	U1、U3、U4、U5、U6、U7、U12
B3 关系属性因素	U9	U2、U5、U12
	U10	U5、U12
	U11	U1、U2、U5、U6、U7、U12
	U12	U1、U2、U5、U6、U7、U8、U11

2. 情境因素评价模型构建

本章以重大工程项目情境因素为总目标，通过扎根理论对重大工程项目情境因素识别，基于前文构建的元素评价体系和元素间的关联关系，在 Super Decision 软件中构建重大工程项目治理策略情境因素评价的 ANP 模型，如图 13-3 所示。

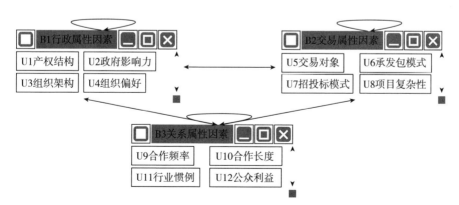

图 13-3　基于 Super Decision 的重大工程项目治理策略情境因素模型

3. 数据处理

步骤 1：构建未加权超级矩阵。

在 Super Decision 软件中录入调查数据，然后选择 Computations→Unweighted Super Matrix →txt，经过软件的计算，即可得到未加权超级矩阵。

步骤 2：构建加权超级矩阵。

经软件计算得到未加权超级矩阵后，可根据模型中各成分的相权重计算加权超级矩阵。在软件中选择 Computations→Weighted Super Matrix →txt，即可得到加权超级矩阵。

步骤 3：构建极限矩阵。

加权超级矩阵反映了项目中单个元素之间的优势度，为了使真实情况更加真实呈现，还需要计算极限矩阵，对加权超级矩阵进行稳定处理。在软件中选择 Computations→Limit Matrix→txt，即可得到极限矩阵。

步骤 4：各元素权重结果排序。

在软件中选择 Computations→Priorities，即可得到各因素指标相对于问题的权重。

重大工程项目情境因素权重如图 13-4 所示。

将计算结果进行汇总，得到各因素相对于目标问题的权重，如表 13-5 所示。

4. 分析结果

从指标评价体系模型的权重结果可以看出，三个一级评价指标对重大工程项目治理策略形成的影响程度由高到低排序依次为行政属性因素、交易属性因素、关系属性因素，权重分别为 0.705、0.211、0.084。在二级评价指标中，各维度权重排名前三的分别为产权结构、交易对象和公众利益，权重占比分别为 0.202、0.152、0.041。在进行重大工程项目治理策略的选择时，可基于不同的情境调整对治理策略影响最大的因素以实现治理策略的最优选择。因此，为扩大行政属性因素对于治理策略选择的影响，让政府在项目中有更大的影响力，可以优先增加政府对项目产权结构的占比，让政府利用自己的社会地位和资源整合力对项目精心决策；为扩

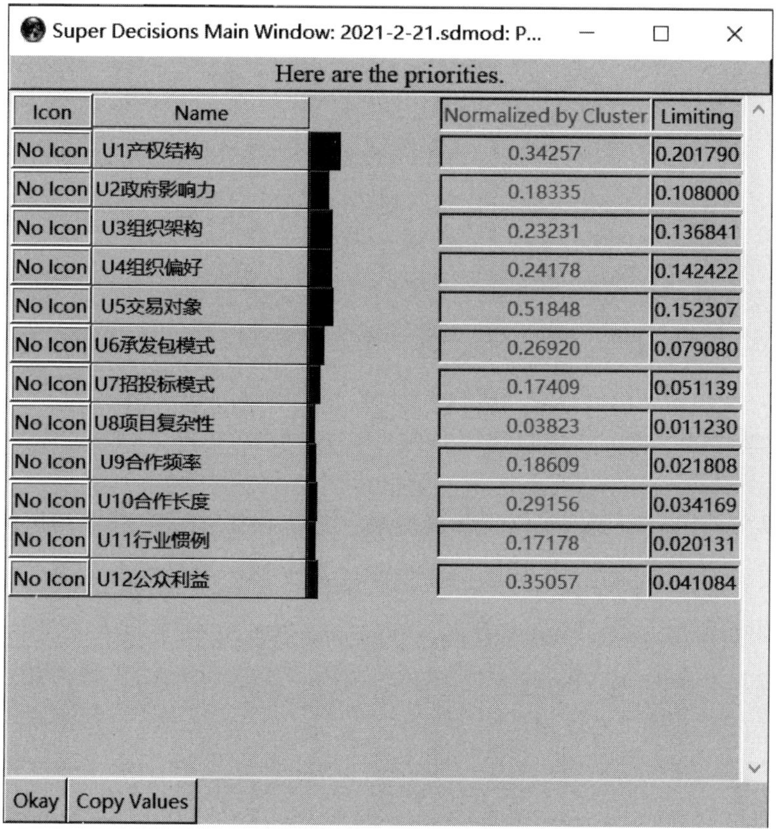
Super Decisions Main Window: 2021-2-21.sdmod: P...
Here are the priorities.
Icon
Name
Normalized by Cluster
Limiting
No Icon U1产权结构 0.34257 0.201790
No Icon U2政府影响力 0.18335 0.108000
No Icon U3组织架构 0.23231 0.136841
No Icon U4组织偏好 0.24178 0.142422
No Icon U5交易对象 0.51848 0.152307
No Icon U6承发包模式 0.26920 0.079080
No Icon U7招投标模式 0.17409 0.051139
No Icon U8项目复杂性 0.03823 0.011230
No Icon U9合作频率 0.18609 0.021808
No Icon U10合作长度 0.29156 0.034169
No Icon U11行业惯例 0.17178 0.020131
No Icon U12公众利益 0.35057 0.041084
Okay
Copy Values

图 13-4　重大工程项目情境因素权重

表 13-5　重大工程项目治理策略情境因素权重分析结果

目标层	维度层	元素层	权重	排序
重大工程项目治理策略情境因素评价	行政属性因素 B1（0.705）	产权结构 U1	0.202	1
		政府影响力 U2	0.108	5
		组织架构 U3	0.137	4
		组织偏好 U4	0.142	3

续表

目标层	维度层	元素层	权重	排序
重大工程项目治理策略情境因素评价	交易属性因素 B2（0.211）	交易对象 U5	0.152	2
		承发包模式 U6	0.079	6
		招投标模式 U7	0.051	7
		项目复杂性 U8	0.011	12
	关系属性因素 B3（0.084）	合作频率 U9	0.022	10
		合作长度 U10	0.034	9
		行业惯例 U11	0.020	11
		公众利益 U12	0.041	8

大交易属性因素对治理策略选择的影响，减少项目交易过程中的风险，可基于项目的复杂程度和企业的信任程度优先选择合适的国有企业、私营企业或国外团队等交易对象；为扩大关系属性因素对治理策略选择的影响，基于重大工程项目承载着广大公众的利益和政府是人民的代表的特点，重大工程项目决策需要更多地站在人民的立场上。

二、重大工程项目情境与治理策略的匹配研究

（一）重大工程项目治理策略的组合识别

基于项目治理的机制、维度和框架的研究，本书把重大工程项目治理机制分为行政治理、契约治理和关系治理三类。国内大多数学者都是就某方面具体的问题或者从宏观的角度提出相应的解决策略与建议，以提高项目治理的绩效，并没有从治理机制与我国的情境结合的角度去研究治理策

略。严玲（2016）认为契约与关系的互补效应存在多种不同治理策略组合，且契约与关系是互补的。王盼（2015）通过对铁路建设各利益相关方治理的研究得出了四种治理类型，分别是合同与关系俱强型、重关系轻合同型、重合同轻关系型、关系与合同俱弱型，并分析了各种治理策略的优势与弱势。李志钦（2017）在严玲的研究基础上对普通项目进行多案例分析，得出了普通项目的四种治理策略，分别是基于契约的信任型、基于信任的契约型、契约型和关系型治理策略。陈菡（2016）从正式契约和关系契约两个角度研究中国情境下 PPP 项目的治理机制。

可以看出，以往学者对于项目治理策略的研究往往没有系统考虑行政治理机制在治理策略组合中的作用，部分学者考虑了政府在项目中的影响力，但只是针对某一突出问题给予治理策略方面的建议，缺少将行政治理与关系治理、契约治理联系起来的思考。基于文献部分的研究，行政治理的核心可以概括为政府决策、政府监督和政府协调，契约治理的核心可以初步概括为契约带来的风险分担、收益分配和权益配置，关系治理的核心可以初步概括为信息共享、信任、合作和文化建设。因此，形成了均衡型和强化型两类四种治理策略，即基于行政的契约和关系俱强型治理策略、基于行政和契约的关系型治理策略、基于行政和关系的契约型治理策略、基于行政的契约型治理策略，如表 13-6 所示。在强化型治理策略中，项目治理并不是指在外部行政治理下内部完全依靠契约治理或关系治理策略，而是指在行政外部治理下，契约或关系占据了主导地位；均衡性治理策略则是指重大工程项目治理过程中，在外部行政治理作用下契约治理与关系治理并重实现项目高效治理。

1. 基于行政的契约和关系俱强型治理策略

基于行政的契约和关系俱强型治理机制是把契约治理和关系治理放到同等重要的位置上。在行政外部治理下，业主方与各利益相关者通过谈判设定严密的合同条款，明确各方的权利与义务，同时对项目的风险与收益进行合理划分，确保项目成功。在契约履行阶段，各利益相关方严格按照契约去履行相应的义务，同时各方注重相互间的信任、合作、信息共享与文化建设。在内部治理下，业主与交易对象签订契约明确各方的权责利，确保项目成功，同时对于项目建设过程中的问题，各方相互信任、协作从而达到快速解决矛盾的目的。

2. 基于行政和契约的关系型治理策略

基于行政和契约的关系型治理策略，在行政外部治理下，各利益相关者选择严密的合同，进而明确各方的权利、义务、风险等，通过契约对各利益相关方形成正式承诺和实质性约束，在项目实施过程中，进一步形成各利益相关方之间的信任。在外部治理下，业主方与交易对象基于相互的信任，各方愿意以关系作为处理问题的基础，契约作为辅助。

3. 基于行政和关系的契约型治理策略

基于行政和关系的契约型治理策略，各利益相关者十分重视相互间的关系，主要表现为相互信任、建立信息及时共享机制以及合作过程中的文化建设，各利益相关方出于互信，愿意缔结更能体现风险分担的契约条款。各方在项目治理过程中积极主动，迅速解决突发问题，减少事后谈判带来的效用折减。

4. 基于行政的契约型治理策略

基于行政的契约型治理策略是一种重契约轻关系型治理策略，各利益相关方通过契约确定各方的权利、义务、风险等。项目建设中发生的问题都以契约为基础，各方不依靠关系协调问题。

表 13-6　重大工程项目治理策略的内涵

治理策略	治理策略类型	治理机制作用路径	内涵
基于行政的契约和关系俱强型治理	强化型治理策略	契约治理 ↓ 关系治理 ↓ 项目绩效	在外部和内部治理过程中，选择严密的合同明确各方的权利与义务，对项目的风险与收益进行合理划分；同时注重相互间的信任、合作、信息共享与文化建设

续表

治理策略	治理策略类型	治理机制作用路径	内涵
基于行政和契约的关系型治理	均衡型治理策略	契约治理 ↓ 关系治理 ↓ 项目绩效	在行政外部治理下，政府与各利益相关方通过契约明确各方权责利；在内部治理下，出于对交易对象的信任，愿意以关系作为处理问题的基础
基于行政和关系的契约型治理	均衡型治理策略	关系治理 ↓ 契约治理 ↓ 项目绩效	在行政外部治理下，政府与各利益相关方出于信任，愿意缔结更具灵活性的契约；在内部治理下，业主方与各交易对象也愿意缔结灵活的契约，在交易过程中通过契约进一步完善治理
基于行政的契约型治理	强化型治理策略	契约治理 ↓ 项目绩效	在行政外部治理下，政府与各利益相关者通过契约明确各方权责利；在内部治理下，业主方与交易对象没有良好的信任，通过契约规范各方的行为

（二）重大工程项目情境因素与治理策略的匹配模型

1. 重大工程项目情境因素的选择

通过前文对于情境因素的分析，大致筛选出了行政属性因素、交易属性因素和关系属性因素三个维度共计12种情境因素。通过 Super Decision 软件的计算，结果显示：三个一级评价指标的权重由高到低排序依次为行政属性因素、交易属性因素、关系属性因素，权重分别为 0.705、0.211、0.084。在二级评价指标中，各维度权重排名前三的分别为产权结构、交易对象和公众利益，权重分别为 0.202、0.152、0.041。相比之下，关系属性因素的各权重相对于其他因素较低，为了简化模型，只考虑行政属性因素和交易属性因素中权重最大的情境因素对治理策略的影响，即产权结构和交易对象对治理策略的影响。

2. 重大工程项目情境因素与治理策略匹配模型构建

本章基于已有学者对于一般项目的研究成果，引入行政治理维度，形成行政、契约和关系的三维治理结构；通过情境因素识别，提取了产权结构和交易对象两个情境因素进行组合考虑，综合重大工程项目治理策略的内涵，初步提出了重大工程项目情境与治理策略的匹配模型。通过咨询前文提到的4位来自实践界具有重大工程项目经验的专家和6位来自高校具有重大工程项目研究经验的专家，对模型进行修正，最终初步得到重大工程项目情境因素与治理策略的匹配关系如图13-5所示。

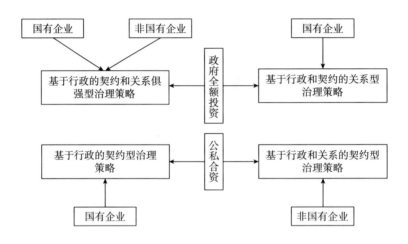

图13-5 重大工程项目情境因素与治理策略匹配图

（1）对于政府全额投资的重大工程项目，若交易对象既有国有企业又有非政府企业，政府倾向于采用基于行政的契约和关系俱强型治理策略。

（2）对于公私合资的重大工程项目，若交易对象为国有企业，政府倾向于采用基于行政和契约的关系型治理策略。

（3）对于政府全额投资的重大工程项目，若交易对象为国有企业，政府倾向于采用基于行政和关系的契约型治理策略。

（4）对于公私合资的重大工程项目，若交易对象为非国有企业，政府倾向于采用基于行政的契约型治理策略。

三、重大工程项目情境与治理策略匹配验证

（一）研究方法与研究设计

1. 案例选择

案例研究法是一种定性研究方法，可以对某一复杂或具体的问题进行全面深入的研究。通过对案例进行详细的描述与系统的理解，获得全面整体的观点。研究采用探索性与描述性案例相结合的方法，对 ANP 分析结论中权重较高的因素产权结构和交易对象进行情境组合。在此基础上，通过对案例库案例大量充分的探索，对每一种组合情境匹配典型案例，结合理论推演，得出重大工程项目情境组合与均衡性治理策略之间的相互关系，通过对重大工程项目案例系统内情境因素的分析，得出强化型治理策略的匹配关系。案例的选择对于最终结论的真实性起着至关重要的作用，案例选择应遵循以下原则：①案例资料、数据的真实性原则。研究过程中若数据资料与实际情况不符，则得出的结论未必有效；②案例资料的可获取性原则；③同一性与差异性相结合原则；④案例覆盖研究每一个变量。

基于以上四点案例选择原则，结合相关情境因素与治理策略，从重大工程案例库中选取四个案例，分别是港珠澳大桥项目、京沪高铁项目、青藏铁路项目和香港东区海底隧道项目。一方面，港珠澳大桥项目与青藏铁路项目都是政府全额投资的项目，京沪高铁项目采用的是 PPP 融资模式，香港东区海底隧道项目是 BOT 私企承接的项目，项目的产权结构不同，并且港珠澳大桥项目的交易对象既有国有企业的参与，也有非国有企业的参与。另一方面，青藏铁路与港珠澳大桥对于国家安全、和平的意义远大于其表面上的经济意义，其中港珠澳大桥更是让我国实现了在岛隧工程上的

突破，让其成为国家的新名片之一，香港东区海底隧道项目采用 BOT 模式，京沪高铁项目则是达成了项目经济效益这一目标。以上 4 个案例经系统分析，认为能够对应重大工程项目的 4 种治理策略。

2. 资料的来源与收集

对于重大工程项目案例资料的收集，借助复杂工程管理研究院建立的重大工程案例研究和数据中心重大工程案例库（网站：http：//www. mpcsc. org/case_ data. htm），选取不同时期、不同地区、不同类型重大工程作为案例，基本覆盖各种类型。港珠澳大桥项目由中央政府与三地政府共同出资建造，政府资本金占 42%，其余 58% 由贷款方式融资，交易对象国有企业（12 家）占比 80%、国有企业关联企业（2 家）占比 13%、国际知名企业（1 家）占比 7%。京沪高铁由中央政府投资 64.97%，沿线政府投资 21.1%，企业投资 13.91%，是一个公私合资的重大工程项目，项目的主要交易对象为国有企业。青藏铁路与三峡工程是政府全额投资的项目，政府的产权结构达到百分之百，同时项目的交易对象为国有企业。香港东区海底隧道项目由香港特区政府通过 BOT 模式建立，交易对象为私营企业。通过重大工程案例研究和数据中心重大工程案例库数据，基本获得了研究所需要的数据，保证了研究过程的顺利进行。

（二）数据分析

1. 数据分析的步骤

基于前文识别出的重大工程项目情境因素与治理策略组合，对各重大工程项目案例资料进行整理与编码，从而在大量的文本中提取出相应的材料进而证明各治理策略与情境因素之间的联系，验证理论研究部分预设的重大工程项目情境组合与治理策略匹配模型。

首先，根据案例资料对各重大工程项目案例情境因素进行确定，然后根据缔约过程中的时间点，从项目产权结构、交易对象的选择、治理策略的重点（项目目标）维度对重大工程项目案例进行编码，提炼出各案例的治理策略类型。

2. 数据分析的过程

（1）各案例的基本情况。

1）港珠澳大桥项目。港珠澳大桥项目东接香港特别行政区，西接广东省（珠海市）和澳门特别行政区，是国家高速网络规划中珠三角地区环线的组成部分和跨越伶仃洋海域的关键性工程。其对于加强珠江西岸地区与香港地区的经济社会联系，改善珠江西岸地区的投资环境，加快产业结构调整和布局优化，拓展经济发展空间，提升珠江三角洲地区的综合竞争力，保持港澳地区的持续繁荣与稳定有十分重大的意义。资料显示，港珠澳大桥项目预计大概投入资金727亿元，其中大桥主体工程造价预计378亿元。政府的资本金占42%，其中内地政府出资金额达70亿元（占三地政府出资的44.5%），由中央政府和广东政府共同承担；香港出资67.5亿元（占三地政府出资的43%）；澳门特区政府出资19.8亿元（占三地政府出资的12.5%），粤港澳三地政府的出资是根据经济效益公平分摊的，其余58%由3家组成的项目机构通过贷款方式进行融资。项目包含三项内容：一是海中桥隧工程；二是香港、珠海和澳门三地口岸；三是香港、珠海和澳门三地连接线。港珠澳大桥的管理组织架构分为"港珠澳大桥专责小组—三地联合工作委员会—项目法人"三个层次。

2）京沪高铁项目。京沪高速铁路位于中国东部地区的华北和华东地区，两端连接环渤海和长三角两个经济区域，是中国社会经济发展活跃的地区之一，也是中国客货运输较繁忙、增长潜力较大的客运专线。京沪高铁项目有利于中西部地区与东部沿海经济发达地区接轨，加强内部经济循环；方便了社会大众日常工作生活。京沪高铁正线全长约1318公里，全线为新建双线，共设置23个客运站，设计速度目标值380公里/小时，目前最高运营速度310公里/小时。桥梁长度约1140公里，占正线长度的86.5%；隧道长度约16公里，占正线长度的1.2%；路基长度162公里，占正线长度的12.3%。

3）青藏铁路项目。青藏铁路是实施西部大开发战略的标志性工程，是中国21世纪四大工程之一。修建青藏铁路是老一辈领导人和几代铁路

建设者的夙愿，也是西藏各族人民的殷切期盼。青藏铁路的建设有利于优
化西藏的产业结构，有利于促进西藏的对外开放，提升藏族人民的生活水
平，促进共同富裕。青藏铁路东起青海西宁，西至拉萨，全长1956公里。
项目分为一期工程、二期工程和支线工程，本书所提青藏铁路主要指青藏
铁路二期工程。青藏铁路二期工程北起青海省格尔木市，经纳赤台、五道
梁、沱沱河、雁石坪、翻越唐古拉山，再经西藏自治区安多、那曲、当
雄、羊八井，至拉萨，全长1142公里。

4）香港东区海底隧道项目。香港东区海底隧道（以下简称东隧）是
香港特区政府通过BOT模式建立的连接香港岛和九龙半岛的过海隧道项
目。20世纪80年代中期，香港与九龙半岛间交通量急剧增加，兴建第二
条海底行车隧道已为刻不容缓的事情，东隧的建设对调整香港地区的交通
结构，减少道路阻塞具有重大意义。东隧以沉箱技术建成，在当时是全世
界最大的沉箱式隧道之一，隧道内一共有5个并排的独立管道，两条行车
管道，两条铁路管道，还有一条为装设保护系统和机电设施管道。香港东
区海底隧道于1984年10月由香港特区政府发布招标，一年后于1985年12
月由新香港隧道有限公司得标，该隧道道路为8.6公里，铁路为5公里。

本章将对各重大工程案例情境因素进行总结，各案例的基本概况如表
13-7所示。

表13-7　本章选取的重大工程项目基本概况

重大工程案例		港珠澳大桥	京沪高铁	青藏铁路	香港东区海底隧道
情境组合	行政属性　产权结构	中央政府、广东政府/特区政府	政府/企业	政府全额投资	企业投资
	交易属性　交易对象	国有企业/非国有企业	国有企业	国有企业	非国有企业

（2）各案例数据编码。根据案例库收集的重大工程案例资料，结合治理
策略和关系行为对各重大工程案例进行编码，从而确定重大工程项目治理策
略的类型。各案例数据的编码过程及分析结果如表13-8至表13-11所示。

表 13-8　港珠澳大桥项目案例资料数据编码过程

缔约过程	治理策略维度	案例资料	编码
投融资阶段	产权结构	港珠澳大桥项目的投融资模式体现出巨大的复杂性：一是项目投融资额巨大；二是"一国两制"下跨境带来的法律障碍；三是三地社会管理体系的差异；四是三地基础设施项目融资理念差别；五是三地政府的责任分摊。在港珠澳大桥项目前期协调小组第六次会议上，三地政府就项目投融资模式的五种方案进行了深化研究，五种方案就投融资模式、投融资范围、优点和缺点进行了比较分析。在 2008 年 8 月 5 日，根据三方达成的融资安排，港珠澳大桥建设融资模式选择了政府出全额资本金的方式，其余部分通过贷款解决，放弃了之前一直被看好的 BOT 模式	政府全额投资的项目，政府把握住项目的产权结构
招投标阶段	交易对象	港珠澳大桥工程建设单位隶属于港珠澳大桥管理局，岛隧工程采用的是设计施工总承包模式，根据合同规定，工程总承包企业负责对工程项目进行设计和施工，同时全面负责承包工程的造价、质量、工期和安全。招标由政府出面公开进行，凡符合规定的承包商都可自愿参加招标。最终大型国有企业 34 家，占比 65%，其他企业占比 35%	按照法律及资质选择交易对象
履行阶段	治理策略重点	港珠澳大桥作为一个世界级跨海大桥，面临着建设管理挑战、工程技术挑战、环境保护挑战、海上安全挑战。重大工程决策治理模式与地区的政治、社会、经济、文化等紧密关联，"一国两制"背景下香港和澳门作为两个特别行政区享有自治权，因此，港珠澳大桥更多的是采取协商的方式进行决策，而不是自上而下的行政命令	项目更多采取协商方式解决问题
		港珠澳大桥建设离不开政府支持，项目充分考虑到市场和政府的二元性，最终建立了管理局的事业型项目法人，其内部运行完全按照企业化运作方式，其"企业"功能性主要表现为到市场上融资、承担工程建设和运营管理、还贷等责任和对工程质量负责等。在项目管理过程中融合三地管理经验，形成项目特色管理模式：统一技术标准及规范，融合港澳文件，编制了大量管理文件，形成规范化、精细化、人性化的管理模式，在工程建设过程中推行质量认证、信誉认证，并进行回访和反馈。搭建伙伴关系，倡导愉悦的项目文化：参建各方在遵照合同的基础上，建立项目伙伴关系，倡导参建各方愉悦的项目文化，实现人性化与制度管理、合同管理的结合	统一标准，形成了规范，注重关系和文化建设

续表

缔约过程	治理策略维度	案例资料	编码
履行阶段	治理策略重点	2010年2月底，粤港澳三地政府签署了《港珠澳大桥建设、营运、维护及管理协议》。根据该协议，三地将通过更紧密的沟通，在友好协商并按照属地法律原则下，三地政府共同对港珠澳大桥项目的各项事务进行处理及推展，对大桥的建设、营运、维护及管理制定出三地之间的合作关系和权责	签署建设运营协议，以友好协商为原则

表 13-9　京沪高铁项目案例资料数据编码过程

缔约过程	治理策略维度	案例资料	编码
投融资阶段	产权结构	京沪高铁建设项目作为国家大型基础设施采用项目法人责任制建设方式，以及PPP（Public-Private-Partnership）多元化投资模式。由于京沪高铁建设资金以政府投入的资金占多数份额，所以它属于政府投资项目	PPP模式项目
		铁道部和国务院共计融资747.07亿元（占比64.97%），中国平安保险集团战略性投资160亿元（占比13.91%），北京、上海、江苏等8个沿线政府共计投资242.93亿元（占比21.1%）	政府产权结构占比高
招投标阶段	交易对象	选择设计单位，签署设计合同：择优选择勘察设计单位，合同中应明确建设项目的主要技术标准、建设规模、建设方案，确定勘察设计质量标准及各自的质量职责	依据合同确定标准质量等
		施工招标及签署合同：招标投标、签署合同程序及方法符合国家相关法律，择优选择施工单位。合同中应明确工程范围、质量要求和技术标准。土木工程施工采用分标段招标、平行发包的方式。选择各标段的施工承包商及其联合体，合同中明确施工质量、安全、环保、工期与投资控制要求以及合同各方的权责利。在监理方面，同样采用分标段招标、平行发包的方式，选择各标段的施工监理及其联合体，合同中应明确质量、安全、环保、工期与投资等各项监控目标以及合同各方的权责利	

缔约过程	治理策略维度	案例资料	编码
招投标阶段	交易对象	京沪高铁项目通过分段招标、平行发包的方式最终确定的土木工程施工单位都是大型国有企业。最终确定：南京枢纽工程和大胜关长江大桥由中铁大桥局、中铁4局、中铁11局共同承建；土建一标由中铁17局（专业联合中铁18、中铁19局）承建；土建二标由中铁1局（专业联合中铁2、中铁6局）承建；土建三标由中水集团（专业联合中铁16局）承建；土建四标由中铁12局（专业联合中铁14、中铁15局）承建；土建五标由中铁3局（专业联合中铁5、中铁8局）承建；土建六标由中交集团承建。企业具有极强的专业能力和较高的社会责任感，双方根据实际情况签订具有柔性的契约	交易对象为国有企业，依据信任签订灵活的契约
履行阶段	治理策略重点	京沪高铁项目存在一股独大的现象，社会资本对项目的收益机制理所当然存在顾虑。政府通过严密的合同明确合理的收益分配机制，将政治风险、法律风险等更多地划分于对此类风险承担能力更强的政府，将项目收益略倾向于私营企业，将契约视为双方权利和义务的保障，吸引社会资本、私企投资重大工程项目	采用契约明确风险与收益，吸引社会资本投资
		项目决策阶段，主要采取委托签署相关协议的方式；初步设计阶段，主要采取委托签署初步设计委托协议（合同）的方式；施工图设计与施工阶段，采用了与国际上类似的CM模式。在解决争议与变更方面，愿意采取灵活的方式处理变化，无论问题进行到哪一个阶段，都需要坐下来协商，促进信息对等，建立有效的沟通渠道	以灵活的方式处理问题，建立有效沟通渠道

表 13-10　青藏铁路项目案例资料数据编码过程

缔约过程	治理策略维度	案例资料	编码
投融资阶段	产权结构	青藏铁路是典型的公益性铁路，建设难度大、项目投资高、客货运量小、运营成本高，项目主要以社会效益和环境效益为目标。由于这些特殊性，青藏铁路的建设资金全部由国家出资，其中中央财政拨款75%（含发国债年份的国债资金），铁路建设基金25%。工程预算262.1亿元，最终投资330.9亿元	政府全额投资

缔约过程	治理策略维度	案例资料	编码
招投标阶段	交易对象	青藏铁路采取分段设计、分段招标、分段施工的方式运作。青藏铁路的主要施工参建单位主要为中国铁路工程总公司下属（中铁1、中铁2、中铁3局等）和中国铁道建筑总公司下属（中铁建11、中铁建12、中铁建13局等），基本上都为国有企业。国有企业具有极强的专业能力和较高的社会责任感，双方根据实际情况签订具有柔性的合同	依据资质选择承包人出于信任签订灵活的合同
履行阶段	治理策略重点	青藏铁路项目沿线包含诸多重大工程，建设难度较大，如世界海拔最高的火车站——唐古拉火车站、世界最长的高原冻土隧道——昆仑山隧道、青藏铁路全线最高铁路桥——三岔河大桥。项目面临着多年冻土问题、高寒缺氧问题、生态脆弱问题	项目复杂性高
		全线工程和主要物资设备均通过公开招标择优选定承包商，依法签订合同。由青藏铁路公司（总指挥部）具体部署年度工作。并与施工企业负责人签订责任书，落实目标责任，纳入合同管理。为确保青藏铁路建设目标的实现，将总目标和各分项目标进行层层分解落实，建立了"自上而下层层展开、自下而上层层保证，全员参与、全方位落实、全过程控制"的目标管理体系，部署任务、检查落实、总结评比等均以该建设目标体系为依据和标准	签订责任明确的合同保障项目成功
		青海省为青藏铁路在青境内建设制定了优惠政策，免除部分税收，劳务投入按同类最低进行承建；西藏政府对境内的建设免征一切地方税和行政管理费，对部分材料进行减免，范围内的用地无偿提供，征地拆迁补贴由自治区自行解决，劳务投入按市场最低价提供。中央政府则对项目建设期间中标的施工企业、加工企业、监理企业和勘察设计企业减免有关营业税、增值税、印花税、资源税等。中央政府与地方政府通过互利互惠的政策形成良好的效果，通过关系协调使双方形成利益共同体	相互之间有基于关系形成的合作
		项目注重信息技术对现代管理的重要作用，针对青藏铁路建设特点，研究开发了青藏铁路建设项目管理信息系统，加强管理信息的收集、整理、分析、传输，做到信息畅通、资源共享，使青藏铁路建设的各项工作始终处于规范、有序、可控之中	构建及时有效的沟通渠道

表 13-11 香港东区海底隧道项目案例资料数据编码过程

缔约过程	治理策略维度	案例资料	编码
投融资阶段	产权结构	香港东区海底隧道项目由新香港隧道有限公司承建，建设投资估算为 22.14 亿港元，其中公司自有资金 7.5 亿港元，银行贷款 14.64 亿港元，香港特区政府不作项目财务担保，但参与项目公司 5%的股权投资来分担财务压力，并且政府负责土地的获取	私企投资
招投标阶段	交易对象	香港东区海底隧道是香港特区政府通过 BOT 模式建立的连接香港岛和九龙半岛的过海隧道项目。项目通过香港特区政府招标选择承建人，通过严格的资格预审和评审环节，最终由新香港隧道有限公司中标，为私营企业	按照法律及资质选择交易对象
履行阶段	治理策略重点	BOT 项目需要大量的金钱、人力、物力，如果对该国的法律不作了解，可能造成经济损失，而且将承担极大风险。对于政府来说，BOT 项目模式可以解决政府资金短缺的问题，减少基础设施建设项目对政府财政预算的影响，并减少政府借债和还本付息的负担，使得项目的风险分担更有效率。在签订合同时，会与承包人进行充分协商，将权利与义务、风险与利益、处理纠纷的方式都在合同中明确	签订严格的合同
		从法律上而言，任何一个国家或地区都有它独特的法律系统，因此在不同地区受当地政府的法律规范，就容易产生不同之处。在商业行为中，均以合同为依据，仍然需要符合当地政府的法令法规	
		私营企业通过 BOT 模式获得了项目 30 年的经营权。政府与私营企业形成了典型的委托代理关系，私营企业通常把项目利益放在第一位，在后续的运营阶段，双方以公平公正原则，根据合同的约定，进行协商	依据契约进行后续运营

（三）案例内分析

1. 港珠澳大桥项目分析

（1）项目行政属性分析。港珠澳大桥项目选择了政府出全额资本金的方式，放弃了之前一直看好的 BOT 模式。由中央政府、广东政府、香港特区政府和澳门特区政府根据经济效应公平分摊42%的项目投资，其余资金由3家组成的项目机构通过贷款方式进行融资。项目对保持港澳地区的持续繁荣和稳定、促进珠江两岸经济社会协调发展十分重要，同时项目将成功成为中国名片。基于"一国两制"的政治背景下，政府既希望项目顺利完成，又希望项目建设中的问题能和平解决，项目建立了多级决策治理结构和权力配置方案，三地不同的法律法规让协商方式成为解决问题和决策的关键。

（2）项目交易属性分析。港珠澳大桥项目的建设面临着来自建设管理方面、工程技术方面、环境保护方面和海上安全方面的挑战。港珠澳大桥项目岛隧工程采用的是施工设计总承包模式，设计施工总承包单位为中国交通建设股份有限公司联合体。除岛隧工程，主体工程其他合同都由大桥管理局和承包商直接签订合同。港珠澳大桥项目由政府出面公开招标，招标单位有很大的选择余地，可以依据项目复杂程度选择国内外有资质且信誉良好的承包商。案例资料显示，参建方中国有企业占比65%，其他企业占比35%。承建大型基础设施的国有企业进行股份制改革后，政府仍然是多数企业的控股股东，这些国有企业具有极强的专业水平，同时社会责任感也较一般企业高，业主方出于对国有企业的信任，愿意签订具有适应性和协调性的合同。由于项目的关注度高、复杂性大，为了项目的顺利建设、项目目标的实现，业主方同时签订了风险及收益明确的合同。对于非国有企业，业主方对于他们的信任程度相较国有企业偏低。出于对承包商的技术要求，业主方会选择制定严格的合同，尽可能将不确定性降到最低。

（3）重大工程项目治理策略分析。对于项目的产权结构，项目采用了根据风险与收益三地政府按比例出资本金的方式；对于交易对象的选择，政府依据项目复杂性、企业资质及相关法律法规进行选择，既有大型国有企业，也有与政府无关联企业。对于治理策略的重点，由于项目的成功对于珠三角地区有十分重大的意义，政府需要用严格的合同来明确各利益相关方的责任、风险与收益；项目与粤港澳三地有着密切的关系，项目的决策与地区的政治、社会、文化和经济息息相关，基于三地不同的法律法规与国家的和平稳定，港珠澳大桥不是单纯的自上而下的命令，更多采取协商的方式来解决项目中遇见的问题。政府在制定治理策略的过程中既依赖关系型治理策略，也需要契约型治理确保项目成功。因此，该项目采用的是强化型治理策略中基于行政的契约和关系俱强型治理策略。

根据上述分析过程，建立重大工程项目情境组合因素与治理策略的匹配关系，如图 13-6 所示。

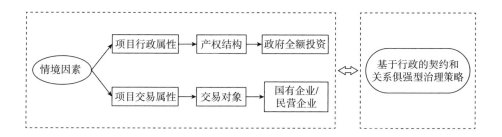

图 13-6　重大工程项目情境因素与治理策略匹配关系

由此得出如下命题：

命题 1：对于政府全额投资的重大工程项目，若交易对象既有国有企业又有非国有企业，政府倾向于采用基于行政的契约和关系俱强型治理策略。

2. 京沪高铁项目分析

（1）项目行政属性分析。京沪高铁项目是实现我国东部、中部、西部经济协调发展的一个重要项目。项目采用 PPP（Public–Private–Partnership）多元化投资模式。国家铁道部和国务院共计融资 747.07 亿元（占比 64.97%），中国平安保险集团战略性投资 160 亿元（占比 13.91%），北京、上海、江苏等 8 个沿线政府共计投资 242.93 亿元（占比 21.1%）。由于项目建设资金政府投入占多数，所以它属于政府投资项目。项目由京沪高速铁路项目建设领导小组统筹建设工作，协调解决建设中的重大问题，私营企业几乎不参与项目决策，且对政府行为几乎没有约束力。京沪高铁项目存在"一股独大"的现象，社会资本对项目的收益机制理所当然存在顾虑。政府通过严密的合同明确合理的收益分配机制，将政治风险、法律风险等更多地划分于对此类风险承担能力更强的政府，将项目收益略微倾向于私营企业，将合同视为双方权利和义务的保障，吸引社会资本、私营企业投资重大工程项目。既解决了政府重大工程项目融资难的问题，又使社会资本找到了投资方向，获得了丰厚的利益，拉动了 GDP 增长。

（2）项目交易属性分析。土木工程施工采用分标段招标、平行发包的方式，最终确定：南京枢纽工程和大胜关长江大桥由中铁大桥局、中铁 4 局、中铁 11 局共同承建；土建一标由中铁 17 局（专业联合中铁 18、中铁 19 局）承建；土建二标由中铁 1 局（专业联合中铁 2、中铁 6 局）承建；土建三标由中水集团（专业联合中铁 16 局）承建；土建四标由中铁 12 局（专业联合中铁 14、中铁 15 局）承建；土建五标由中铁 3 局（专业联合中铁 5、中铁 8 局）承建；土建六标由中交集团承建。承建单位都是具有较强专业能力和较高社会责任感的国有企业，政府和社会资本通过与交易对象签订严密的合同来明确收益和风险分配，在项目履约阶段逐渐加深社会资本对于国有企业的信任，进一步通过关系来协调发生的问题，以关系治理为基础，在项目的合作过程中实现共赢。

（3）重大工程项目治理策略分析。对于项目的产权结构，采用 PPP 多元化投资模式，社会资本参与项目的投资建设；对于项目的交易对象，政府采用分标段招标、平行发包的方式，最终都是由国有企业承建。对于治理策略的重点，政府为了吸引社会资本投资重大工程项目，愿意签订具有明确风险和收益分配的合同，政府承担更多政治、法律风险，项目收益略微倾斜于社会资本，引导新型重大工程项目投资模式。在项目履约阶段，出于对国有企业资质、专业能力和制度的信任，政府与交易对象以相互信任的状态开展合作，通过信任强化契约的协调效果。因此，采用的是均衡性治理策略中的基于行政和契约的关系型治理策略。

根据上述分析过程，建立重大工程项目情境组合因素与治理策略的匹配关系，如图 13-7 所示。

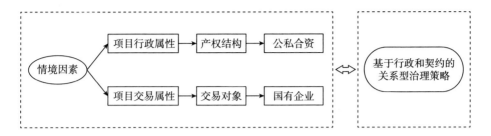

图 13-7　重大工程项目情境因素与治理策略匹配关系

由此得出如下命题：

命题 2：对于公私合资的重大工程项目，若交易对象为国有企业，政府倾向于采用基于行政和契约的关系型治理策略。

3. 青藏铁路项目分析

（1）项目行政属性分析。青藏铁路是实施西部大开发战略的标志性工程，青藏铁路的建设有利于优化西藏的产业结构、西藏的对外开放和国家边陲的稳定。青藏铁路是典型的公益性铁路，建设难度大、项目投资高、客货运量小、运营成本高，项目主要以社会效益和环境效益为目标。由于这些特殊性，青藏铁路的建设资金全部由国家出资，其中中央财政拨款 75%（含发国债年份的国债资金）、铁路建设基金 25%。工程预算 262.1 亿元，最终投资 330.9 亿元。项目的投资全由政府承担，不需要考虑投资方之间的统筹协作。项目除需要克服一些技术难度较大的隧道桥梁工程，还需要克服多年冻土问题、高寒缺氧给人和机器带来的不利影响和自然地区生态保护问题。虽然项目资金全部由中央政府出，但项目途经青海、西藏，依旧需要当地政府的相关配合。中央政府与当地政府通过关系协调而不是通过自上而下的命令，青海省政府为青藏铁路在青境内建设制定了优惠政策，免除部分税收，劳务投入按同类最低进行承建；西藏自治区政府对境内的建设免征一切地方税和行政管理费，对部分材料进行减免，范围内的用地无偿提供，征地拆迁补贴自行解决，劳务投入按市场最低价提供。中央政府则对项目建设期间中标的施工企业、加工企业、监理企业和勘察设计企业减免有关营业税、增值税、印花税、资源税等。中央政府与当地政府通过互利互惠的政策形成良好的效果，通过关系协调使双方形成利益共同体。

（2）项目交易属性分析。青藏铁路采取分段设计、分段招标、分段施工的方式运作。具体来看，青藏铁路将站前工程分为 33 个标段，站后工程分为 17 个标段，分阶段分批次进行了招标。最终中标人大多都为中国铁路工程总公司下属（中铁 1 局、中铁 2 局、中铁 3 局……）和中国铁道建筑总公司下属（中国铁建 11 局、中国铁建 12 局、中国铁建 13 局）等公司。承建单位都是具有较强专业能力和较高社会责任感的国有企业，政府出于对国有企业的控股、专业能力和制度等方面的信任，愿意签订具有适应性和协调性的契约，以关系治理为基础，在项目的合作过程中实现共赢。

（3）重大工程项目治理策略分析。对于项目的产权结构，青藏铁路是典型的公益性项目，建设资金全部由中央财政拨款；对于项目的交易对象，项目采用分段设计、分段招标、分段施工的方式运作，承建单位都为国有企业。对于治理策略的重点，政府对于此项目全额投资，并且对沿线政府对项目建设过程中的部分税收进行减免，对范围内用地无偿使用，征地拆迁产生的补贴全部由自己承担，同时提供最低的劳务投入，中央政府对建设期间中标施工企业、加工企业、监理企业和勘察设计企业减免相关营业税、增值税、印花税、资源税等。政府与交易对象愿意签订灵活的契约，在契约履约阶段，通过关系与契约的结合来解决项目中遇见的问题，从而实现双赢。因此采用的是基于行政和关系的契约型治理策略。

根据上述分析过程，建立重大工程项目情境组合因素与治理策略的匹配关系，如图 13-8 所示。

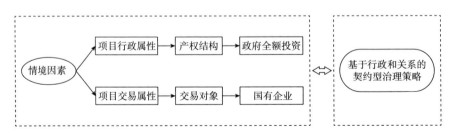

图 13-8　重大工程项目情境因素与治理策略匹配关系

由此得出如下命题：

命题 3：对于政府全额投资的重大工程项目，若交易对象为国有企业，政府倾向于采用基于行政和关系的契约型治理策略。

4. 香港东区海底隧道项目分析

（1）项目行政属性分析。香港东区海底隧道是香港特区政府通过 BOT 模式建立的连接香港岛和九龙半岛的过海隧道项目。项目由新香港隧道有限公司承建，建设投资估算为 22.14 亿港元，其中公司自有资金 7.5 亿港元，银行贷款 14.64 亿港元，香港特区政府不作项目财务担保，但参与项目公司 5% 的股权投资来分担财务压力，政府负责土地的获取。香港东区海底隧道项目主要由私营企业投资建设，并获得项目 30 年的经营权，政府与私营企业形成典型的委托代理关系，政府不需要为项目投入大量资金，但需要控制项目的质量、安全。因此，在外部行政治理下，政府需要通过严格的契约防止承包人发生机会主义行为和风险回流，确保项目高质量完成。

（2）项目交易属性分析。东区海底隧道项目通过香港政府招标选择承包人，最终由新香港隧道有限公司中标，为私营企业。由于项目采用 BOT 模式，政府不直接参与项目建设期与施工单位的管理，政府出于对私营企业的惯有认知、社会资源和社会责任的不信任，会通过严格的合同来约定好各自的责任与义务，从整体上对施工单位的工程质量做出严格的要求，将不确定性降到最低。

（3）重大工程项目治理策略分析。对于项目的产权结构，项目采用了 BOT 的融资方式，由新香港隧道有限公司出资建设，政府只参与项目公司 5% 的股权投资来分担财务压力；对于项目的交易对象，项目由新香港隧道有限公司承建，为私营企业。对于治理策略的重点，私营企业通过 BOT 模式获得了项目 30 年的经营权。政府与私营企业形成了典型的委托代理关系，私营企业通常把项目利益放在第一位，政府不需要为项目投入大量资金，但需要用严密的合同控制项目的质量、安全与风险。在项目建设期间，政府不参与项目的管理，在内部治理中，政府只能通过提前约定好的契约对项目整体做约束，将对施工单位的治理嵌入契约中。因此该项目采用的是基于行政的契约型治理策略。

根据上述分析过程，建立重大工程项目情境组合因素与治理策略的匹配关系，如图 13-9 所示。

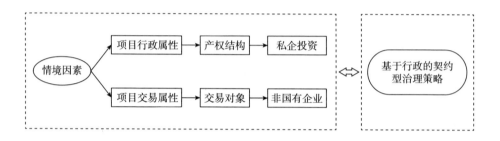

图 13-9　重大工程项目情境因素与治理策略匹配关系

由此得出如下命题：

命题 4：对于公私合资的重大工程项目，若交易对象为非国有企业，政府倾向于采用基于行政的契约型治理策略。

（四）跨案例分析

1. 重大工程项目行政属性下的治理策略分析

（1）公私合作产权结构情境下治理策略分析。对于政府与社会资本共同合作的重大工程项目，一方面，通过吸引社会资本的参与，能够在很大程度上缓解项目部分资金问题。由于项目的社会属性和目标，公私合作的项目一般属于政府项目，私营企业不参与项目的决策，对政府的行为几乎没有约束力。因此在外部治理下，社会资本通常会选择严密的合同来控制自己的风险和利益。另一方面，政府逐渐在推广多元化的项目投资渠道，进一步拉动社会资本的活性，从虚拟经济转向实体经济，政府通过严密的合同明确项目的收益和风险分配，将政治风险、法律风险等更多地划分给政府承担，在项目收益上为私营企业谋取更多福利，将合同视为双方权利和义务的保障，吸引更多的社会资本投资国家重大工程项目，形成可持续发展。

因此，公私合作的重大工程项目在外部行政治理下，契约治理占主导地位，通过严密的合同明确项目的目标、双方的风险与收益、处罚规则和争端解决方法，降低私营企业的政治风险和法律风险，提高私营企业项目收益，吸引更多社会资本投资重大工程项目，实现可持续良好发展。

（2）政府全额投资项目情境下治理策略分析。对于政府全额投资的重大工程项目，一般的投资较大，显性收益较小，建设难度甚至很大，项目通常以社会效益和环境效益为目标，更多地考虑项目沿线城市的对外开放、产业结构调整或国家边陲和稳定等因素。在重大工程项目外部治理下，项目的产权结构完全在政府手中，但是需要考虑中央政府与地方政府之间的合作协同。例如，港珠澳大桥项目就需要考虑粤港澳三地政府在"一国两制"方针下的不同法律法规和施工技术规范，青藏铁路项目需要政府与沿线政府协调好征地拆迁、环境保护、劳务投入等问题。此类项目施工难度大，项目的不确定性较高。政府给相关地区带来了经济发展，项目的建设实现了国家发展目标，政府与相关当地政府基于互利互惠的目标，形成了有效的共同激励。中央政府与沿线政府形成了以信任为基础的合作关系。

因此，对于政府全额投资的重大工程项目，项目的目标不仅仅局限于表层经济利益，更多的是从国家整体发展的角度看待，项目的社会效益、环境效益和安全效益往往才是最重要的。在项目的外部治理过程中，关系治理占据了主导地位。项目在建设过程中更多地考虑与当地政府的协同合作，沿线地区政府和中央政府更多的是采取协商的方式来解决问题。

综合以上分析，得出如下命题：

命题5：重大工程项目行政属性对治理策略有影响。对于政府与社会资本合作的重大工程项目，由于政府投入的资金占多数，项目依旧属于政府项目，民营企业在项目的建设过程中不参与决策，双方将契约视为权利和义务的保障基础。对于政府全额投资的重大工程项目，往往不以经济效益为目标，而是更看重项目带来的社会、环境和安全效益，主要是通过关系治理与当地政府协调解决面临的问题。

2. 重大工程项目交易属性下的治理策略分析

（1）交易对象为国有企业情境下治理策略分析。在经济转型背景下，国有企业获得重大资源的能力更强，承担中国大型基础设施项目的承包商大多是国有企业，虽然这些企业进行了股份制改革，形成了多元所有制企业，但是政府仍然是多数国有企业的控股股东。这些国有企业信用好，具有较强的专业能力和较高的社会责任感，在项目的实施过程中，施工单位信任政府，往往不以合同约定或自身获得最大商业利益作为行动的出发点。在项目协调过程中，当政府提出高于合同的要求时，施工单位往往会高度响应和配合，甚至牺牲自身利益配合政府解决问题。基于双方之间的信任，政府与施工单位更倾向于在合作中以关系治理为基础。

因此，交易对象为国有企业情境下，政府与施工单位更倾向于以关系治理为基础。政府相信国有企业有能力、有资质保证项目高质量完成，双方通过协商的方式来解决问题，通过信任提升双方的履约行为，并注重合同的协调功能。

（2）交易对象为国有企业和私营企业混合情境下治理策略分析。近年来，政府与社会资本合作模式被大力推广，社会资本投资重大工程项目不仅有利于社会资本带动经济发展，对推进供给侧结构性改革、发展升级也有重要意义。在目前中国的情境下，人们对国有企业和私营企业存在意识形态的偏差，使得中国情境的私营企业在政策和制度、社会资源、国家支持方面面临的困境高于国有企业。当交易对象为私营企业时，政府为了吸引社会资本投资重大工程项目，推动新合作模式的长久发展，通常愿意签订具有明确风险和收益分配的合同，政府承担更多政治、法律风险，为私营企业分配更多的利润。在项目的合作过程中，基于合同的风险与收益分配，双方以契约治理为基础，在项目的合作过程中实现共赢。

因此，交易对象为私营企业情境下，政府与施工单位更倾向于以契约治理为基础。由于政府投入的资金占多数，项目依旧属于政府项目，私营企业不参与项目的决策，项目实施过程中不存在决策争议，双方通过严密的合同分配风险与收益。

综合以上分析，可以得出如下命题：

命题 6：重大工程项目交易属性对治理策略有影响。对于交易对象为国有企业的重大工程项目，政府依旧是这些企业的控股股东，国有企业信用好，具有较强的专业能力和较高的社会责任感，政府提出要求时，施工单位往往会高度响应。双方以关系治理为基础，提升合同履行能力。对于交易对象为私营企业的重大工程项目，为了吸引社会资本投资重大工程项目，推动重大工程项目投资模式的发展，政府通过严密的合同分配项目的风险与收益，双方以契约治理为基础，在项目的合作过程中实现共赢。

四、本章小结

本章基于项目治理理论的最新发展视角，对我国 8 个典型重大工程案例采用扎根理论的质性研究方法，探索性地研究了影响重大工程项目治理策略形成的情境因素，并采用网络分析法对情境因素间的相互影响进行分析，得出各维度下情境因素的权重。通过文献，分析各治理机制的维度，形成重大工程项目三维治理框架，并进一步构建重大工程项目治理策略匹配模型，通过重大工程多案例分析验证匹配模型的科学性，得到主要研究结论如下：

（1）识别出影响重大工程项目治理策略形成的情境因素。对我国 8 个重大工程项目案例进行扎根理论分析，识别出行政属性、交易属性和关系属性三个维度的 12 个情境因素，然后，基于 10 位重大工程项目专家的调查数据，运用 ANP 法和 Super Decision 软件对治理策略情境因素进行权重比较和排序。研究结果表明，产权结构、交易对象和公众利益三个因素分别为各维度对重大工程项目治理策略形成影响较大的情境因素。

（2）提取出重大工程项目治理策略。通过对项目治理机制相关文献进行系统梳理，对各治理机制的治理维度进行归纳总结，将行政治理加入重大工程项目治理框架考虑，形成了"行政—契约—关系"的三维治理框架。经专家问卷调查，对重大工程项目情境组合因素与治理策略进行匹配，得出了4种治理策略类型，分别是基于行政的契约和关系俱强型治理策略、基于行政和契约的关系型治理策略、基于行政和关系的契约型治理、基于行政的契约型治理策略。

（3）构建并验证了重大工程项目情境组合与治理策略的匹配模型。通过多案例分析法，在案例内对各重大工程项目从项目行政属性和交易属性分析项目治理策略；再从项目行政和关系属性两个维度出发进行跨案例分析，寻找情境因素与治理策略之间的匹配规律，得到六大命题作为不同情境下重大工程项目的绩效提升策略参考。

参考文献

［1］ Baccarini D. The concept of project complexity-A review ［J］. International Journal of Project Management, 1996, 14 (4): 201-204.

［2］ Bosch-Rekveldt M, Jongkind Y, Mooi H, et al. Grasping project complexity in large engineering projects: The TOE (Technical, Organizational and Environmental) framework ［J］. International Journal of Project Management, 2011, 29 (6): 728-739.

［3］ Brady T. Managing structural and dynamic complexity: A tale of two projects ［J］. Project Management Journal, 2014, 45 (4): 21-38.

［4］ Brookes N J, Locatelli G. Power plants as megaprojects: Using empirics to shape policy, planning, and construction management ［J］. Utilities Policy, 2015 (36): 57-66.

［5］ Davies A, Mackenzie I. Project complexity and systems integration: Constructing the London 2012 olympics and paralympics games ［J］. International Journal of Project Management, 2014 (32): 773-790.

［6］ Flyvbjerg B. What you should know about megaprojects and why: An overview ［J］. Project Management Journal, 2014, 45 (2): 6-19.

［7］ He Q H, Yang D L, Li Y K, et al. Research on multidimensional connotations of megaproject construction organization citizenship behavior ［J］. Frontiers of Engineering Management, 2015, 2 (2): 148-153.

［8］ Hu Y, Chan A, Le Y, et al. From construction megaproject management to complex project management: Bibliographic analysis [J]. Journal of Management in Engineering, 2013, 31 (4): 04014052.

[9] Lee M D P, Lounsbury M, et al. Filtering institutional logics: Community logic variation and differential responses to the institutional complexity of Toxic Waste [J]. Organization Science, 2015, 26 (3): 847-866.

[10] Locatelli G, Mariani G. Corruption in public projects and megaprojects: There is an elephant in the room! [J]. International Journal of Project Management, 2016, 9 (1): 1-17.

[11] Mok K Y, Shen G Q, Yang J. Stakeholder management studies in mega construction projects: A review and future directions [J]. International Journal of Project Management, 2014, 8 (7): 1-12.

[12] Zeng S X. Social responsibility of major infrastructure projects in China [J]. International Journal of Project Management, 2014, 7 (7): 1-12.

[13] Burke C M, Morley M J. On temporary organizations: A review, synthesis and research agenda [J]. Human Relations, 2016, 69 (6): 1235-1258.

[14] Cicmil S, Marshall D. Insights into collaboration at the project level: Complexity, social interaction and procurement mechanisms [J]. Building Research and Information, 2005, 33 (6): 523-535.

[15] Daniel P A, Daniel C. Complexity, uncertainty and mental models: From a paradigm of regulation to a paradigm of emergence in project management [J]. International Journal of Project Management, 2017, 36 (1): 184-197.

[16] He Q H, Luo L, Hu Y, et al. Measuring the complexity of mega construction projects in China-A fuzzy analytic network process analysis [J]. International Journal of Project Management, 2015, 33 (3): 549-563.

[17] Luo L, He Q H, Xie J X, et al. Investigating the relationship between project complexity and success in complex construction projects [J]. Journal of Management in Engineering, 2017, 33 (2): 04016036.

[18] Nguyen A T, Nguyen L D, Long L H, et al. Quantifying the com-

plexity of transportation projects using the fuzzy analytic hierarchy process ［J］. International Journal of Project Management, 2015, 33 （6）: 1364-1376.

［19］ Owens J, Ahb J, Shane J S, et al. Defining complex project management of large U. S. transportation projects: A comparative case study analysis ［J］. Public Works Management & Policy, 2012, 17 （2）: 170-188.

［20］ Qiu Y, Chen H, Sheng Z, et al. Governance of institutional complexity in megaproject organizations ［J］. International Journal of Project Management, 2019, 37 （3）: 425-443.

［21］ Rolstadås A, Schiefloe P M. Modelling project complexity ［J］. International Journal of Managing Projects in Business, 2017, 10 （2）: 295-314.

［22］ Williams T M. The need for new paradigms for complex projects ［J］. International Journal of Project Management, 1999, 17 （5）: 269-273.

［23］ Zhu J, Mostafavi A. Discovering complexity and emergent properties in project systems: A new approach to understanding project performance ［J］. International Journal of Project Management, 2017, 35 （1）: 1-12.

［24］ Maylor H. Project management ［M］. Harlow: FT Prentice Hall, 2003.

［25］丁斅, 徐峰. 基于贝叶斯网络的工程风险管理研究——以港珠澳大桥主体工程设计风险为例 ［J］. 系统管理学报, 2018, 27 （1）: 196-185.

［26］胡毅, 李永奎, 乐云, 等. 重大工程建设指挥部组织演化进程和研究评述——基于工程项目治理系统的视角 ［J］. 工程管理学报, 2019, 33 （1）: 5.

［27］李永奎, 乐云, 张艳, 胡毅. "政府—市场" 二元作用下的我国重大工程组织模式: 基于实践的理论构建 ［J］. 系统管理学报, 2018, 27 （1）: 147-156.

［28］麦强, 安实, 林翰, 等. 重大工程复杂性与适应性组织——港珠澳大桥的案例 ［J］. 管理科学, 2018, 31 （3）: 86-99.

［29］时茜茜，朱建波，盛昭瀚．重大工程供应链协同合作利益分配研究［J］．中国管理科学，2017，25（5）：10.

［30］祝军，何清华，叶丹丹，等．基于扎根理论的重大工程组织公民行为模型［J］．工程管理学报，2017，31（1）：7.

［31］何寿奎，梁功雯，蒙建波．基于前景理论的重大工程多主体利益博弈与行为演化机理［J］．科技管理研究，2020，40（5）：207-214.

［32］黄德春，冯同祖．基于多元利益冲突的特大型工程项目社会稳定风险预警研究［J］．科技管理研究，2020，40（15）：224-230.

［33］胥思齐，席酉民．基于组织身份视角的制度复杂性整合应对机制——来自一个工作整合型社会企业的案例研究［J］．珞珈管理评论，2020，32（1）：20-37.

［34］姚敏，王放，王新怡．大型项目复杂性形成机理分析［J］．项目管理技术，2020，18（1）：30-34.

［35］Boardman J, Sauser B. System of systems –the meaning of of［C］. IEEE/SMC International Conference on System of Systems Engineering. IEEE, 2006.

［36］Brémaud P. Markov Chains II［J］. Journal of the American Statistical Association, 1999（446）：654-655.

［37］Brown D B, Haugh M B. Information relaxation bounds for infinite horizon markov decision processes［J］. Operations Research, 2017, 65（5）：1355-1379.

［38］Chandana S, Leung H. A system of systems approach to disaster management［J］. IEEE Communications Magazine：Articles, News, and Events of Interest to Communications Engineers, 2010, 48（3）：138.

［39］Gagniuc, P A. Markov chains：From theory to implementation and experimentation［M］. John Wiley & Sons, Inc. ,2017.

［40］Hayes T P. Local uniformity properties for glauber dynamics on graph colorings［J］. Random Structures & Algorithms, 2013, 43（2）：139-180.

［41］ Meidani H, Ghanem R. Multiscale markov models with random transitions for energy demand management ［J］. Energy and Buildings, 2013 （61）: 267-274.

［42］ Sigman K. Queues as harris recurrent markov chains ［J］. Queueing Systems, 1988, 3 （2）: 179-198.

［43］ Tjakra J D, Bao J, Hudon N, et al. Analysis of collective dynamics of particulate systems modeled by Markov chains ［J］. Powder Technology, 2013 （1）: 228-237.

［44］ Yang H, Li Y, Lin L, et al. First order multivariate Markov chain model for generating annual weather data for Hong Kong ［J］. Energy & Buildings, 2011, 43 （9）: 2371-2377.

［45］ Farroha B S, Farroha D L, Biemer S. Exploring critical system of systems architecture issues for the warfighter ［C］// Military Communications Conference. IEEE, 2009.

［46］ 戴汝为. 系统科学与思维科学交叉发展的硕果——大成智慧工程 ［J］. 系统工程理论与实践, 2002, 22 （5）: 8-11.

［47］ 董淑英, 周玉生. 复杂系统及其建模与仿真的相关研究 ［C］. 建模与仿真标准化年会, 中国系统仿真学会, 2009.

［48］ 董淑英. 复杂社会系统的研究方法——系统模型方法 ［C］. 2006 系统仿真及其应用学术交流会, 2006.

［49］ 郭鹏, 王敏, 贾颖颖. 基于 SoS 理论的城市群体性事件预警体系及其对策 ［J］. 科技管理研究, 2012, 32 （11）: 230-233.

［50］ 马丽仪, 邱菀华, 杨亚琴. 大型复杂项目风险建模与熵决策 ［J］. 北京航空航天大学学报, 2010 （2）: 184-197.

［51］ 麦绿波. 标准化学科熵的概念及其数学模型的创建（下） ［J］. 中国标准化, 2012 （12）: 79-82.

［52］ 梅雄. 基于马尔科夫链的有限空间颗粒物传输与散布研究 ［D］. 长沙: 湖南大学, 2019.

［53］秦建平．基于熵的投资组合与衍生产品定价模型研究［D］．北京：华北电力大学，2017.

［54］王可达，张之翔．熵的定义和物理意义［J］．汕头大学学报（自然科学版），1997，12（2）：88-93.

［55］姚路，钟德欢，林志勇．组织结构复杂性熵尺度评价模型［J］．海军工程大学学报，2010，22（5）：103-107.

［56］赵献民．基于模型系统的系统设计［J］．科技导报，2019（7）：44-48.

［57］Cao Z，Lumineau F. Revisiting the interplay between contractual and relational governance：A qualitative and meta-analytic investigation［J］．Journal of Operations Management，2015（33-34）：15-42.

［58］Klakegg J O，Williams J，Shiferaw T A. Taming the "trolls"：Major public projects in the making［J］．International Journal of Project Management，2016，34（2）：495-513.

［59］Li J，Poppo L，Zhou Z. Relational mechanisms，formal contracts，and local knowledge acquisition by international subsidiaries［J］．Strategic Manage J，2010，31（4）：349-370.

［60］Lumineau F，Henderson J E. The influence of relational experience and contractual governance on the negotiation strategy in buyer-supplier disputes［J］．Journal of Operations Management，2012，30（5）：11-17.

［61］Marjolein C J，Caniels，Gelderman J C，et al. The interplay of governance mechanisms in complex procurement projects［J］．Journal of Purchasing & Supply Management，2012（18）：113-121.

［62］Muller R S，Pemsel J，Shao. Organizational enablers for project governance and governmentality in project-based organizations［J］．International Journal of Project Management，2015，33（4）：839-851.

［63］Muller R，Turner R，Andersen S E，et al. Ethics，trust，and governance in temporary organizations［J］．Project Management Journal，2014，

45（4）：345-347.

［64］Hoetker G. Choice and performance of governance mechanisms：Matching alliance governance to asset type ［J］. Strategic Management Journal，2009，30（10）：1025-1044.

［65］Turner J R. Towards a theory of project management：The functions of project management ［J］. International Journal of Project Management，2006，24（3）：187-189.

［66］Turner J R，Keegan A. Mechanisms of governance in the project-based organization：Roles of the broker and steward ［J］. European Management Journal，2001，19（3）：254-267.

［67］Turner J R. Farsighted project contract management：Incomplete in its entirety ［J］. Construction Management & Economics，2004，22（1）：75-83.

［68］Winch G M，Flyvbjerg B. Megaproject stakeholder management ［M］. Oxford Hdb In Press，2017：381-396.

［69］Zhou K Z，Xu D. How foreign firms curtail local supplier opportunism in China：Detailed contracts，centralized control，and relational governance ［J］. Journal of International Business Studies，2012，43（7）：677-692.

［70］严玲，史志成，严敏，等. 公共项目契约治理与关系治理：替代还是互补？［J］. 土木工程学报，2016（11）：115-128.

［71］Liu Y，Luo Y，Liu T. Governing buyer-supplier relationships through transactional and relational mechanisms：Evidence from China ［J］. Journal of Operations Management，2009，27（4）：294-309.

［72］Malhotra D，Lumineau F. Trust and collaboration in the aftermath of conflict：The effects of contract structure ［J］. The Academy of Management Journal，2011，54（5）：981-998.

［73］Zhou K，Poppo L. Exchange hazards，trust，and contract in China：The contingent role of legal enforceability ［J］. Journal of International Business

Studies, 2010, 41 (5): 861-881.

[74] Biesenthal C, Wilden R. Multi-level project governance: Trends and opportunities [J]. International Journal of Project Management, 2014, 32 (8): 1291-1308.

[75] Cardenas I C, Voordijk H, Dewulf G. Beyond theory: Towards a probabilistic causation model to support project governance in infrastructure projects [J]. International Journal of Project Management, 2017, 35 (3): 432-450.

[76] Chen L, Manley K. Validation of an instrument to measure governance and performance on collaborative infrastructure projects [J]. Journal of Construction Engineering & Management, 2014, 140 (5): 63-70.

[77] Eisenhardt K M. Building theories from case study research [J]. Academy of Management Review, 1989, 14 (4): 532-550.

[78] Haq S U, Liang C, Gu D, et al. Project governance, project performance, and the mediating role of project quality and project management risk: An agency theory perspective [J]. Engineering Management Journal, 2018, 30 (4): 274-292.

[79] Jensen, M C, Meckling W H. Theory of the firm: Managerial behavior, agency costs and ownership structure [J]. Journal of Finance Economics, 1976 (3): 305-360.

[80] Lu P, Guo S, Qian L, et al. The effectiveness of contractual and relational governances in construction projects in China [J]. International Journal of Project Management, 2015, 33 (1): 212-222.

[81] Ning Y. Combining formal controls and trust to improve dwelling fit-out project performance: A configurational analysis [J]. International Journal of Project Management, 2017a, 35 (7): 1238-1252.

[82] Olsen B E, Haugland S A, Karlsen E, et al. Governance of complex procurements in the oil and gas industry [J]. Journal of Purchasing & Supply

Management, 2005, 11 (1): 1-13.

[83] Poppo L, Zenger T. Do formal contracts and relational governance function as substitutes or complements? [J]. Strategic Management Journal, 2002, 23 (8): 707-725.

[84] Poppo L, Zhou K Z, Zenger T R. Examining the conditional limits of relational governance: Specialized assets, performance ambiguity, and long-standing ties [J]. Journal of Management Studies, 2008, 45 (7): 1195-1216.

[85] Qian Q Z, Zhang L Y. Impact of regulatory focus on choice of project-governance modes: Role of tolerance of opportunistic behavior [J]. Journal of Construction Engineering and Management, 2018, 144 (8): 1-12.

[86] Ruuska I, Ahola T, Artto K, et al. A new governance approach for multi-firm projects: Lessons from Olkiluoto 3 and Flamanville 3 nuclear power plant projects [J]. International Journal of Project Management, 2011, 29 (6): 647-660.

[87] Sommer S C. Managing projects under unforeseeable uncertainty and complexity [D]. Institut Europeen d'Administration des Affaires (France), 2004.

[88] Turner J R, Keegan A. Mechanisms of governance in the project-based organization: Roles of the broker and steward [J]. European Management Journal, 2001, 19 (3): 254-267.

[89] Turner R, Ledwith A, Kelly J. Project management in small to medium-sized enterprises: Matching processes to the nature of the firm [J]. International Journal of Project Management, 2010, 28 (8): 744-755.

[90] Wang E T G, Chen J H F. The influence of governance equilibrium on ERP project success [J]. Decision Support Systems, 2006, 41 (4): 708-727.

[91] Winch G W. Management of the "skills inventory" in times of major change [J]. System Dynamics Review, 2001, 17 (2): 151-159.

［92］Winch G. The construction firm and the construction project：A trans-action cost approach ［J］. Construction Management & Economics，2006，7（4）：331-345.

［93］方炜，赵洁，王莉丽. 基于双层次三维度评价模型的项目治理风险研究 ［J］. 管理现代化，2017，37（5）：105-108.

［94］黄路路. 大型工程项目总承包模式混合治理机制研究 ［D］. 天津：天津理工大学，2017.

［95］贾广社，夏志坚，陈双，等. 大型建设工程项目治理研究——以上海虹桥综合交通枢纽工程为例 ［J］. 建筑经济，2010（11）：49-52.

［96］梁永宽. 合同与关系：中国背景下的项目治理机制——基于委托代理与交易成本理论的分析 ［J］. 科技管理研究，2012，32（22）：251-254.

［97］刘常乐. 项目情境下治理机制对知识转移的影响研究——以工程项目为例 ［D］. 北京：北京交通大学，2016.

［98］王华，尹贻林. 基于委托-代理的工程项目治理结构及其优化 ［J］. 中国软科学，2004（11）：93-96.

［99］王磊. 项目治理风险的网络动力分析 ［D］. 济南：山东大学，2017.

［100］王彦伟，刘兴智，魏巍. 项目治理的研究现状与评述 ［J］. 华东经济管理，2009，23（11）：138-144.

［101］严玲，郑童，李志钦. 情境组合因素与公共建设项目治理策略组合的匹配研究——基于多案例分析 ［J］. 建筑经济，2019，40（1）：82-86.

［102］颜红艳，周栩，汤立. 基于因子熵值法的建筑施工企业绩效评价 ［J］. 价值工程，2007，26（10）：3.

［103］尹贻林，赵华，严玲，等. 公共项目合同治理与关系治理的理论整合研究 ［J］. 科技进步与对策，2011，28（13）：1-4.

［104］Corbin J M，Strauss A. Grounded theory research：Procedures， canons, and evaluative criteria ［J］. Qualitative Sociology, 1990, 13 （1）: 3-21.

［105］ Corbin J, Strauss A. Basics of qualitative research: Techniques and procedures for developing grounded theory ［M］. Sage Publications, Incorporated, 2007.

［106］ Eisenhardt K M. Agency theory: An assessment and review ［J］. Academy of Management Review, 1989, 14 （1）: 57-74.

［107］ Eisenhardt K M. Building theories from case study research ［J］. Academy of Management Review, 1989, 14 （4）: 532-550.

［108］ Fellows R, Liu A. Impact of participants' values on construction sustainability ［C］. Proceedings of the ICE-Engineering Sustainability, 2008, 161 （4）: 219-227.

［109］ Henisz W J, Levitt R E. Regulative, normative and cognitive institutional supports for relational contracting in infrastructure projects ［J］. Unpublished Manuscript, 2011.

［110］ Holsti R. Content analysis for the social sciences and humanities ［M］. Addison-Wesley Pus. Co. , 1969.

［111］ Linstone H A, Turoff M. The Delphi method: Techniques and applications ［M］. Boston: Addison-Wesley Reading, 1975.

［112］ Ludwig B. Predicting the future: Have you considered using the Delphi methodology ［J］. Journal of Extension, 1997, 35 （5）: 1-4.

［113］ Miller R, Hobbs B. Governance regimes for large complex projects ［J］. Project Management Journal, 2005, 36 （3）: 42-50.

［114］ Olsen B E, Haugland S A, Karlsen E, et al. Governance of complex procurements in the oil and gas industry ［J］. Journal of Purchasing & Supply Management, 2005, 11 （1）: 1-13.

［115］ Pandit N R. The creation of theory: A recent application of the grounded theory method ［J］. The Qualitative Report, 1996, 2 （4）: 1-14.

［116］Wang E T G，Chen J H F. The influence of governance equilibrium on ERP project success ［J］. Decision Support Systems，2006，41（4）：708-727.

［117］Zhai Z，Ahola T，Le Y，et al. Governmental governance of mega-projects：The case of EXPO 2010 Shanghai ［J］. Project Management Jourral 2017，48（1）：37-50.

［118］陈向明. 扎根理论的思路和方法 ［J］. 教育研究与实验，1999（4）：58-63.

［119］邓娇娇，邓新位，严玲. 公共项目代建人激励的关键治理因子：一个实证研究 ［J］. 预测，2013（5）：57-62.

［120］邓娇娇，严玲，吴绍艳. 中国情境下公共项目关系治理的研究：内涵、结构与量表 ［J］. 管理评论，2015，27（8）：213-222.

［121］方炜，牛婷婷，王莉丽. 项目治理研究现状与前景展望 ［J］. 科技管理研究，2017，37（4）：200-206.

［122］方炜，赵洁，王莉丽. 基于双层次三维度评价模型的项目治理风险研究 ［J］. 管理现代化，2017，37（5）：105-108.

［123］郭本禹. 当代心理学的新进展 ［M］. 济南：山东教育出版社，2003.

［124］黄路路. 大型工程项目总承包模式混合治理机制研究 ［D］. 天津：天津理工大学，2017.

［125］李怀祖. 管理学研究方法论 ［M］. 西安：西安交通大学出版社，2004.

［126］李善波. 公共项目治理结构及治理机制研究 ［D］. 南京：河海大学，2012.

［127］刘常乐. 项目情境下治理机制对知识转移的影响研究 ［D］. 北京：北京交通大学，2016.

［128］宋宇名，乐云，王亚琴. 建设项目组织文化与项目绩效关系实证研究 ［J］. 预测，2018，37（2）：22-28.

［129］吴明隆．问卷分析统计实务——SPSS 操作与应用［M］．重庆：重庆大学出版社，2010．

［130］谢坚勋，温斌焘，许世权，等．片区整体开发型重大工程项目治理研究——以上海西岸传媒港为例［J］．工程管理学报，2018（2）：85-90．

［131］严玲，尹贻林，范道津．公共项目治理理论概念模型的建立［J］．中国软科学，2004（6）：130-135．

［132］严玲，张笑文，严敏，等．中国建设项目治理研究发展路径的全景透视［J］．科技管理研究，2016，36（14）：191-199．

［133］颜红艳．建设项目利益相关者治理的经济学分析［D］．长沙：中南大学，2007．

［134］张敬伟．扎根理论研究法在管理学研究中的应用［J］．科技管理研究，2010（1）：235-237．

［135］朱荣．基于扎根理论的产业集群风险问题研究［J］．会计研究，2010（3）：44-50．

［136］祝军，何清华，叶丹丹，等．基于扎根理论的重大工程组织公民行为模型［J］．工程管理学报，2017，31（1）：94-100．

［137］Chen L，Manley K. Validation of an instrument to measure governance and performance on collaborative infrastructure projects［J］. Journal of Construction Engineering & Management，2014，140（5）：63-70.

［138］Lu Y，Luo L，Wang H，et al. Measurement model of project complexity for large - scale projects from task and organization perspective［J］. International Journal of Project Management，2015，33（3）：610-622.

［139］夏超尘．PPP 项目利益相关者组织间关系研究［D］．重庆：重庆大学，2014．

［140］张磊．合同治理对 PPP 项目管理绩效的影响研究［D］．北京：北京交通大学，2017．

［141］周晓宏，王业球，凌利．基于利益相关者理论的工程项目治理

机制研究 [J]．安徽工业大学学报（社会科学版），2011，28（6）：45-46.

[142] Arranz N, Arroyabe J C F. Effect of formal contracts, relational norms and trust on performance of joint research and development projects [J]. British Journal of Management, 2012, 23 (4): 575-588.

[143] Cárdenas I C, Voordijk H, Dewulf G. Beyond project governance. Enhancing funding and enabling financing for infrastructure in transport. Findings from the importance analysis approach [J]. European Journal of Transport & Infrastructure Research, 2018, 18 (4): 481-498.

[144] Chen L, Manley K. Validation of an instrument to measure governance and performance on collaborative infrastructure projects [J]. Journal of Construction Engineering & Management, 2014, 140 (5): 63-70.

[145] Ferguson R J, Michèle Paulin, Bergeron J. Contractual governance, relational governance, and the performance of interfirm service exchanges: The influence of boundary-spanner closeness [J]. Journal of the Academy of Marketing Science, 2005, 33 (2): 217-234.

[146] Haq S U, Gu D, Liang C, et al. Project governance mechanisms and the performance of software development projects: Moderating role of requirements risk [J]. International Journal of Project Management, 2019, 37 (4): 533-548.

[147] Ke H, Cui Z, Govindan K, et al. The impact of contractual governance and trust on epc projects in construction supply chain performance [J]. Inzinerine Ekonomika-Engineering Economics, 2015, 26 (4): 349-363.

[148] Lu P, Cai X, Wei Z, et al. Quality management practices and inter-organizational project performance: Moderating effect of governance mechanisms [J]. International Journal of Project Management, 2019, 37 (6): 855-869.

[149] Miguel S, Miguel H, Augusteo R. Governance and performance in

co-exploitation and co-exploration projects［J］. The Journal of Business & Industrial Marketing, 2020, 35（5）: 875-894.

［150］Mueller R, Andersen E S, Kvalnes O, et al. The interrelationship of governance, trust, and ethics in temporary organizations［J］. Project Management Journal, 2013, 44（4）: 26-44.

［151］Sirisomboonsuk, Pinyarat, Gu, et al. Relationships between project governance and information tor technology governance and their impact on project performance［J］. International Journal of Project Management, 2018, 36（2）: 287-300.

［152］Wang D S, Fang S Z, Fu H W. The effectiveness of evolutionary governance in mega construction projects: A moderated mediation model of relational contract and transaction cost［J］. Journal of Civil Engineering and Management, 2019, 25（4）: 340-352.

［153］Wu A H, Wang Z, Sandy C. Impact of specific investments, governance mechanisms and behaviors on the performance of cooperative innovation projects［J］. International Journal of Project Management, 2017, 35（3）: 504-515.

［154］Yan L, Zhang L H. Interplay of contractual governance and trust in improving construction project performance: Dynamic perspective［J］. Journal of Management in Engineering, 2020, 36（4）: 4020029.

［155］Zheng X, Lu Y J, Chang R D. Governing behavioral relationships in megaprojects: Examining effect of three governance mechanisms under project uncertainties［J］. Journal of Management in Engineering, 2019, 35（5）: 4019016.

［156］丁荣贵, 王彦伟, 孙涛, 等. 政府投资 R&D 项目治理过程模型的实证研究［J］. 科学学与科学技术管理, 2009, 30（8）: 34-40.

［157］严玲, 赵华. 基于项目治理的代建人激励机制研究框架［J］. 科技进步与对策, 2010, 26（21）: 13-17.

［158］Haq S U, Liang C, Gu D, et al. Project governance, project performance, and the mediating role of project quality and project management risk: An agency theory perspective ［J］. Engineering Management Journal, 2018, 30 (4): 274-292.

［159］Joslin R, Müller R. The relationship between project governance and project success ［J］. International Journal of Project Management, 2016, 34 (4): 613-626.

［160］Larson E. Project partnering: Results of study of 280 construction projects ［J］. Journal of Management in Engineering, 1900 (2): 30.

［161］Li Y, Han Y, Luo M, et al. Impact of megaproject governance on project performance: Dynamic governance of the Nanning transportation hub in China ［J］. Journal of Management in Engineering, 2019, 35 (3): 1-11.

［162］Musawir A U, Serra C E M, Zwikael O, et al. Project governance, benefit management, and project success: Towards a framework for supporting organizational strategy implementation ［J］. International Journal of Project Management, 2017, 35 (8): 1658-1672.

［163］Zarewa G A, Ibrahim A D, Ibrahim Y M, et al. Governance impact assessment on large infrastructure project (LIP) delivery ［J］. Journal of Engineering, Project & Production Management, 2018, 8 (1): 9-21.

［164］杜亚灵, 尹贻林. 治理对公共项目管理绩效改善的实证研究——以企业型代建项目为例 ［J］. 土木工程学报, 2011 (12): 132-137.

［165］梁永宽. 契约与关系: 中国背景下的项目治理机制——基于委托代理与交易成本理论的分析 ［J］. 科技管理研究, 2012, 32 (22): 251-254.

［166］骆亚卓. 合同治理与关系治理及其对建设项目绩效影响的实证研究 ［D］. 广州: 暨南大学, 2011.

［167］骆亚卓, 李新春, 谭上飞. 契约、关系及机会主义防御: 资产

专用性、不确定性与建设项目治理选择［J］．经济与管理，2018，32（4）：41-46.

［168］严玲，贺星红，邓娇娇．公共项目治理绩效度量研究——一个理论及实证框架［J］．软科学，2013，27（10）：131-134.

［169］Abednego M P，Ogunlana S O. Good project governance for proper risk allocation in public-private partnerships in Indonesia［J］. International Journal of Project Management，2006，24（7）：622-634.

［170］Lu P，Guo S，Qian L，et al. The effectiveness of contractual and relational governances in construction projects in China［J］. International Journal of Project Management，2015，33（1）：212-222.

［171］Chen L，Manley K. Validation of an instrument to measure governance and performance on collaborative infrastructure projects［J］. Journal of Construction Engineering and Management，2014，140（5）：63-70.

［172］Li Y，Han Y，Luo M，et al. Impact of megaproject governance on project performance：Dynamic governance of the Nanning transportation hub in China［J］. Journal of Management in Engineering，2019，35（3）：1-12.

［173］Lu Y，Luo L，Wang H，et al. Measurement model of project complexity for large-scale projects from task and organization perspective［J］. International Journal of Project Management，2015，33（3）：610-622.

［174］Ragin C C，Rihoux B. Qualitative comparative analysis（QCA）：State of the art and prospects［J］. Qualitative Methods，2004，2（2）：3-12.

［175］罗岚，何兴朋，何清华．基于 SD 的重大工程项目治理动态仿真研究［J］．科技管理研究，2021，41（13）：167-175.

［176］谢坚勋．重大工程项目治理机制及其对项目成功的影响机理［M］．上海：同济大学出版社，2019.

［177］陈菡．中国情境下的 PPP 项目治理机制——正式契约与关系契约整合视角［J］．开发研究，2016（2）：64-66.

［178］李志钦．基于多案例的情境组合因素对公共建设项目治理策略影响研究［D］．天津：天津理工大学，2017.

［179］王盼．铁路建设项目利益相关方治理策略研究［D］．石家庄：石家庄铁道大学，2015.